追梦人

以师生发展为使命的教育守望者

巨人之路

常恩元 潘霞 著

中国商业出版社

图书在版编目（CIP）数据

追梦人 / 常恩元，潘霞著. --北京：中国商业出版社，2017.6

ISBN 978-7-5044-9847-2

Ⅰ. ①追… Ⅱ. ①常… ②潘… Ⅲ. ①中学—教育工作 Ⅳ. ①G63

中国版本图书馆 CIP 数据核字（2017）第 082167 号

责任编辑 常 松

中国商业出版社出版发行

010-63180647 www.c-cbook.com

（100053 北京广安门内报国寺 1 号）

新华书店经销

三河市兴达印务有限公司印刷

*

710×1000 毫米　16 开　23 印张　230 千字

2017 年 7 月第 1 版　2017 年 7 月第 1 次印刷

定价：78.00 元

* * * *

（如有印装质量问题可更换）

序言一：教育的追梦人

我 2016 年 7 月初识常恩元校长。他给我的印象是年轻俊朗，略有些"娃娃脸"的面庞，但两鬓已斑白，上面的头发也有不少银丝，衣着得体，气质儒雅。交谈中得知，常校长 29 岁担任通州六中副校长，40 岁就担任通州区南刘中学校长，是一位年轻的"老校长"，善于学习，勤勉敬业，教育理念先进。

我有幸得以第一时间拜读《追梦人》初稿，穿越在时空里，行进在现实中，昔识常校长景犹新，今读《追梦人》情更切。

他追求卓越。努力践行"以师生发展为使命的教育守望者"，无论从事教学工作，还是从事管理工作，始终秉承"自主发展、不断超越、做最好自己"的核心价值追求。在通州六中、南刘中学、马驹桥学校所从事的教学和管理工作取得了突出的成绩，成为同行学习的标杆。由一名普通的中学体育教师到一名校长，由一名学生爱戴的教育工作者到众人敬仰的教育管理者，他超越了世俗和功利，定位好教育价值观，靠自己坚定的信念，坚实的步伐，一步一步地在追梦路上抒写着他的教育梦。

他理念超前。自觉克服应试教育思想的干扰，坚持"办优质教育——让每一名师生得到充分和谐发展"的办学理念。

他拥有教育情怀，做没有选择的教育，全校三分之二的学生为随迁子女，作为校长他热爱、尊重、关心、帮助每一名孩子发展。在他头脑中始终坚持"教师第一"的思想，以教师的发展促进学生的成长与学校的发展。注重提升教师的专业对口率，每年一半以上的招聘指标用于招聘历史、地理、生物、思品、信息技术、体育、音乐、美术等学科教师。正是常校长这种超前的理念，为即将实行的中考改革，选科走班的实施提供了师资保障。他注重教师的系统培训，有计划、有实践、有总结，教师的专业能力在逐步提升。

他勤于学习。常恩元校长的教育背景为体育教育专业，人们常说体育教师"四肢发达、大脑简单"，但他不是这样的人，他在学生时代担任过体育委员、学习委员、生活委员、少先队大队长、班长、团支部书记。从小学直至大学毕业，勤于学习对于他来说已成为习惯。工作期间他善于利用零散时间，通过书籍、网络、微信等途径进行学习，他还向同行学习，不放过每一次外出学习的机会。他善于将先进的理念和好的经验与自己的管理实践相结合，他尊重规律、依靠科学，确保了学校可持续发展。

他以人为本。马斯洛的需要层次论告诉我们，人的低一级需要得到满足后，还会有高一级的需要，自我实现需要是人的价值追求。叶圣陶先生曾说过："学校生活是社会生活的起点，远处着眼，近处着手，改造社会环境要从改造学校环境做起。"常恩元校长正是这样，从点滴小事入手满足教师的基本需求，改善教师的生活环境、工作环境、学习环境，让教师能够安心工作，为教师专业发展提供支持。他逐步完善人性化制度体系，坚持"激励为主、惩罚为辅、尊重差异、体现民主、促进发展"的原则，使学校的规章能够更好地体现民声、民意，具有"规范人文性"。早在南刘中学工作时期，绩效工资改革方案、职评方案全校教师全票通过。他真真切切地把教职工当作学校的主人，使干部、教师工作热情高涨。

他敬业勤勉。常恩元校长大学毕业就分配在城区的通州六中工作，原先想在六中一直工作到退休。可因为工作需要，组织安排他先后到南刘中学、马驹桥学校任职，最初在城区，后又到了农村，且离家越来越远。无论路途多远，他基本每天早上最先到校，晚上师生离校后再回家。在通州六中一住就是十六年半，每天值班，白天没有完成的工作晚上接着干，已成为习惯，他的敬业勤勉令人钦佩。他注重深入到教师和学生之中，与师生打成一片，常被师生称为"不像校长的校长"，给我留下了深刻的印象。

他认真严谨。每次上级来校检查工作，时常讲马驹桥学校的工作是最规范的。其实，不光是检查验收，平时的要求也是这样，细到每项工作的程序，校内文件的格式，稿件装订等，学校都有具体要求，这与常恩元的认真严谨是分不开的。在通州六中工作期间，他指导青年教师书写教案，细到教案文字和图形布局，常校长的严谨作风，可见一斑。

他勇于创新。马克思说过："如果你想感化别人，那你就必须是一个实际上能鼓舞和推动别人前进的人。"我认为常恩元校长就是这样的校长，在追梦的路上，他不断地改革创新。在通州六中时他创办了体育节；建立了通州区第一所青少年法制教育学校；他整合社区教育资源，探索"主体参与——自主体验"型德育模式，注重实践育人。在南刘中学，以会考学科促进中考学科发展，会考学科、中考学科受到区教委表彰，一批优秀教师涌现；面对学校规模小的现实，积极寻找学校工作的突破口，学校武术队在市区小有名气。在马驹桥学校，推进学校管理变革，实施文化管理，最大限度地激发广大干部和教师的工作热情；创建马驹桥学校课程体系；提出"马＆桥"教育概念，推进办学特色的形成，得到校内外人士的高度认可。

《追梦人》记录了常恩元校长的成长经历及工作实践的所思所想。我希望有更多怀揣梦想的教育管理者，践行为师生发展服务的教育使命，落实核心素养，培养学生的创新精神与实践能力，为中华民族的伟大复兴做出贡献！

应作者之邀为本书作序，本人欣然接受，作为一名老教育工作者也是想尽自己的一点微薄之力，为教育加油鼓劲。我们呼唤这样的校长，希望这样的校长越来越多，共同撑起中国教育的脊梁！

教育部基础教育课程中心专家、北京市政府督学

胡新懿

二〇一七年三月二十六日

序言二：乐只君子　德音不已

满怀期待地读完了这部《追梦人》书稿，我看到的是一颗热爱教育的赤子之心，感受到的是一位教育工作者的深沉情怀。它记录了常恩元校长孜孜追求的脚步，以及教育实践的探索与思考。作为一名媒体人，有责任、有义务宣传这些投身教育事业的探索者、实践者和推进者，为民族教育的复兴做点事。在此，我还想与读者朋友们分享一下我眼中的常校长和他的教育智慧。

自至圣先师孔子以来，教育贯穿了上下几千年，它需要代代传承的积淀，更需要继往开来的创新。自从常校长从事学校管理以来，他想得最多的还是如何实施优质的教育，如何让学生和教师共同而全面地健康发展。为此他给自己设定了几项要求，并一直努力地去践行它们。

首先，是始终贯彻先进的管理理念。他提出"办优质教育——让每一名师生得到充分和谐发展"的办学理念，就是不以文化成绩作为评价师生的唯一标准，而是引导师生全面、充分、有个性、可持续地健康发展。孔子说"有教无类"，今天仍有相当重要的意义。教育仍要面向全体、面向未来，既要面向学生，也要面向教师。他认为，教育的最终目的是要让每一位学生和老师都实现身体与心理、文化与修养、知识与技能、基础与特长、近期与长期的多维度和谐的发展。

其次，是义无反顾地推进管理变革。古圣先贤有云："其身正，不令而行；其身不正，虽令不从。"常校长首先要求从自身做起，端正自己的管理思想，始终坚持依法办学，清除急功近利的危害思想。接下来，他明确了管理目标，强调人本位与社会本位相结合，让学校发展的每一步都有明确的发展目标。再就是营造民主氛围，打开耳朵，倾听每个人的意见，让每个学生、每位老师都成为真正的主人翁。还有建立人性化的制度体系，坚持"激励为主、惩罚为辅、尊重差异、体现民主、促进发展"的原则，推行人文化的管理。古人说"观乎人文，以化成天下"，因而他始终要求自己竭诚尽智，为师生们提供温馨的人文关怀。另外，他还努力推进管理务实化，建立科学的工作评价和激励机制，突出管理工作的发展性、层次性、公平性和可操作性，让全校教职工都获得更多发展。最后是改进教育教学管理，让管理的效果落到教育教学的实处。他要求学校工作要在培养学生自主发展能力与行为上下功夫，为学生创设良好的平台与环境，推进课堂"教与学"方式的变革，引导学生变"要我学"为"我要学"。最终所取得的一系列硕果证明，管理的改革就是学校发展的最大动力。而对于管理改革工作，他最大的心得就是李克强总理说的那句话："改革贵在行动，喊破嗓子不如甩开膀子。"改革路上的常校长依然在上下求索，我们期待他能取得更大的成绩。

再次，是不动摇地坚持以人为本。要真正实现以人为本，最考验的是一个人的细致和耐心，要把关怀送到每一个需要的人那里。在学校，他从细微的工作入手。一是改善教师的生活环境。装修教师宿舍，修缮太阳能热水器，改善食堂饭菜质量，提供桶装水……细节决定成败，这些工作最终为学校的发展奠定了坚实的人心基础；二是创造良好的学习环境。为教师建立阅览室、订阅报刊杂志、连接网络、扩充藏书，以满足教师全方位学习的需要；三是改善教师的工作环境。对教学楼、实验楼进行装修改造，购置多媒体设备，提供理化生实验用品。所有这些举措，都为教师的专业发展提供了强有力的支持。老师们不仅得到了工作上的便利，更重要的是感受到了生活的幸福。"师之所存，道之所存也"。常校长始终坚信，只要有一个充满幸福感的教师群体，学校就会有一个绚烂的未来。

又次，是加强自身道德修养，恪守职责、敬业奉献。古人云"桃李不言，下自成蹊"，这就是榜样的力量。多年来，常校长的最大体验是言传不如身教，要想管理好学校，就必须做到"学高为师，身正为范"。因此，他始终严格要求自己保持学习，阅读经典作品，提高自身修养。在工作时，他将每天的日程安排得充实妥当。不论严冬或是酷暑，他都每天5点30分起床，5点55分准时出门。早早赶到学校后，他习惯在清晨的校园里走一走，检查校园的卫生环境，看看学生们的晨检和早操活动，主动向每一位职工、教师问好，用微笑鼓励他们做好一天的工作。这样的习惯坚持了多年，他已经将校园变成自己的家，教师和学生都是他的家人，而他为这个家尽的每一份心和力，也得到了让人喜出望外的回报。

最后，是努力改革创新。常校长结合学校的实际情况，在挖掘马驹桥地域历史文化与人文精神的基础上，提出了"马&桥"教育理念。提倡"培养志存高远、自主发展、勤于学习、实践创新、勇于担当、善于反思、身心和谐、底蕴深厚、个性鲜明，具有世界眼光、现代意识的优秀学子"。学校开发了历史课程和自主发展课程两大校本课程，最终实现了地域文化与课程、课堂、环境、机制、行为的有机结合，提升了学校的办学内涵与品质，也为今后特色学校建设指明了方向，为素质教育提供了新的价值观和新的实践途径。

以上我说到的这些工作，言之易，行之难。孔圣人曾说"吾道一以贯之"，常校长或许还未达到那样的境界，但他也未敢有过一天懈怠。他常说："教育是我心中最光荣的事业。"我想，正是有这样发自内心的热爱，常校长才能忠其守、善其业、得其乐。《诗经》里说"乐只君子，德音不已"，用来形容常恩元这样一位优秀的教育工作者我以为正相宜，不知读者朋友们有没有同感？

《北京晨报》记者　丰伟宏

二〇一七年三月二十六日

序言三：用心浇筑"教育梦"

我曾经当过十多年的学生，那时候，校长就像神龛上的佛像，几乎只有在开全校大会的时候才能遥望一眼；

我曾经当过两年的教师，那时候，校长虽然已经走下神坛，但依旧是一个象征权威的符号，中间隔着厚重的墙壁疏于交流；

我曾经当过七年的记者，采访过无数企业家和领导，但是通过他们身边的人了解故事的时候，我大多看到的还是公事公办的淡然的脸。

但是，走近常恩元校长，寻访了他曾经共事过的同事，以及他当过校长的三所学校的教师、学生们，我却感受到了一种从没见过的风景。

他们争先恐后地讲述常校长给他们留下深刻印象的故事，他们说常校长的故事三天三夜也讲不完，他们讲起常校长在危难时刻给予他们雪中送炭的温暖几度哽咽，他们回忆起跟常校长共事时候的点点滴滴热泪盈眶……

教师们说，常校长从来不把自己放到一个高高在上的领导位置上，他更像是一位和教师、学生们无话不谈、仗义执言，有事情可以伸手相助的朋友。

学生们说，常校长是最不像校长的校长，亲切和蔼中散发着光芒与气场，使他们深深信服与崇拜。

领导班子说，常校长是一个仗义疏财的人，他把个人利益看得很轻，把工作看得很重，一轻一重中尽显高风亮节。

桃李无言芳华展，清风不语花自开。虽是默默付出，总有伯乐看在眼里，所以常恩元29岁就成为中学副校长，但是做出的成绩却让所有人心服口服。他先后在通州六中、南刘中学、马驹桥学校担任校长，每到一处，必定像火柴一样点燃那里教师们的教育激情，用人格魅力照亮教师和学生的理想之路，也让学校从默默无闻到声震四方。

常恩元善于给教师们搭建发展平台，让他们最大限度地实现价值，生活上也是真诚对待每一位教师，让他们拥有极高的幸福指数和归属感；常恩元深知，教育是一个庞大的系统工程，它不单是学校的事，还是全社会的事，于是他善于整合社区资源，共同营造育人场；常恩元愿意蹲下身子，欣赏每一个学生的摇曳生长，用爱心浇灌春天的花蕾。他说做教育工作首先就要有一颗爱心，以德育德，以行导行，以智启智，以性养性，以情动情；常恩元放弃了个人的娱乐和爱好，一年365天将全部身心都投入在教育事业上，成为一个为孩子们的生命"煲汤"的人，也像麦田的守望者，守望着孩子们的健康成长。

常恩元有一个蕴藏已久的"教育梦"——要把学校办成适合每一名学生发展的学校，让学生得到充分、和谐的发展，让每名学生快乐幸福地成长。他身体力行，为着实现这样的教育梦而殚精竭虑。他认为教育要对历史和未来负责，是生命对生命的影响，教育工作更要讲"良心"二字！好的学校应该关注学生的精神成长，引领学生的价值追求，净化学生的心灵世界，要克服功利思想的侵蚀，不能只抓升学率，更不能以牺牲学生的身心健康来换取成绩。

路遥曾在《平凡的世界》里说:"人的一生关键的就那么几步。"常恩元也常说:"教育的实质是服务,孩子的一生很长,我们要在他们关键的几步里全力做好服务工作,让他们的一生得到全面发展。"这是他最朴实的"教育梦"。如果有千千万个教育者都能这样做,那么我们"中国梦"的实现就指日可待。

前原教育部部长袁贵仁曾这样描绘他心中理想的教育梦:"有教无类、因材施教、终身学习、人人成才。"这与常恩元的"教育梦"不谋而合。这个梦,是古今传承的梦,也是各族儿女心中共同的梦。

但是,梦想从来不会自动实现。正是由于常恩元等教育工作者从未停止过追梦的脚步,他们在平凡的岗位上用智慧播种理想,用汗水耕耘希望,用爱与责任守护每一个学生的梦想,从而成为推动中国教育改革发展的一支重要力量,为提高全民族素质发挥了重要作用!

最后,感谢常恩元校长以及积极接受采访,为作者提供素材的各位老师和同学们,感谢每一个为本书的出版作出贡献的人!

作者:潘霞
二〇一七年三月二十六日

目 录

001　第一章　有梦萌芽　区里最年轻的校级干部是如何炼成的
　　第一节　吃苦耐劳的农村孩子　002
　　第二节　勤奋上进的求学生涯　011
　　第三节　出类拔萃的体育老师　019
　　第四节　春风化雨创德体新高　028

043　第二章　为梦统筹　学校要为学生的终身发展负责
　　第一节　高瞻远瞩创新管理制度　044
　　第二节　克服功利探寻持续发展　065
　　第三节　突出特色弘扬马桥精神　075
　　第四节　濡染浸润创建校园文化　082

103　第三章　筑梦师魂　"教师第一"原则让教师期待星期一
　　第一节　搭建平台促进教师专业发展　104
　　第二节　以人为本解决教师后顾之忧　115
　　第三节　公平评价激励教师实现价值　124
　　第四节　师德建设助力教师爱岗敬业　133

141　第四章　同心御梦　整合社区资源共同营造育人场
　　第一节　社区共建倡导文明之风　142
　　第二节　军民共建创设少年军校　155
　　第三节　法制共建强化守法意识　160
　　第四节　家校共建凝聚教育合力　171

187 第五章 爱心圆梦 教育是一颗灵魂唤醒另一颗灵魂
  第一节 人格示范成为学生良好榜样 188
  第二节 素质评价促进师生了解沟通 196
  第三节 爱心温暖转变学生润物无声 205
  第四节 德智体美滋养学生体魄灵魂 219

233 第六章 课堂铸梦 好的课堂是学生成长的礼物
  第一节 班级管理促进优秀班风 234
  第二节 高效课堂践行少教多学 242
  第三节 系列活动延伸广阔课堂 254

265 第七章 共同护梦 有你是我们最大的骄傲
  第一节 妻子眼中的丈夫 266
  第二节 女儿眼中的父亲 268
  第三节 父母眼中的儿子 271
  第四节 教师眼中的校长 274
  第五节 同学眼中的同学 277
  第六节 老师眼中的学生 287
  第七节 上级领导眼中的校长 291
  第八节 领导班子眼中的校长 300
  第九节 家长眼中的校长 303
  第十节 学生眼中的老师和校长 306
  第十一节 合作者眼中的常恩元 310

321 第八章 因梦执着 做为生命"煲汤"的人1
  第一节 常恩元的2016年11月22日 322
  第二节 常恩元的管理语录 331
  第三节 常恩元的教育梦想 342

  后 记 351

第一章

有梦萌芽

区里最年轻的校级干部是如何炼成的

第一节　吃苦耐劳的农村孩子

通州区位于北京市东南部,京杭大运河北端,是首都北京的东大门。

1968年10月18日,常恩元出生在北京市原通县觅子店公社前尖平村。常恩元作为家中的第一个孩子,他的到来为家庭增添了许多的欢笑与温馨。常恩元的父母为人善良敦厚,通情达理,与邻里相处和睦,在村里有着很好的人缘儿。人们常说:"父母是孩子的第一任老师。"的确,父辈优秀的人品带动了良好的家风,而良好的家风又薪火相传。常恩元从父母身上继承了悲天悯人、心怀良善的性格。小时候,父母亲就经常对他说:"能帮助别人一把,就帮一把,这个世上啊,好人是最幸福的。"小时候,天性善良又受到父母亲良好教育的常恩元,看到别人拉装满庄稼的双轮车,他总是帮别人推一把;别人推磨,他也会上前帮别人推一会儿。

放学回到家,常恩元总是抢着帮父母干农活,或者帮着母亲做饭,而不管干多少活,他的作业总是完成得工整认真。常恩元初中的时候,跟家里人一起割麦子,已经能遥遥领先。装满玉米的双轮车,他拉起来毫不含糊。并非不累,连续弯腰割麦子几个小时,麦芒扎在手上、背上,又痒又疼,而由于要一次次地把麦子拢在一起,手都被磨出了血泡。除了身体素质好,支撑他成为帮助父母做庄稼活的一个重要信念就是:农活太累太苦了,能多为父母分担一点儿也是好的。同时,他望着远处隐隐闪烁的灯光,在心中默默下定了决心:走出农门,靠努力为自己赢得一个城市户口,让自己的父母因为自己的努力和精彩而过得更加幸福。

如今,常恩元早就在城市里安家落户,再也不用做农活了。但是越长大,关于家乡和儿时的记忆就越清晰。家乡在他心中就像一条流动的河,不论走多远,河水的声音总能把他拉回到儿时的回忆里。

在常恩元的心目中,他的家乡——前尖平村,无疑也是精神上的圣地。他在读高中前都是在那里度过。留在他记忆里的家乡,是一个美丽的乡村,优美的环境,淳朴的村风,有着桃花源里"阡陌交通,鸡犬相闻"的宁静和谐。尽管当时农村人的生活条件都不是太好,吃的是粗粮,穿的时常是带着补丁的衣服,但常恩元的童年是快乐的。他的快乐来源于生活的简单,他对生活没有过高的奢望与要求,能够自由自在地玩耍便足以让他心满意足。那时农村里没有电视,更没有电脑、电话、游戏机,但是过家家、摔元宝、赢纸拍、滚铁环、打纸牌、走棋子、丢石子、捉迷藏的游戏却让常恩元和伙伴们玩得热火朝天。放学后、寒暑假,常恩元总是会先去拔猪草,帮助父母干完力所能及的活儿,再去跟小伙伴一起玩一会儿。许多趣事像是一幕幕欢快的电影清晰地放映在他的记忆深处。

小时候,常恩元家是五间房的院落,房前有约半亩的空地,父母随意种了黄瓜、西红柿、茄子、豆角等蔬菜,这些蔬菜不仅能够家里吃,还经常采摘一些新鲜的送给左邻右舍。院落前后是高大的杨树,虽无凤凰来仪,却也枝繁叶茂。

每到夏天,雷雨过后,常恩元在院子里转悠,靠近树根的地面上,总会出现一些小小的洞口,用手指一挖,洞口豁然变大，下面已经空了。那洞口下，多半藏着一只蝉的幼虫，人们常把它叫做"知了猴子"。大多时候，将手指小心翼翼地探将进去，不一会儿，指头肚儿就会被"知了猴子"的"钳子"夹住，轻轻地往上一拽，就能将它拎出洞来。也有不听话的，手指一碰，它就缩了下去，半天没动静。性急时就会用铁锹锄头把它挖出来，也有时用水灌，一舀子水下去，几分钟后，"知了猴子"就湿淋淋地爬出来了。

晚上，常恩元和小伙伴们拿着手电筒，去村口的小树林里找"知了猴子"，时常发现许多"知了猴子"都在往树上爬呢，也能轻而易举捉到好多。捉在手里，掌心被它们的爪子挠得生疼，几乎每天晚上都能满载而归。每次到家后常恩元都缠着母亲把"知了猴子"洗干净，用油炸或者直接烧烤，金黄酥脆，入口生香，那叫一个美。

粘知了也是有趣的夏日消遣。用一小捧面粉，拌成面团，在水中反复揉搓，等到揉搓不出白汤来，就成了绝好的粘贴剂。找一根长长的竹竿，把这面糊包裹在细小的尖头，捕蝉工具就这样制成了。扛着竹竿走到树底下，高高举起，沉住气，静悄悄地，把那面糊对准蝉翼，猛地粘上去。一旦粘上，任它怎么挣扎鸣叫，也跑不了，其他的蝉听到动静知道大事不妙，就会一哄而散栖息到别的树梢。技术好的，一两个小时往往能粘三四十只。

有时候在晚饭后，没事可干，常恩元就找同一条街上的小伙伴捉迷藏。他们先选出一个捉人的"老猫"，讲清规则后，就开始游戏。常恩元听到"老猫"在数数了，就赶紧跟着别人跑。常恩元由于个子小，而且很瘦，就随便抱到一棵树，伪装成树杆藏了起来。会爬树的，就像猴子一样，爬上了树把树叶弄得"哗哗"地响；个子小的，就静悄悄地蹲在窗户下；

还有些人轻手轻脚地钻到树丛中，没有一点儿声音。接着，"老猫"来抓他们了，常恩元就闭上眼睛，怀着忐忑不安的心情想着："天呀，不要让"老猫"抓住我呀！"正当他准备悄悄地换一个地方藏起来时，就听到一声："我看到你了！"常恩元心想："糟了，被抓住了！哎，谁让我那么笨呀！"常恩元又睁开眼睛，看见被抓住的人不是自己，居然是那些爬到树上的人。他又听到"老猫"说："在数数的时候就听到树叶摇动的声音，我就猜测你们要爬树，我就往有声音的树的方向走，果然就发现了你们，哈哈！"常恩元听了，心想："看来，去爬树也不一定十分安全呀！"

还有，童年时那条河也像神奇的魔盒一样，给了常恩元和村里小伙伴们太多的乐趣。

常恩元已记不得村东口的小河是什么时候干涸的了。夏天，小孩子们光着屁股在里面嬉戏打闹。水不深，没及小腿。河很清，水底是干净的沙子，乱窜的鱼、虾、泥鳅、螃蟹、青蛙都能看得清楚，偶尔也看见一条水蛇蜿蜒而过。

记得那是四年级的夏天，常恩元迷上了捉鱼。大伯家的堂哥带着他和弟弟，沿着小河，轻轻地趟着水，蹑手蹑脚地走在水中，专找有水草掩盖的地方，慢慢把手放在水底，缓缓地从两边往水草中间聚拢，小心翼翼地，把手猛地合到一起，往往就收获一条指头般大小的草鱼，有时也能摸到鲫鱼和鲤鱼。大鱼偶尔也能摸到，那就是极为得意的收获。有时也能摸到泥鳅，泥鳅极滑，蹦得欢实，溅你一脸泥水，必须狠命攥住。常恩元把捉住的鱼儿用野草串起来，由他的弟弟蹦颠儿蹦颠儿地拿着，每捉一条，他弟弟欢快的声音就回荡在原野间。

在期待、欢乐和成功的喜悦中，半天的时间转眼过去了，弟弟手里已经拎着四五串各式各样的鱼了。他们将"战利品"欢天喜地地拿回家去，交给妈妈，整理干净，或是煎，或是烧汤，或是用面裹了油炸，那香味能弥漫整个院落。

乡下的秋景，天高云淡。玉米、黄豆等夏粮都收完了，麦子还没种的时候，田野很是开阔辽远。秋风拂面，沁人心脾的爽快，这时候最适宜的就是闷窑了。

常恩元和小伙伴儿在田野里找来一堆干燥的土块儿，大大小小的都有，聚在一起。在松软的土地上整理出一小块平坦的地面，画一个直径约四五十厘米左右的圆圈。先把大而结实的土块儿按照圈的大小围定，顺着风向，留出窑门窑尾来，窑门进柴，窑尾掏灰。慢慢地把土块由大到小地往上摆放，同时缩小口径，最后摆成一个塔状密封的"窑"。接下来是烧窑的环节，找些木块儿、树枝、枯叶、衰草过来准备烧。闷窑最好的柴火当属耐烧的木块和树枝。常恩元和小伙伴们小心地把柴火塞进窑门去，不断地添柴，灰太多的时候就从窑尾掏出。

等到所有的硬土块都烧得黑红黑红，就可以停火了。把灰烬掏去，小心地把窑顶和上层的土块砸下去，铺在窑底中间。等窑顶上方的缺口足够大时，把铺在窑底的红土块都均匀捣碎，铺满整个窑底。这时候，提前备好的地瓜、花生、芋头、豆角、玉米，就都可以放进去了。之后，把外围的红土块儿也推倒，覆在食物上，小心细致地均匀捣碎。再把周边的生土挖出来，严严实实地覆在上面，防止热气跑掉。四十分钟后，扒开土堆，就可以尽情享受喷香喷香的美味了。小时候自己捣鼓做熟的食物似乎是这一辈子吃过的最好的美食了，那香甜的味道氤氲萦绕在儿时的记忆里，经久不散。

现在，常恩元每次回到村里，村边的厂房和烟囱占据了田野，挡住了人们的视线。横贯村子的柏油路上，车辆连续不断，尘土飞扬。很多人家买了汽车、电脑，孩子们时常弓坐在家里电脑前玩游戏，身边没有伙伴，屋子里没有笑声，连同室外的孩子的吵闹声和新鲜空气有时也成为奢侈的礼物……常恩元感到很庆幸，有过那么美好难忘、那么贴近自然的童年，贫穷但却快乐。

随着年龄越来越大，儿时的那种快乐和自由，那种纯净与清澈，也越发地让常恩元怀念。

常恩元犹记得他上小学时的夏季，每天下午放学都和同学们到地里去打草，村南口的一条水渠旁种满了桑树，饱满的桑葚躲在桑叶底下，轻轻一碰，都会掉下一滴果汁儿来。它们挨在一起密密地长着，黑黑的，近乎发紫了，咬一口特别甜。那甜甜的果汁儿直顺着嘴巴流到肚子里，感觉肚子里好像装进了一个蜜罐子一样，特别舒服！还有那些不太熟的，又红又绿的，但是带一点儿酸酸的味道，都让他们这些馋嘴的毛孩给偷吃了。吃完以后，一个个的嘴巴就像童话中那个老巫婆的嘴巴一样，黑乎乎的，男生们就用两个食指抠着眼睛，把两个大拇指放在嘴巴里，往两边一拉，做出魔鬼样，吓得女生们满处跑。女生们边跑边开心地喊着："鬼来啦，看我们回去告诉老师！说你们欺负我们女生！"男生们便把染得黑黑的手指头放下来，一起挤眉弄眼，捏尖嗓子："你们告诉老师去，说我们欺负你们！"他们一边开着玩笑一边蹦跳着前行。

常恩元的童年趣事，已经成为他美好的回忆，而他经常和小伙伴们进行的"追跑"游戏，则为他以后体育特长的发挥，起到了一定的积淀作用。

童年的常恩元天真好动，那时的他已经显现出一定的体育天赋。在上小学一、二年级时，每天上学、放学的课余时间，他时常和小伙伴们玩"追跑"游戏。比赛前，参与的人先定规则，由两个组长组织，通过"猜头家"各组挑人，赢的先挑，组员确定后，组内进行排序，然后比赛。

当时，学校规模小，大约三间教室，再加上同在一排的五六间辅助用房，学校没有院墙。比赛只是围着这些房间跑，一圈大约150米的样子。小伙伴们你追我赶、不甘落后，异常激烈，谁也不服谁，时常跑到最后一个人才能决出胜负。这排房的西北角由内向外有一个向下的斜坡，常恩元由于速度快，时常跑到这里就摔倒，右腿的踝关节的皮肤也被蹭破，但他不顾这些，爬起来又接着跑，久而久之右腿的踝关节还留下了疤痕，直到现在还有。在游戏中，常恩元时常最后一个跑，却往往能够反败为胜，胜者有权按事先约好的数量用手弹对方的脑门儿。在欢乐的笑声中，一次次比赛充满了乐趣。由于常恩元跑得快，要么他是组长，要么大家都抢着跟他一组。

"身有伤，贻亲忧；德有伤，贻亲羞。"常恩元深知其中的道理，从小不让父母为自己操心。常恩元的父母亲上学很少，所以不会给他讲一些大道理，只是用最朴素的思想时时叮嘱他做人做事的道理。在常恩元很小的时候，父母就教育他自己的事情自己做，多与小朋友们分享。上学要遵守纪律，好好学习，多帮助需要帮助的同学们。常恩元参加工作后，父母又教导他吃亏是福，重活累活要抢着干，努力将自己的工作干好。常恩元把父母的叮咛牢记在心间，从小到大，很让父母亲省心，学习成绩也一直名列前茅。

父母亲也用自己的行动，教育常恩元"别人的东西不能拿，不能占人便宜。"父母亲的谆谆教导和言传身教，使得常恩元在求学中、参加工作后,直至走上领导岗位后,始终严格约束自己,告诫自己要永远远离社会上的不良风气,做一个清正廉洁的人。

后来,常恩元上小学五年级时,班主任老师组织课外阅读,谈到《庄子·逍遥游》时,有这么一句话:"鹪鹩巢于深林,不过一枝;偃鼠饮河,不过满腹。"意思是说:鹪鹩栖息在树上,所占不过一根树枝;鼹鼠饮河水,所需不过装满肚皮。比喻欲望有限,极易满足。常恩元对父母亲的教诲理解得更加深刻了,他时时刻刻告诫、警示自己,人千万不能过度追求物质享受,那样到头来只能害了自己。

由于父母亲的严格要求,常恩元的独立性也很强,他很小就知道自己的事情自己做。上小学三年级的时候,他就开始自己洗衣服;每学期开学发下来的新书他总是自己包书皮,并工整地写上班级、姓名;无论在本村还是到外村上学,他每天都是自己走着去学校;每天的家庭作业他从不用大人催促,寒暑假作业总是全部写完然后再玩,从不用大人操心。

"民生在勤,勤则不匮",由于常恩元的勤奋,他的学习成绩一直很好,在父母以及老师邻居的眼里,常恩元上学时就是一个乖孩子。他听老师的话,每天的作业不写完不休息,时常还在被窝里背一些知识或看书。那时候有电视剧《排球女将》《姿三四郎》《霍元甲》《大西洋底来的人》《敌营十八年》等,常恩元虽然十分喜欢观看,但他能克制自己,只有写完作业才看。遇到不会的题常恩元总是想办法解决。由于父母亲文化水平不高,简单的可以辅导,难一点的题解决不了。那时候有学习小组,所以他首先向组内的其他同学请教,如果小组成员也不会,他就向村内的邻居请教,实在解决不了第二天到校问老师,直到弄明白为止。

"百善孝为先。"常恩元活泼爱动，聪明懂事，从小就听父母、老师的话，还十分孝顺，主动帮助家里做一些力所能及的事。小小年纪也很能吃苦，在那个人民公社的年代，看着父母亲为了挣工分挺辛苦的，他总是帮助父母做些力所能及的农活，想着给父母减轻些负担。常恩元小时候除了寒暑假，还有专为农活而安排的秋假、麦假，这些时间他早上四五点钟随父母起床去地里干活，晚上很晚才回家，遵循着几千年来农民面朝黄土背朝天的生活方式，深深地体验到了生活的艰辛和父母的不易。有时父母下地干活没有回来，常恩元就帮助大人蒸饭，把菜提前择好、洗好。

常恩元升入原通县觅子店中学后，学业虽然有所加重，可他放学后还时常帮助家里起猪圈、掏厕所、下地播种、拔苗、施肥、打草。

中国是礼仪之邦、文明之邦，常恩元受到父母亲的教化和熏陶，从小就很注重礼节，每次家里来人总是主动问好，给客人让座、沏茶，大人聊天从不插话。亲戚来家时主动帮着做饭，准备餐具，适时给亲戚夹菜，饭后帮助收拾碗筷，亲戚或客人走时起身相送。

在那个物质还比较匮乏的年代里，和大多数中国人的生活水平差不多，常恩元小时家里不富裕，吃的以粗粮为主，只是偶尔能吃上细粮，也只有过节过年时才能吃上肉，改善一下生活。面对物质贫乏的生活，常恩元从没有怨言，也从不和别人攀比。能穿的衣服件数不多，往往洗了干了后再穿上，有的衣服还打了补丁。艰苦的生活铸就了他吃苦耐劳任劳任怨的品质，直到现在他的穿着依然很普通，现在住的房子也只是简单地装修了一下，再普通不过了。

每一个孩子都是父母眼中的无价之宝，常恩元的父母提到他的时候，也总会感觉骄傲和自豪，因为常恩元的每一次进步，每一点成长，都记在父母的心中。

寒来暑往，斗转星移，转眼间，已是 1976 年。

第二节　勤奋上进的求学生涯

1976 年常恩元开始读小学一年级了。由于村小学生少，常恩元所在的学校采用合班上学的方式，就是不同年级的学生在一个教室上课。当时这种教学方法也有一定的优势，就是在掌握本年级知识的基础上，可以听高一年级的课程。这样的合班，一直伴随着常恩元整个小学时代的结束。

小学一年级、二年级、四年级，常恩元是在前尖平小学读书；小学三年级、小学五年级，是在后尖平小学读书。上五年级时，常恩元任班长和少先队大队长，那一年他作为优秀少先队员代表到人民大会堂参加庆祝"六一"儿童节。这在儿童时代，是一件让他自豪也让他的小伙伴们羡慕的一件事情。那是 1981 年 6 月 1 日，雄伟的人民大会堂张灯结彩，欢快的音乐在人民大会堂萦绕，大会堂汇集了全国的优秀少先队员，带队的老师和少先队员心中都难以掩饰心中的兴奋和激动。常恩元记不清哪些领导发了言，只记得自己带头鼓掌拍红了手掌。

常恩元的父亲（后左一）、母亲（前左一）、奶奶（前左二）、叔叔（后右一）、婶婶（前右一）

常恩元从小一直到大学毕业参加工作，大多数时间是和奶奶住在一起的。奶奶是一个慈祥的老人。那个年代物质贫乏，亲戚送的好吃的东西奶奶总是一口都舍不得吃，悄悄留起来给常恩元吃。夏天的时候，奶奶怕常恩元热，不停地给他摇扇子，有时候手都酸麻了，还是坚持继续摇，只为给孙子多一份清凉。冬天的时候又怕常恩元冻着，半夜起床重新点燃已经熄灭的炉火，天蒙蒙亮的时候就已经为常恩元准备好了早餐和中午要带的午饭。

奶奶对自己一点一滴的好，小小的常恩元全部记在心上。还在上小学的他就看着奶奶日渐佝偻的腰躯暗暗下定决心："我一定要努力学习，将来让奶奶跟着我享福。"

可是，奶奶的身体渐渐羸弱了。奶奶的后背上原来有一个瘩子，后来出现病变，伤口溃烂、流脓且不愈合。常恩元的爸爸妈妈带她去了许多大医院就医，却没有治愈的良策，只有采取天天换药消炎的办法。看到奶奶痛苦的样子，常恩元心疼极了，他把给奶奶换药的活儿揽了下来。

从此，常恩元每天晚上都会给奶奶换药。他会提前把手洗得干干净净，把瓶瓶罐罐和镊子都准备好放在托盘里，这时候的常恩元俨然像一个严谨细心的小护士。他轻手轻脚地帮奶奶用镊子揭去内层敷料，由于分泌物干结粘着，常恩元就用棉团蘸上生理盐水润湿后慢慢地揭下。然后用酒精棉球消毒伤口周围皮肤，生理盐水棉球轻拭去伤口脓液，拭净后再均匀地把新的药物敷在伤口上。然后他用胶布把药物覆盖并固定……

整个过程，常恩元一丝不苟，即使在寒冷的冬天脑门上也会沁出一层细细密密的汗珠，一半是因为心疼，一半是因为怕弄疼奶奶的紧张。换完药，奶奶总是慈爱地拍拍常恩元的脑门，动容地说："没有白疼这个大孙子啊，换药换得这么仔细，从来不嫌弃奶奶脏，就是专业的医生也比不上啊！"

换药成为祖孙间的一个交流亲情的方式，一直延续到1992年，常恩元的奶奶安详地离开这个世界。

1981年9月，常恩元升入原通县觅子店中学学习，任体育委员、班长，因品学兼优成为年级第一批共青团员。他毕业取得了优秀成绩，分数虽然超过了通县一中的录取线，由于当时通县一中只能报第一志愿的招生政策原因，他只能被通县新城东里中学（现运河中学的前身）录取。

在觅子店中学上学时，常恩元有一次读到了唐朝诗人白居易的一首诗作："丈夫贵兼济，岂独善一身；安得万里裘，盖裹周四垠？稳暖皆如我，天下无寒人。"诗的大意为：诗人在寒冬腊月做了件新棉袍，穿上之后顿觉温暖如春，转念间忽然想到普天之下还有很多穷苦百姓仍旧在这冰天雪地中忍饥受冻，于是感慨道，大丈夫贵在兼济天下，岂能只为独善其身？不知去哪里才能寻得一件万里大的棉裘，足够覆盖天下四方，让百姓们都能像我一样温暖，从此世上再无苦寒之人。此诗表达了诗人心怀天下、忧国忧民的博爱情怀，为后世之人所赞颂。

常恩元读了之后，心情久久不能平静。"我也要做兼善天下的人，不做孤芳自赏独享阳光的人！"常恩元在心里给自己鼓劲儿，以后的岁月中，无论是求学还是参加工作后，以及当上校长后，他的所作所为都没有辜负儿时这份默默的决心。

常恩元自小好动，喜欢体育。农村的柴火垛堆得到处都是，对他来说，这些柴火垛也就成为常恩元锻炼身体最原始的"体育器械"，于是他就经常利用家中的这些草垛练习背越式跳高。从小学到高中，常恩元的体育天赋逐步展现出来，先后代表学校参加公社及县级体育比赛，在跳远、中长跑项目上成绩一直比较突出，在体育比赛中经常崭露头角。每次参加通州区举行的体育比赛，他总能位居前列，初三时还在县级800米比赛中拿了奖牌。

提起初中生涯，常恩元总会说起对自己一生都有着深远影响的汪希辜老师。汪希辜是初一（2）班班主任，担任数学课的教学。他毕业于上个世纪六十年代，是一名老高中毕业生，工作认真执着。对汪希辜老师，常恩元是这样评价的：身材魁梧，形象俊朗，举止大方，为人诚恳正直，做事雷厉风行，讲授数学课程特别精彩，用现在的话说就是非常"吸引眼球"。而且汪老师的课，不仅仅是停留在解决问题的层面，而是再进一步，给学生传授解决问题的方法，也就是"授人以鱼"莫若"授人以渔"，汪希辜老师的这些思想都深深地影响到了常恩元。

"汪老师培养了我的毅力与吃苦精神，也对我日后教育学生的方式产生重要的影响。"时至今日，常恩元依然这样说。

古语形容人们苦练技艺，常说"冬练三九夏练三伏"，汪希辜老师就是如此。无论是汗出如浆的炎炎夏日，还是寒风凛冽如小刀般刺骨的冬天，汪希辜老师每天带着一班和二班两个班的学生，到学校外的公路上跑上三千米，成为雷打不动的惯例，而且这一坚持就是三年！

那三年，细心的人们可能注意得到，当每天清晨的第一缕阳光洒向大地时，在通县觅子店中学附近一条叫做觅小公路的路上，一位相貌俊朗、个子挺拔的老师已经带领着几十名中学生跑完了全程，走在返回学校的路上了。

在常恩元看来，这不仅仅是一般意义上的跑步，还是人生路上的奔跑和磨练！这三年的跑步生涯，培养了常恩元的顽强意志，铸就了他的健壮体魄，而且还影响到了他多年以后的工作与生活。

1985年，常恩元开始了在新城东里中学高中的学习生活，家离得远了，开始了住校的生活。他高中期间仍然担任班长、后又兼任团支部书记，他的组织能力也在逐步增强。常恩元利用班会时间，组织全班同学自我介绍；放学后，常恩元组织班上同学打篮球；利用周日的休息时间带同学去香山、西海子公园游玩……常恩元的这些举措，让同学之间有了进一步的彼此了解，增进了同学之间的感情。

刚上高一时，常恩元看到课堂纪律有些松懈，为加强同学们的守纪律意识，常恩元向班主任建议用部队的优良作风教育影响同学们，最后在班主任的协调下，班主任和常恩元带领同学们去通州区小街部队进行参观。常恩元和同学们来到训练场，观看部队战士队列队形训练的表演，战士们标准的动作和整齐划一的步伐，令这些高中生们十分钦佩。在营房，只见室内陈设简单而整齐，床上没有一丝灰尘，被子叠得整整齐齐，八个角都呈直角，简直就是从一个模子里刻出来似的。战士们还现场表演了叠被子和整理内务，同学们为战士叠成的"豆腐块"和干净整洁的寝室而赞叹不已。常恩元还带领同学们参观了部队的荣誉室和学习室，里面陈列着许多奖状、奖杯和锦旗，使同学们真正感受到了部队的严明的纪律和优良的作风。那次参观回来后，常恩元所在班的课堂纪律有了明显好转，再没有发生过课堂纪律问题。

1985年到2016年，三十一年的时光倏然而过，然而，真正的美好记忆是岁月不能湮没的。就在三十一年后，当常恩元的高中同学苗秋艳回忆起当年的他，语气里依然充满了钦佩和敬重之情——

在学习方面，我的座位离恩元班长很近。他上课总是认真听讲，从不交头接耳，积极举手回答老师提出的问题。课堂上经常看见他认真做笔记，课下还经常热情地帮助我们同学答疑解惑，从不保留。每次考试，恩元班长成绩都非常优秀，尤其他的数理化成绩相当好。高三毕业那年师范院校提前招生考试，他体育加试，文化课考试成绩优异，而且还是我们这届唯一的市级优秀学生干部，很顺利地被北京体育师范学院录取。

恩元班长每天积极主动地坚持带领我们进行晨练和上早操，每次上体育课时，他还主动给我们做示范。恩元班长热爱体育，且体育成绩一直很好。他积极参加学校组织的运动会，而且还代表我们新城东里中学参加全县的竞赛，为我们班争夺了很多荣誉。

我们的恩元班长，有高度的集体荣誉感，威信高，亲和力强，每年同学聚会还是他牵头、通知、召集。他在同学之间也是乐于助人，热心解决他人之间的矛盾，和同学之间关系非常融洽。恩元班长在我们同学心目中，是一个德、智、体、美、劳全面发展的好榜样，现在依然还是我们的好班长！

常恩元在高中求学期间的各项表现，同样也是优秀的，他多次被评为校级三好生、优秀干部，高中毕业时还被评为"市级优秀学生干部"。1988年高等师范院校提前招生考试，常恩元出于对体育和教育工作的热爱，毅然报考了北京体育师范学院，以优异的文化课成绩和体育专业课成绩被顺利录取。

1988年，常恩元考上了北京体育师范学院体育教育专业，成为方圆十里八乡乡亲们的骄傲。常恩元也非常珍惜这来之不易的机会，学习十分地刻苦。当然，由于当时时代的原因以及当时城乡存在的巨大差异，由农村户口转城市户口是当时很多人的追求和梦想。参军要穿"四个兜"，上学要上大学或者考取小中专，都是为了能够吃上"皇粮"，可以说，这是那一辈人的高尚的追求和情结以及不懈奋斗的源动力。

上了大学，很多同学认为，千军万马过独木桥，终于冲了出来，不用再和土地打交道了，感觉有了饭碗，就放松了对自己学习上的要求。可是常恩元的想法却很朴素，他想：家里供一个大学生非常不容易，一个农村孩子考出来更不容易，绝不能辜负家里的希望，不能浪费父母的血汗钱，更不能浪费美好的光阴！

常恩元考入北京体育师范学院以后，以过硬的个人素质被选为班长。在大学生活的四年时间里，他惜时如金，就像是一个对知识渴求永不满足的人，在通往知识的高峰上奋力攀登！四年间，严格遵守学院的各项规定，努力学习，没有缺席过一次早操、一节课。而且每年都是奖学金的获得者。在大学的课堂、图书馆、体育场上，总是有常恩元勤奋的身影，在同学们看来，他的步履总是匆匆，好像是永远有很多事情等着他去做。

大学里体育设施比中学多得多，理论书籍更是浩若瀚海，为常恩元提供了一个广阔的学习发展平台，常恩元几乎把所有时间都用在了学习上，认真上好每一节课，认真对待每一门课程，包括每天的早操课，也从未缺过一节。前两年普修各类体育项目，后两

青年常恩元

年专修跳跃项目的跳远。大三那年，常恩元在一次跳高训练中受伤，可是他第二天仍旧与往常一样，早早地出现在训练场上。老师和同学们让他去休息，常恩元说："我是班长，得带好这个头。"在同学们的眼里，常恩元就是这样，有恒心，有毅力，还有自己的主意。

除了做好自己的事情，常恩元作为班长还在细微的事情中关心着同学们。每次早饭后他总是顺便把宿舍里的热水打了。他们宿舍的打热水和打扫卫生的事情，他总是主动承包下来，形成了习惯。

清晨跑步的习惯也被常恩元带到了大学四年的生活，而且在每天晚上还要到操场上，练习跑步、跳高、跳远等体育项目。常恩元专业课成绩特别突出，毕业时跳远取得满分的成绩，毕业论文参加院级答辩一次通过，专家评委给予常恩元高度认可。多年以后，他的大学同学回忆起他时，总是说："恩元班长人勤快，尊重老师，待人和善真诚，关心同学，管理能力强！"

大学的生活总是太快，转眼间四年的本科已经过去三年半了，最后有半年的实习。1992年春季，常恩元等一行十四人到通县四中进行实习，指导老师赵惠英是一个十分认真的女老师，在学校时她就知道常恩元学习认真、各方面表现十分优秀，来实习后又发现常恩元工作踏实，所以赵惠英老师在征求大

常恩元与大学同学李广文在毕业前夕留影

家意见的基础上，推荐常恩元任实习队长。

当时通县四中有一个小学体育教师师范班，专门为小学培养体育教师，常恩元除了负责初三两个班的体育教学和学校田径队跳跃项目课余训练外，还协助通县四中的体育教师指导小学体育教师师范班的体育教学工作。

常恩元是在通县四中实习过程中也是最认真、最踏实、最勤奋的实习生。当很多同学认为实习就是走过场、混日子，能偷懒就偷懒的时候，他却总是十分认真地做好各方面的实习工作，任劳任怨，脏活累活都是默默地干。同学们都不理解他为什么要这么努力，他总是淡淡地说："勤奋工作也是一天，偷懒耍滑也是一天，既然努力既对自己成长有好处，也对实习的单位有好处，那为什么不踏踏实实地实习呢？"最终，常恩元以出色的工作成绩赢得了通县四中老师的一致认可与好评，圆满地完成了实习任务。

第三节　出类拔萃的体育老师

人生的第一次总是特别珍贵，第一天上学，第一次戴上红领巾，第一次受到老师表扬，第一天上班，第一次走上领奖台……

在常恩元参加工作的第一年里，有两件事情最令他难忘，第一件是六中的田径项目被评为"北京市田径传统体育项目学校"，第二件是他主带的课间操被评为"通县中小学师生员工课间操标兵"。

1992年的秋天，阳光很美，像金子，洒遍田野。在通州六中的操场上，和煦的阳光穿过茂密的树叶，细细碎碎地洒到操场的地面上。风儿裹挟着泥土和小草的芳香,穿梭在金色的光芒里。

"一一,一二一,一二三四!"震耳欲聋的号子声响彻天空,"咔咔"的脚步声整齐划一,充满着青春和朝气,震得大地发颤,这铿锵有力的声音,和着孩子们年轻的心,与时代的脉搏一起跳动!

此刻六中初一年级的学生正在进行环绕300米操场跑步的训练,一名身姿矫健的年轻教师始终在内圈和学生们一起跑步,学生跑几圈他就跑几圈。

这位年轻教师就是常恩元,这年他刚从北京体育师范学院毕业分配至通县第六中学任体育教师,而且1992—1993学年常恩元任初一年级1至6班的体育课,兼任学校田径队中长跑组的训练工作。

"这个新老师多认真啊,你看,也跟着我们一块儿跑步。"队伍中有几名学生悄悄地议论。

"第一次上课,过不了几天,肯定只让我们自己跑,不会老陪着我们。"

"也不一定,听说这个老师是从北京体育师范学院毕业的高材生,工作挺认真的。"

在跑完规定的里程后,常恩元跟学生讲述了他的初中老师汪希辜当年带领他们风雨兼程坚持跑步三年的动人故事。常恩元说:"同学们,不要小看跑步,坚持下去也是一种力量,而且我要陪你们一起跑步,一直到你们毕业!"

常恩元的讲话赢得了学生热烈的掌声。

"这个体育老师不一般!"学生们发出啧啧的赞叹。

从此以后,常恩元一直带学生坚持跑步四年,直到1996年9月他任教导副主任后才停止。

常恩元在课堂教学中严格管理，并善于调动学生的积极性，让学生觉得体育课"生动有趣"，逐渐使体育课成为学生的"最爱"。常恩元每周12节课亲自示范，与学生一起活动，300米的操场，他安排学生跑多少圈，他和学生跑同样的圈数，而且班班课皆是如此。

满园的累累硕果属于勤奋耕种的园丁，而不属于赏花人。在常恩元的带领下，并通过学生的努力，就在他负责学校田径队中长跑组的训练工作的1992年，也就是他参加工作的第一年，通县六中被评定为"北京市体育传统项目学校"。

常恩元深知荣誉来之不易，所以他也十分爱惜荣誉。2008年11月3日，常恩元因工作需要于调往通州区南刘中学任校长、党支部书记时，他满怀深情地对六中的老师和学生说："我们六中这个体育传统项目学校的称号一定要永远保持下去，谁要是弄丢了，谁就是六中的罪人！"

1992年是常恩元参加工作的第一年，他下大力气带课间操的事情同样让他难忘，也让师生们难忘。

常恩元为带好课间操，除了上班做好日常体育教学工作以外，在每天下班后，他还对着镜子一遍遍练习到很晚。课间操四套四十多节，每节操有多少动作，每一动作如何做，位置到身体哪个部位，常恩元都熟记于心。由于业务熟练，他逐步成为五位体育老师中的主带操者，每天坚持带着全校学生练习四套、四十多节课间操，其中有一套为一边喊口令，一边做操，标准要求极高，同时也考验着带操老师的基本功。

炎热的夏季，常恩元的背心被汗水一次次浸透，又一次次被体温烘干。功夫不负有心人，他终于利用五天时间，把这套课间操吃透、练熟。1992年，通县六中因课间操做得特别标准和规范，而被评为"通县中小学师生员工课间操评比标兵校"。四年之后，1996年11月，通县六中的课间操又获得"北京市中小学百所课间操优秀校评比"优秀奖。

当然，工作不会总是顺着自己的心，而遇到挑战，常恩元认为，这更是一次锻炼自己的机遇。

常恩元的专业是跳远，而学校分给自己课余训练的任务却是中长跑项目，这对于常恩元来说，不能不说又是一个新的挑战。

常恩元抱来一摞理论书籍，放在学校里、家里触手可及的地方，甚至在操场训练的间隙，还手捧着书本学习。在下班后，就去拜访校外的同行，向他们虚心请教。他还结合学生实际制订有针对性的训练计划，科学处理训练量与强度的关系，力争训练手段、方法的科学化。除了平时每天练习，寒暑假还加班进行练习。

常恩元1993年被提升为体育组教研组长后，思考的问题更多、更深入也更远了。他一直在思考：如何才能够保持学校田径项目的优势。他对课余训练进一步提高针对性，结合教师特长进行了分管项目的调整，由他本人负责跳跃项目，由赵景平老师负责短跨项目，由王庆东老师负责中长跑项目，由李树山老师负责投掷项目，由田春利老师负责全能项目。此外，全组人员日常加强训练的研究，在方法、手段上下功夫，提高科学性。通州六中还利用一切可以利用的时间开展课余训练，并积极争取学校领导、教师、家长的支持，形成合力，形成良好的训练氛围。这些举措，确保了通州六中甲乙组始终保持在通州区初中组团体前两名的水平。

常恩元干工作不只是勤奋，还特别讲求工作方法。他在抓好课余训练的同时，还关注学生学业成绩的提高，时常深入到办公室与班主任及各科教师沟通，了解学生的学习情况，力求最大限度地取得其他老师的支持与配合。在保证学生体育科目训练的同时，他总是提前和班主任以及其他任课教师做好沟通，在保证学生其他课程学习的基础上，练好各项体育项目。

讲起常恩元支持学生学业成绩到何种程度，很多任课教师说："那时经常可以见到的情况是队员每天早上出操，队员时常是一边做准备活动，一边背外语单词；头天作业还有一两道难题没有做完的，在体育组做完后，再进行体育训练。"

常恩元在体育教学工作中倾注了自己的全部心血，再加上校领导和老师们的支持，那几年，六中的体育工作进步很快，喜讯也是捷报频传！

常恩元第一次带队参赛就有三名队员获奖。参赛队员窦岩获得初中女子甲组400米第一名、800米第一名，周杰获得初中女子乙组1500米第二名，孙超获得初中男子乙组800米第五名，而学校也获得通县中小学田径运动会初中甲组总分第一名、初中乙组团体总分第二名的优异成绩。常恩元所带的篮球队在1993年7月获得通县中小学篮球赛初中男子组第五名。

1995年6月，由于裁判水平高，常恩元通过了国家田径一级裁判考核，成为当时通县最年轻的一级田径裁判员。常恩元多次受邀参加北京市区大型田径比赛的裁判任务，如北京国际长跑节、北京市运动会、

常恩元1993年在通县六中担任教研组长时与组内同事合影

北京市青少年田径比赛等。

"成功的花，人们只惊慕她现时的明艳！然而当初她的芽儿，浸透了奋斗的泪泉，洒遍了牺牲的血雨。"常恩元的课堂教学和研究也得到了同事和县教研组的极大认可，通州六中体育中考成绩在通州区一直名列前茅，屡屡受到上级表彰。

特别是在常恩元担任教研组长和教导副主任后，通州六中和常恩元个人均获得了很多奖项和荣誉称号：1996年4月获得通县中小学运动会初中甲组第一名；1996年4月获得通县中小学运动会初中乙组第二名；1996年11月获得北京市中小学百所课间操优秀校评比优秀奖；1996年12月获得通县中小学体卫工作先进校；1996年12月获得北京市全民健身"一二一"样板。常恩元1995年获得通州区"十佳体育教师"荣誉称号；1996年10月获得县体育教学擂台赛优秀奖；1996年12月获得北京市初中教师教学基本技能竞赛二等奖；1997年获得通州区"优秀教育工作者"的荣誉称号。

"啧啧，这个体育老师可真不一般！"

"常老师身上有股子拼劲儿！"

"这个年轻人有前途！"

老师们对常恩元发出由衷的赞叹。

由于常恩元业绩突出，1993年暑期他被学校任命为教研组长，成为当时通县最年轻的体育组长。在由五人组成的体育组里，当时常恩元是组里年龄最小的一个老师。但是作为教研组长的他，必须获得组员的认可与接受，因此他在工作上吃苦在先，讲奉献，不争成绩。在工作上尊重教研组成员的想法，有事与大家共同协商，努力创设一个良好的工作氛围。

"夫战者，将必先。"当时六中的运动场地条件十分简陋，是土操场，跑道是由煤渣铺设而成的。平时需要不间断地养护场地，尘土干燥飞扬时需要及时浇水。而且在每次课间操评比时，在操场内要画点；每次举行运动会，要用白灰水画跑道，工作量十分大。对于这些累活，常恩元总是抢着干、抢着完成。炎炎酷暑，教师和学生都在甜蜜地午休，而常恩元却用力挥洒着白灰水，一道一道，一丝不苟。汗水像断了线的珠子一样不断地流下来，炽热的太阳炙烤着他的后背，隔着衣服都烤得红肿起皮，但是常恩元咬牙坚持着，直至画完最后一道，才忍住眩晕跟跟跄跄地回宿舍休息一小会，下午继续给学生用心上课。再后来，通州六中更换了塑胶跑道，因长期风吹日晒雨淋，有的地方开了胶，常恩元那时已经担任了德育副校长职务，可他依然和刚参加工作时一样，拿着万能胶去对跑道进行粘合。常恩元就是通过率先垂范，扑下身子实干，赢得了广大师生的认可。有人很不理解地问常恩元："您贵为副校长了，为什么还去干这种脏活累活？"常恩元说："所有人的人格都是平等的，只是社会分工不同而已。我不觉得校级干部就应该高高在上，就应该有架子啊！"

通州区潞河中学的周振国老师于2006年至2011年曾在通州六中任体育教师，也和常恩元有人生的交集。周振国老师说："常校长干工作简直就是拼命三郎，他的工作原则是'今日事今日毕'，今天的工作不干完，心里就会特别别扭。后来，虽然常校长离开了通州六中，可是他为六中留下了一种可贵的精神，

周振国

打造了一个近乎完美的标杆!"周振国老师的语气中充满了钦佩和敬重。

2010年,由于体育训练成绩优秀,周振国老师被调入潞河中学任教。他说,之所以自己在通州六中的四五年时间里取得了有目共睹的成绩,赢得了那么多的奖项,甚至发表了自己最不擅长的学术论文,是因为常校长在身边言传身教地影响着自己。

常恩元告诉周振国每节课都要认真备课,即使是体育课也要有详尽的教案。后来在众多的评优活动中,很多老师手忙脚乱地补教案,但是周振国却底气十足地亮出他认真撰写的教案,赢得了评委会的一致认可。更重要的是,每节体育课由于教案的存在而有条不紊,让学生在短短的课堂45分钟里得到了充分的训练和提升。

常恩元还手把手告诉周振国如何把教学心得转变成一篇学术论文,让他这个一直很愁写作的人也能把自己的教学体会变成铅字发表在重要的学术期刊上。常恩元注重不断提升教学水平与技能,注重钻研,注重学习,善于实践、反思和总结。常恩元的这一工作特点也被他带进了以后的校长生涯,他一直倡导老师不仅要搞好教学工作,而且还要善于总结自己的工作,以形成理论体系。

周振国说常校长对自己更大的影响是人格的示范。他当时作为副校长却身先士卒,粘跑道、画训练点……不管是烈日下还是寒风中,他从来都是主动做着那些很枯燥很劳累的活。周振国看在眼里,对这个不像领导的领导油然生出一种敬佩,更多的是一种感召力,让他不由自主地跟着常校长一起踏踏实实地干实事,不问彼岸只为海,不求回报只顾付出。

周振国依旧记得那时候常校长为了工作方便,住在学校旁边一个很简陋的狭小房间里,每天他们一起工作到深夜,下班时常校长就会让妻子给周振国拍个黄瓜拌个西红柿,让他在一身疲惫时能得到小小的犒劳。那些温暖的时刻就像周振国生命中的明灯,照耀着他的教育之路,让他更加春蚕吐丝般地对待学生。

常恩元一向注重体育教学,当体育老师时重视,当了德育副校长、一校之长后更加重视。他说:"古希腊著名教育家、哲学家柏拉图从小就接受良好的体育教育,参加过骑兵军事训练,从事过多种体育活动,曾经获得体操、拳击和骑术的优胜,是一个理论与实践结合的体育哲学家典范。柏拉图曾经说:'人从事体育锻炼可以经换灵魂,获得道德上的提升,在本质上,接受体育锻炼就是接受教育。'"常恩元认为,体育作为一种复杂的社会文化现象,不只是健身,更重要的是育人,给人一种精神的释放感,让人拥有愉快感、成就感和心情舒畅感,也就是说,体育还能带给人们精神层面的价值,还有助于培养人们勇敢顽强的性格、超越自我的品质、迎接挑战的意志和承担风险的能力,有助于培养人们的竞争意识、协作精神和公平观念。同时,体育本身就是德育的一种形式,可以提高一个人的坚持韧性和进取精神,一些体育活动和体育赛事对丰富人们的文化生活,弘扬集体主义、爱国主义精神,增强国家和民族的向心力、凝聚力,都有着不可缺少的作用。

常恩元在工作的第一年教初中一年级,他发现学生的体育成绩不甚理想。他通过走访和调研发现:学生由小学升入初中存在诸多不适应,其中在教学衔接上存在差异。为此,常恩元对中小学体育教学衔接问题进行了为期一年的调查研究,并完成了参加工作以来的第一篇论文,《谈中小学体育教学的衔接》于 1994 年 12 月发表于全国统一发行的杂志《体育教学》第四期。在 20 世纪 90 年代，能够在全国杂志发表论文的人还比较少，校领导对他的这种勇于钻研的精神表示肯定和赞扬，老师则对他敬佩不已。

幸运之神总是格外垂青那些为了自己美好理想不懈奋斗的人，常恩元在教学和训练成绩上，可谓是收获满满——

1993 年 11 月，参加全县青年教师优秀教案评选获优秀教案奖；1995 年 2 月在通县中学体育教师学习新大纲、新教材竞赛中获一等奖；1995 年 12 月被评为通县十佳体育教师；1996 年 7 月论文《选择体育教学方法时应注意的几个问题》获通县体育论文一等奖；1996 年 12 月《新教师上岗前的准备》发表在《中国学校体育》杂志第四期上；1997 年《新教师上岗前的准备》获全国体育教学学术论文二等奖。

"头脑简单，四肢发达"是很多人对于体育老师的标签，但是常恩元却用自己的实际行动，给了这种说法漂亮的一记反击。

第四节　春风化雨创德体新高

平庸与卓越的分水岭，就在于是否有中流击水的勇气，在于是否有迎难而上的决心，在于是否有百折不挠的韧劲儿。由于常恩元的踏实肯干，于 1996 年 9 月被提拔为教导副主任，时年 28 岁；1997 年 9 月又被任命为代理德育副校长，时年 29 岁；1998 年 5 月被任命为通州六中德育副校长。

常恩元于 1997 年 9 月代理德育副校长时，参加工作刚满五年，也才 29 岁，是当时通州区最年轻的中学副校长。对他来说，迎来了他教育职业生涯上的重大转折，也为他施展更大的理想抱负提供了更为广阔的舞台！

可是也有不同的声音——"常老师他能行吗？"带着一种怀疑态度，脑子里打了一个问号。因为在一般现实教学工作中，由体育老师升任校长的还是比较少的，尤其还是这么一张年轻朝气的脸庞。

年轻的常恩元面对质疑，也有思想压力，怕干不好工作让领导说不过去话，怕干不好工作对不起同志们的信任。他比以前更加爱学习了，向本校的老师学，向外校的同行学，向书本学，每天坚持做读书学习笔记。而且，这项做读书学习笔记的习惯，也影响了常恩元以后的校长生涯，无论是在南刘中学，还是在马驹桥学校，他要求每一位老师都要做读书笔记，他会对每一篇笔记进行认真检查，并进行点评。

没过多久，常恩元就以出色的工作业绩把别人的所有疑问都打消了。而且自常恩元担任德育副校长后，他还以自身的优秀带出了一支优秀的队伍，取得了更大的业绩。

一枝独秀不是春，百花齐放春满园。常恩元在抓好田径普及的基础上，还着重在培养高水平的体育后备人才上下功夫。他始终将田径作为龙头体育项目来抓，先后培养出一大批体育特长生。他在校内班班设立田径代表队，全校参加传统体育项目训练活动的学生已超过学生总数

教师写的读书笔记

的60%，学校代表队常年坚持训练。教练员们则克服了重重困难，每天早来晚走，细心指导，用自己的汗水，为学校争得了荣誉。在市区的各项比赛中近30余次获得团体总分奖，200多人次进入个人前六名，有9人达二级运动员标准，130余人次达三级运动员标准，先后向高一级学校输送体育后备人才50余名。九八届的孙志涛入选北京田径队，九七届的杨岳、九八届的杨波、九九届的张子君、二〇〇〇届的白万冰、二〇〇一届的张磊、王帅、刘岳不但体育成绩突出，还被评为市级三好学生考入重点中学。李树山、赵景平两位老师的训练课获区一等奖，1992年李树山老师还被评为北京市传统体育项目先进个人，2000年通州六中又获得"北京市传统体育项目学校先进集体"光荣称号，可见上级部门对通州六中的课余训练工作给予的充分肯定。

常恩元是一个善于思考、迅速付诸行动的人，还是一个善于创造机遇、抓住机遇的人。一个想法在他心中萌生——以奥林匹克教育为载体推动学校体育工作更上一层楼，促进学生全面和谐发展。

2008年，第29届夏季奥运会和第13届残奥会在北京举办。常恩元紧紧抓住北京举办2008年奥运会的契机，深入开展了奥林匹克教育活动，并就学校开展奥林匹克教育的背景、价值、策略、实施途径等进行了初步的研究与探索。目的在于通过形式多样的奥林匹克教育活动，促进学生的全面和谐

常恩元工作照

发展。

2008年北京举办的第29届夏季奥运会和第13届残奥会，将"绿色奥运、科技奥运、人文奥运"作为本届奥运会的三大理念，其中"人文奥运"是北京奥运提出的创新理念，是三大理念的核心和灵魂，旨在提高人的素质，促进人的全面发展。奥林匹克运动的实践证明，举办奥运会将给举办城市或者国家带来多方面的影响。包括政治、经济、文化、教育和体育等方面，可以说，影响是全方位的。同样，2008年北京奥运会也将给北京教育带来诸多发展机遇。特别是"人文奥运"理念的提出，更是为北京教育的改变和发展提供了新的思路和方向。

常恩元在通州六中举行的体育届暨奥林匹克教育周开幕式上

常恩元认为：通过筹备和举办奥运会，北京的体育设施和城市建设将会得到很大的改善，将会留下一批有形的物质遗产，但更重要的是北京奥运会的成功举行还会在青少年心中留下一份丰厚的、无形的精神遗产，对于提高整个中华民族的素质，增强民族精神和民族自信心将起到积极的作用。为此，常恩元确定借助深入开展奥林匹克教育，提升广大青少年的人文素养，引领青少年全面发展。

下面是一则刊登于通州六中校报上关于举办"迎奥运"新生运动会的新闻，是这样报道的：

通州六中举办2007年"迎奥运"新生运动会

2007年9月30日，为迎接北京2008年奥运会的召开，普及奥林匹克知识，传播奥林匹克精神，通州六中隆重举办了以队列、田径比赛为主要内容的"迎奥运"新生运动会，包含了短长跑、跳高、跳远等比赛项目。运动会上，参赛运动员生龙活虎，你争我夺，"我参与、我快乐"成为运动会主旋律。新生运动会的举办，丰富了学生的课余生活，激发学生参与体育活动的积极性，提高了学生的身体素质，同时也促进了班级交流。

让奥林匹克教育走进课堂，构建多学科渗透的奥林匹克教育体系，是常恩元此次借助奥林匹克教育促进体育教学更上一层楼，促进学生和谐发展的基本思路。首先他把奥林匹克教育作为一项重要内容，纳入学校的教育教学计划，确保奥林匹克教育在时间上的落实。在学校奥林匹克教育活动的开展中，通州六中以《中学生奥林匹克知识读本》《中学生礼仪读本》为基本教材，并在此基础上进行了扩充。其次把奥林匹克教育与学科教学有效整合，形成多学科渗透。

常恩元认为，奥林匹克运动给人以生命的刺激和美的享受，"更快、更高、更强"的奥林匹克格言激励着人们不断前进，它已形成一种精神文化，

2007年新生运动会

并与诸多学科有着渊源。充分发挥学科教学上的人员优势、时间优势和资源优势，构建多学科渗透的奥林匹克教育体系，必将有利于提高学校奥林匹克教育的实效性。为了做好此项工作，通州六中首先在教师中普及奥林匹克知识，帮助广大教师充分认识开展奥林匹克教育的必要性和重要性。然后以教研组、备课组为单位，开展奥林匹克教育专题教研活动，深入挖掘教材中的奥林匹克教育素材，并在教学活动中加以渗透，使学生在学习科学文化知识的同时，接受奥林匹克文化的熏陶，使奥林匹克精神入脑入心。

常恩元作为通州六中的德育副校长，还让奥林匹克教育与学校德育工作紧密结合，以此来促进学生道德素质的提高。因为常恩元深知，北京"人文奥运"的理念能否真正实现，关键是人的素质的提高。北京市教委为了提高北京市广大中小学生的文明素质，适时举办了历时三年的"情系奥运——文明礼仪伴我行"主题教育活动，并以校园礼仪、家庭礼仪、社会礼仪知识的普及为重点，帮助广大青少年树立"十个文明形象"。而常恩元顺势而为，则以"抓师德、抓宣传、抓养成、抓合力"等"四抓"为突破口，来促进师生文明素养的提高。

抓师德。在教师中举办"十个文明行为习惯"的创建活动，强化教师的示范作用，以教师文明素养的提高，促进学生的成长。

抓宣传。创设浓郁的文明礼仪教育氛围，通过多种形式普及文明礼仪知识，把文明礼仪教育的信息传递到校园的每一个角落，形成讲礼仪为荣、不讲文明礼仪为耻的风尚。

抓养成。强化学生的文明行为，制定学生礼仪常规，构建学生自我教育体系，评选文明礼仪标兵，开展"我身边的礼仪故事"征文、演讲、动漫画比赛，校园不文明行为"摆、查、找"等活动，引导学生去讨论、去思考、去探究，并在活动中学会人与人、人与自然、人与社会的和谐相处，在细节中帮助学生养成健康文明的行为习惯。

抓合力。创设"育人场"，积极争取家庭、社会的支持，让学生在校内外活动中践行文明礼仪，使学生真正成为德育活动的主体，成为文明礼仪的宣传者、实践者和示范者，使人文奥运的理念与学校的德育活动有机结合。

此外，常恩元还以学校体育为主战场，全面推进奥林匹克教育活动的开展。常恩元认为，学校体育作为学校教育工作的有机组成部分，也是全面推进学校奥林匹克教育活动的主战场，充分发挥学校体育工作的优势，全力开展奥林匹克教育，是学校体育工作的重要任务。

常恩元认为，上好体育课也是非常重要的一环，他积极开发和整合了民族传统体育和奥林匹克教育资源，将武术、跳绳、踢毽、太极拳、奥运项目等纳入体育课的校本课程。通过体育教学传播民族传统文化和奥林匹克知识，帮助学生了解中西文化的差异，理解民族精神与奥林匹克精神的实质，培养学生的现代竞争意识、拼搏精神、健康的生活态度和生活方式。

常恩元还注重做好奥林匹克知识的宣传工作。由学校体育组牵头利用学校橱窗创建"奥林匹克知识园地"，设置北京奥运会倒记时牌；通过学校的广播、电视开设奥林匹克知识专题讲座；在学校网站创建"奥林匹克教育"专栏；举办奥林匹克摄影、书法、绘画、征文、演讲、知识竞赛的活动，全方位普及奥林匹克知识。积极开展主题教育活动。组织学生收看申奥成功录像；参加北京申奥成功一周年万人长跑；

参与奥运知识宣传；举行奥运倒计时 1000 天、800 天、600 天……庆典；参与校内外的环境整治等活动，激发学生对奥运的参与热情及爱国情感。

下面是一则通州六中参加"首都学生奥林匹克知识竞赛"活动的新闻：

通州六中组织学生参加"2007 年首都学生奥林匹克知识竞赛"活动

2007 年 9 月 29 日，为迎接 2008 年北京奥运会，在学生中大力普及奥林匹克知识，弘扬奥林匹克精神，营造从我做起，我参与、我奉献、我快乐，人人为 2008 年北京奥运会做贡献的良好氛围。我校组织全体学生积极参加"2007 年首都学生奥林匹克知识竞赛"活动，活动中同学们表现出了极高的热情，通过多种渠道查阅资料，认真答题。

改革课外体育活动，让奥林匹克理念融入体育活动之中。通州六中将过去一年一度的学生春季田径运动会，逐步办成了大型的综合性运动会，并更名为"体育节暨奥林匹克教育周"，深受全校师生的喜爱。体育节较过去的运动会有明显不同，融参与性、教育性、知识性、趣味性、锻炼性于一体。而且体育节能够满足不同

常恩元在通州六中组织的"北京奥运有你有我"签名活动

类型学生的需要扩充比赛项目。体育节在广泛征求师生意见的基础上，设田径、非田径两大系列，将入场式、队列、广播操、拔河、立定跳远、引体向上、仰卧起坐、球类、棋类、奥林匹克知识竞赛等项目纳入运动会，总计达到25个小项，在这些项目中既有传统的田径项目，也有民族传统体育、中考体育、体质健康标准测试、趣味性、益智类等竞赛项目，完全满足了学生参赛的需要，让尽可能多的学生参与到这场属于自己的体育盛事中来。

下面是一篇2007年通州六中关于举办体育节的消息，我们可以从中见微知著：

通州区第六中学2007年体育节暨奥林匹克教育周落幕

2007年4月2日至8日，北京市通州区第六中学成功举办了为期一周的学生体育节暨奥林匹克教育周活动。本届体育节以普及奥林匹克知识，传播奥林匹克文化，弘扬奥林匹克精神为主线，培养学生的奥运参与意识。体育节期间，学校先后举办了奥林匹克书法、绘画、摄影、手工作品征集，奥林匹克知识竞赛，迎奥运、讲文明、树新风签字仪式及综合性运动会等系列活动。

在此次教育周活动中，全校师生表现出了极高的参与热情，并在参与中获得成功的体验，感悟了

通州六中体育节入场式

奥林匹克精神的内涵，也把活动的知识性、趣味性、教育性很好地融为一体。

常恩元最大的创举在于让体育竞赛与体育教学、体质健康标准测试、中考体育有机地结合在一起，使通州六中运动会的参赛率由过去的50%上升到90%以上，几乎人人有项目。没有项目的同学参与到大会服务或裁判工作，充分体现了奥运"重在参与"的理念。

常恩元还充分挖掘通州六中"体育节"的育人功能，借体育节举办班徽、班规、班训征集活动，在"体育节"入场式上要求每个班级每个学生都要参加，并把这些成果展示出来。活动结束后，各班还以"运动会后谈体会""体育节的启示""我与奥运精神"等主题召开班会，对班徽、班规、班训征集活动中取得的经验和成绩进行总结，通过这一过程有力地促进了班集体建设，不仅对良好班风的形成起到了积极的作用，而且培养了学生的集体意识和团队合作精神。

特别是体育节的举办，已经突破了运动会的禁锢，不仅仅是举办运动会，而且还囊括了书法、绘画、摄影、手工作品征集、奥林匹克知识竞赛、"迎奥运、讲文明、树新风"签字仪式等一系列的活动，在传播奥林匹克文化、弘扬奥林匹克精神的同时，还丰富了学生的课余生活，陶冶了学生的情操，进一步丰富了校园文化建设。

在"我与奥运精神"主题班会后，一名同学在其作文中这样写道：

今天我们班举行了"我与奥运精神"为主题的班会，全班同学整整齐齐地坐在自己的座位上，由成龙演唱的2008北京奥运音乐《我们已准备好》那振奋人心的旋律回荡在宽敞明亮的教室——

"一年一年的等待 我们看见未来

一起用汗水来灌溉 五种色彩

一天一天的等待 心情更加澎湃

创造最大的舞台 最豪迈的时代

这片土地已经准备好 打开梦想起飞的跑道

让全世界的目光 降落在我们的怀抱……"

班主任对我们说:"第29届奥运会即将在我国首都北京举行,这是我们国家的一大盛事,也是13亿中华儿女共同期待了一个世纪的奥运梦想,同学们,让我们行动起来,在'迎奥运、讲文明、树新风'的实际行动中,展现我们的活力和风采。就让我们从自我做起,从身边做起,从点滴做起,体现追求团结、友谊、和平的奥林匹克精神,展示中国人民企盼奥运、参与奥运、奉献奥运的精神风貌!"

在这次班会上,很多同学都积极进行了发言,都表达了我们中国的奥运梦即将实现的激动与自豪之情。

是啊,我曾无数次地想象奥运会辉煌的现场、壮观的场面。我作为一名奥运的小主人,应该为奥运添彩,把奥运变成一个多姿多彩的世界!

每个人都有一个梦想,我相信2008年北京奥运会是中国人的梦想,我们身为中国人,一定会隆重地迎接2008年北京奥运会。我为中国能举办这样高水平的奥运会而感到骄傲!

我也要以运动健儿为榜样,勤奋刻苦地学习,争取考上我理想的高中!

常恩元是一位处处讲求工作创新的人,他改变传统的记分办法，通过记分的调整培养学生的吃苦精神和团队精神，把男女生的中长跑项目，在增加录取名次的同时，提高分值，以激发学生的参赛热情；非田径项目则只计团体成绩，不计个人名次，以强化学生的合作意识与团队精神。

常恩元还围绕体育节"做文章"，组织举办摄影作品的征集活动，实现体育与艺术的结合，注重奥林匹克知识和体育知识的普及。体育节期间，学校先后举办了奥林匹克书法、绘画、摄影、手工作品征集、奥林匹克知识竞赛、迎奥运、讲文明、树新风签字仪式及综合性运动会等系列活动。一件件精美的手工，一张张弥漫着浓浓墨香的书法，一幅幅栩栩如生的绘画，令观赏的人驻足观看流连忘返。全校师生对于体育节表现出了极高的参与热情，并在参与中获得成功的体验，感悟了奥林匹克精神的内涵，融知识性、趣味性、教育性于一体。"体育节"活动的开展，不仅达到了锻炼身体和益智目的，更主要的是通过活动的参与，增强了学生的自信心。

除此之外，常恩元还根据学生实际，积极开展形式多样的"阳光体育"活动，如举办球类联赛、田径单项赛、冬季长跑接力赛、跳绳、踢毽比赛等，以形成系列。这些活动的开展，不但增加了学生参与体育活动的机会，满足了学生的爱好与需求，培养了学生良好的体育锻炼习惯，而且还掀起了学生参加体育锻炼的热潮。

常恩元通过举办形式多样奥林匹克教育活动，成效显著，师生的人文素养不但得到进一步的提升，而且还推动了学校德育、教学、体育等工作的全面发展与进步。

通州六中先后荣获"北京市奥林匹克教育示范校""北京市贯彻《学校体育工作条例》先进集体""北京市传统体育项目学校先进集体""北京市申奥成功一周年万人长跑最佳组织

奖""北京市中小学德育工作先进集体""北京市文明礼仪教育示范校"等殊荣，而且，通州六中的中考成绩、竞技体育在北京市区初中校处于先进行列。而常恩元在教育实践中的真知灼见也化成一篇篇极具价值的学术论文发表在国家级重点期刊上。

老子有云："善建者不拔，善抱者不脱。"常恩元面对取得的成绩没有沾沾自喜，而是感觉肩上的担子更重了，责任更大了。学校领导和老师们的信任与嘱托，犹如一双双眼睛在激励着他、鞭策着他在教育事业的道路上永远前行！常恩元的职务提升后，他面对的首要问题是尽快适应新的工作、新的挑战，努力使学校的德育、体育、卫生工作再上新台阶！为此他虚心学习，进一步深入掌握学校的德育、体育、卫生等工作，并在规范德育、体育、卫生工作管理、进一步修订学校规章的基础上，坚持创新，从而在较短的时间内，开创了工作新局面。

那段时间常恩元更加忙碌了，老师们和常恩元开玩笑："常校长，您得多买几双鞋才行。"

"要那么多鞋干什么？"常恩元不解其意。

"您在校园走得路多，把鞋底都磨破了，当然得多准备几双鞋。"

说到这些，老师们都笑了，常恩元也笑了。

在常恩元的带动下，通州六中体育、德育、卫生等工作，均取得了诸多荣誉——

2004年10月，获北京市中小学德育工作先进集体；2005年9月，获北京市"文明礼仪示范校"；2008年，学校通过北京市级"奥林匹克教育示范校"的验收；2008年10月，获得首都教育系统奥运工作先进集体；2008年1月，获北京市"红领巾读书先进单位";2008年10月,获"全国教育科学'十一五'规划课题'和谐德育研究与实验'先进实验校"。

从1997年9月至2008年11月,在常恩元担任德育副校长期间,通州六中的德育、体育、卫生工作全面开花,进入了发展的快车道。

"烈火识真金,疾风知劲草。"常恩元以出色的工作业绩赢得了上级部门和全校师生的一致好评,由于工作需要,上级部门准备调他到条件相对落后的南刘中学任校长兼党支部书记,以扭转那里的被动局面。

2008年11月,常校长即将调到南刘中学的前一天,通州六中召开全校教师大会为他送行。众多教师想起与常校长在通州六中十六年朝夕相处的日子,一幕幕难忘的感人场景再次涌现在眼前,纷纷流下了感佩的泪水。老师们自发凑钱为他买来了纪念品,还有许多教师到他的办公室与他道别,感谢他在六中工作期间对自己的帮助与支持。而这是任何世俗的金钱换不来的,这也彰显了常校长极为宝贵的人生价值!

常恩元是个重情重义的人,从通州六中调到南刘中学,情感是复杂的,这份情感里既饱含了惆怅、不舍、感恩,又蕴藉了一名教育工作的责任、情怀和担当!

常恩元说:"我的初衷是在六中工作一辈子,毕竟情感在那里,离开确实有些伤感。但是我作为一名组织培养多年的干部,一定要服从组织的安排和责任的召唤!我想,我无论走到哪里,六中都是我的家,大家有困难可以随时找我。"

常恩元经常说:"都说'人走茶凉',人走了,咱可以捧着那杯茶,不让它凉。"他虽离开六中多年,可六中的老师仍然和这位大家心目中好校长常恩元保持着联系。2015年8月

1日，六中的老师有一件紧急的事情找常恩元，说六中的一位同事在内蒙古外出旅游时发生车祸去世。常恩元听后，感到十分的震惊与悲痛，第一时间给他们出主意，同时帮助他们联系家属，并为家属找车去内蒙古。当时他正在青岛，赶忙结束自己的行程，从青岛紧急返回北京，又从北京赶到内蒙古，跑前跑后地帮助处理事情，两天几乎未合眼。通过这件事情，常恩元再一次让六中老师看到了一位重情重义的老校长！当同事有困难时第一个想到的是常恩元，他们之间的情谊已经超越了工作上领导与群众的关系，而结成了兄弟般的情谊！

通州六中的王庆东老师是常恩元的大学同学，又一起分配到通州六中从事体育教学工作，时隔二十四年之后，当他回忆起当年的常恩元，眼睛里浸满了泪水。

"我和恩元从并肩学习到并肩工作，又在一起持续工作了十六年多，我见证了他的工作态度，也见证了他的人格魅力。在恩元调走时，老师们对他依依不舍的那种留恋，在我工作过的这么多年中，还是头一次看到那么多老师因为一个人的调走而哭泣。很多老师拉着恩元的手，真舍不得他走，那场面真是太感人了。我的眼睛告诉我，我的心灵告诉我，那不是在演戏，而是老师的真情流露。他离开六中后，很多六中的老师利用周末自发地去看望他。我认为，这是对一个人的人品和工作态度的充分肯定和认可，那是人生价值的体现！一个人工作干到这份上，还有什么可遗憾的。"

第二章

为梦统筹

学校要为学生的终身发展负责

第一节 高瞻远瞩创新管理制度

凤仙是通州六中的团委书记，提起常恩元校长，她感慨地说，今天的自己是常校长一手带出来的。她说，如果公正客观地评价的话，常校长在各个方面一定是排在区里30多位中学校长前面的。他的领导艺术和人格魅力在教育改革的今天值得大力推广。在通州六中期间，常恩元任德育副校长时的管理制度高瞻远瞩，具有前瞻性和洞见力，直到今天她在管理工作中的制度都有十多年前常恩元校长管理制度的影子。

凤仙说，如果说德育管理分为三个层次，常校长高可摸高，中可穿越，低可攀爬。他对于上级的教育政策有着很强的领悟力，可以说是一直走在教育改革的前列。不管是之前的六中还是后来的南刘，以及如今的马驹桥学校，常恩元校长的很多管理经验都在全区推广。不管是德育档案的目录还是综合素质评价的学生手册，当大家还一头雾水、迷茫看不清方向的时候，常恩元校长已经亲自做出来了，

常恩元陪同通州区教委领导及部分学校德育干部在通州六中调研德育工作

而且对于方案里的人和事、过程和结果，在他头脑中比算盘还要精准。

常恩元学习教育政策清晰透彻，就像近几年的工资改革，那对于任何学校来说，都是一台大的手术，手术后留下的后遗症，若干学校都有，很多学校为此干群关系激化。但是常恩元由于对政策解读深入，加上他秉承的公正公平原则，他所在的学校在工资改革中就非常平稳地过渡了过来，每个老师都心服口服，干群关系在改革后更加和谐，与大部分学校的"一地鸡毛"形成鲜明对比。

在通州六中时，常恩元经常对凤仙说："不管做什么事，所有出现的难题都要提前预设在你脑子里，不能出现问题没有想法，脑子永远要想在大家的前面。"这就是一种对于任何问题的大局观念和高瞻远瞩的思想。另外，他还对凤仙强调："千万别追利益，我们政教处得荣誉证书容易，但是我们要记住永远不要拿。荣誉能挂到学科教师的就给学科教师，能挂在行政人员就给行政人员。提供给老师，他们评职称都能用得到，也能把他们的积极性调动起来，干部和老师就更加一心对待学生。要让老师们看到前景，在老师面前不要有怨言。"这种朴素的管理思想何尝不是一种基于人格力量上的高瞻远瞩。

2007年，凤仙老师主管合唱队工作，由于要去商店选择合唱队服装，有点拿不准主意。告知常校长后，常校长二话没说，陪着她一家家选，直到选上满意的款式，他又抢先去柜台付款……很多实际的工作都是常恩元校长亲自做，从来不把自己放到一个高高在上的领导位置上，而是把重心放得非常低，低到跟老师在一起做一些实实在在的工作，是老师和学生们无话不谈、仗义执言，有事情可以伸手相助的朋友。

这种高、中、低段的领导艺术和他本人的人格魅力加在一起时，就拥有了战无不胜的强大力量。所以说，高瞻远瞩不是站在高处不沾地气，高瞻远瞩不是两耳不闻师生事，而是像常恩元一样，既在管理制度上站得高看得远，又在实际的工作中脚踏实地，打成一片。

说起常恩元对管理制度的创新，在马驹桥学校已经工作二十余年的陈立军副校长竖起了大拇指。二十余年里，学校经历了十多任校长的更新换代，每一届校长都会制定一些制度，但是这些制度非常分散，而且又很多个版本。常恩元校长走马上任之后，把所有的规章制度都整理出来，汇编在一起。教学的、德育的、卫生的、工会的、党支部的制度分门别类，条理特别清晰。同时，常恩元校长淘汰了一些不合适的制度，根据新的形势增加了新的规章制度，让学校的大事小情都有章可循，只要按章办事就会有条不紊，特别省时省事。

常恩元站得高，看得远。在大部分学校只注重中考学科的时候，常校长就注重德智体美、政史地生的全面发展。在常校长来马驹桥学校之前，学校只招聘语数英物理化学体育老师，也就是中考学科的老师，有些老师语数英教得成绩不好了，再让他来教生物、地理、政治、历史、思品、美术、音乐等学科。但是常恩元校长来到马驹桥学校后，进行了改革，在有限的招聘指标里，也会招聘非中考学科的老师。很多老师都表示不理解，因为这么多年从来没有那么重视过"小科"，觉得浪费了资源。后来教育制度中考改革，与常校长的理念不谋而合，以前不理解他很多举措的人，多少年后看到教育改革的方向正是他多年前就提倡的，不由得敬佩不已。如今很多学校都在为教育改革的事情头疼不已，但是马驹桥学校已经很轻松地进行了过渡。

对于常恩元来到马驹桥学校之后，为教师大力搭建平台，重视教师外出学习，花费了很多人力、物力、财力，他本人也总是费心费力亲自派车接送教师，最开始领导班子里有人就不理解，觉得没有必要这么浪费。但是随着教师们教学质量的提高，学生们的成绩也节节拔高，学校连续几年被评为中考优秀校，这形成了正向的循环，中考优秀校的名声又促进了很多教师参与区级评优，给了教师更多的机会和声誉。另外，学校被评为"一类学校"，不仅让学校名声在外，而且全体教职员工都获得了实际的收益，单从经济上说，从领导到后勤，全部实实在在地涨了工资。这时候，当时不理解常恩元校长的人，也从内心理解了当初常恩元校长的行为是多么高瞻远瞩。

常恩元（居中者）主持召开马驹桥学校非中考学科教育教学研讨会

江泽民同志曾在北京师范大学100年校庆报告中着重指出："教育创新，与理论创新、制度创新和科技创新一样，是非常重要的，而且教育还要为各方面的创新工作提供知识和人才基础。"正如一颗大自然的种子经历了发芽、生长、开花、结果那样，常恩元从体育教师、教研组长、教导副主任再到德育副校长、校长，一路走来，十六年的教学和管理实践，已经让常恩元的管理思想初步形成并逐步成熟。常恩元深刻地意识到：文化的力量才是最深刻、最终极的力量，因

常恩元组织马驹桥学校的老师到北京市十一学校参观学习

为文化是渗透到血液里的东西，它决定了大脑怎么思维，决定了双腿怎么行动，因而是最终的力量。

2008年11月3日，常恩元因工作需要调往通州区南刘中学任校长、党支部书记。从副校长到校长，可以说又是他人生的一大转折，也为他创新管理制度提供了更为广阔的天地。

常恩元作为一名优秀的教育管理者，他深知文化所产生的力量是深远而巨大的，常恩元确定先从创新学校文化入手，彻底改变南刘中学的落后面貌。他也经常对学校领导班子和老师们说："我们南刘中学规模虽小，但是教育理念决不能落伍。"

常恩元认为，学校管理文化是将学校组织中全体人员结合在一起的行为方式、价值标准和道德规范。它反映和代表了学校全体成员的目标信念、哲学伦理及价值观，对学校内部凝聚力的形成、教育质量的提高、学校的发展都起着非常重要的作用。随着新课程改革的实施，学校原有的封闭、保守、落后、僵化的管理文化，已成为课改进一步推进的阻碍因素。为此，他在充分调研的基础上，就学校管理存在的问题进行了认真的反思与梳理，并对重塑学校管理文化进行了初步研究，最终是通过学校管理文化的改进，实现促进师生发展、提升学校办学质量的目的。

常恩元认真分析了南刘中学存在着管理思想功利化、管理制度刚性化、管理方式企业化、管理过程标准化、管理手段简单化、管理评价单一化等学校管理文化方面的问题。并提出了加强干部队伍建设，提高干部的素质与能力；转变管理思想，树立正确的学校管理价值观；推进学校体制机制创新，促进学校科学发展；坚持价值引领，形成推动学校发展的核心动力等四项学校管理文化改进措施。

常恩元从管理文化和管理制度入手，开始了大刀阔斧的创新和改革。

创建人文校园。完善和修订学校规章，改进学校管理。学校从促进教师发展着眼，紧密结合学校与师生的实际完善和修订学校规章。取消教师早晚签到制度、末位淘汰制度，针对教师实际，变严禁迟到为因事可以迟到，但不能超过一定的量。变末位淘汰为分层考核、团队考核。使学校的规章能够更好地体现民声、民意，具有"规范人文性"，更能调动教师的积极性。在管理实践中学校突出"以人为本、和谐发展"的管理理念，坚持制度管理与人本管理相结合，刚性管理与弹性管理相结合。做到"制度无情，管理有情"，使管理有条框，但不冰冷，有弹性，但不盲从。学校还通过共同参与各种活动增进干群间的情感，密切干群关系，提高相互信任度，做到关心每一个人，关注每一个人的价值与奉献，激活教师的自我意识和自主精神。以人文情怀提高教职工的职业幸福感，做到"职位不同，人格平等；能力不同，机会均等"，为教师的自主发展提供了良好人文环境。

常恩元刚到南刘中学时，看到教室和老师的办公室破烂不堪，喝水极不方便，水质也很差。常恩元想：如果老师每天到校连一口开水都喝不上，手头连一本专业杂志都没有，那么他们就会整天想调离，而无法安心工作，又谈何自己的专业发展呢？学校发展更是无从谈起啊！于是，常恩元确定先从改善教师的工作、生活、学习环境入手，满足教师最基本的需求。2009年，常恩元积极争取上级的支持，加大资金投入，修缮校舍、添置设备。新建教师食堂、浴室；安装饮水机解决师生喝水问题；在教师办公室、宿舍安装空调；添置教学急需的电脑、多媒体设备；网络进入教师的办公室和学生的教室；购买图书17000余册；为每学科教师订阅不少于1份的专业杂志，为教师学习和查阅资料提供了方便。校园环境和办学条件的改善使学校面貌焕然一新，也使教师从内心里感到十分的欣慰与满足。

"敬人者人恒敬之，爱人者人恒爱之"，其实，人人内心需要尊敬、需要认可。常恩元决定从推进学校体制机制创新入手，促进学校科学发展，努力营造一个相互尊重、充满人文关怀的

南刘中学旧貌换新颜

氛围。管理工作中尊重教师的主体地位，尊重教师的人格，尊重教师的工作，尊重教师的合理需要，维护教师的职业尊严。通过共同参与各种活动增进干群间的情感，密切干群关系，提高相互信任度，做到关心每一个人，关注每一个人的价值与奉献，激活教师的自我意识和自主精神。

常恩元主张以人文关怀提高教职工的职业幸福感，着力解决教职工思想、情感、工作和生活中面临的困惑与问题，全力构建充满人文情怀、健康向上、和谐愉快的工作生活环境，从而培育教师的团队精神和合作意识，建立起和谐的人际关系。建立人性化的制度体系，坚持"激励为主、惩罚为辅、尊重差异、体现民主，促进发展"的原则。

印度诗人泰戈尔说："不是槌的打击，乃是水的载歌载舞，使鹅卵石臻于完美。"

常恩元经常说："教育是生命与生命的对话，灵魂与灵魂的交融。需要用智慧点燃智慧，用成功激励成功，用幸福引领幸福。"常恩元认为，面对能力、气质、个性不一的老师，校长对老师们的关怀，彼此之间的心灵沟通，就像是那载歌载舞的水，使从事教育的人互相包容、互相悦纳。当把这份关爱给予老师，老师也会带着信任的心走向校长，那将是美好的职业共栖、生命共舞！

常恩元非常注重

常恩元在南刘中学设立的校长信箱、师德信箱、知心信箱

在学校的规章制度的实施中，突出"以人为本、和谐发展"的管理理念，引导教职工从文化层面上去解读制度的内涵，让全体教职工在制度文化的熏陶下，明确自己的职责，自觉地干好本职工作。推进管理的民主化，加强民主管理和民主监督，建立民主协商对话制度；建立教职工申诉制度；设立校长信箱；建立领导接待日；聘请教师为学校效能建设监督员；推行校务公开；征求合理化建议；开展民主评议等活动，使广大师生能够参与到学校的管理工作中来，真正成为学校的主人，切实在学校教育教学活动及管理中发挥主人翁作用。

常恩元努力做到了"职位不同，人格平等；能力不同，机会均等"，对关系到教职工切身利益的事项，坚持"公正、公平、公开"的原则，实行透明化管理，尊重教职工需求，倾听教职工的心声，努力构建一个平等、民主、和谐的校园。

常恩元提议建立科学的工作评价和激励机制。突出发展性、层次性、公平性和可操作性，为教师发展搭建平台，提供机会，让每一名教职工获得成功，让每一名教职工的人生价值在这里得到充分的体现。

常恩元认为，国家对教师的职业提出了更多的要求，家长和学生也对教师在师德、教育教学上，提出了更多、更细、更高的建议和意见。作为一名教师，不应将这种要求看作是束缚自己的"紧箍咒"，而应该视为一种荣誉，是一种促进自身不断发展的动力。可以设想，如果让没有道德、没有知识、没有教育能力的人担任教育下一代的重任，那国家和民族岂不是要走向灭亡和淘汰的境地。而作为一名校长，则要加强教师的价值引领，以激发教师自主发展的内驱力。

南刘中学的教师敢于在不同学校、同行之间比水平、比能力，创先争优，争做排头兵。学校在教师中广泛开展"我是南刘中学的窗口"主题教育活动，倡导"民主、和谐、团结、进取"的学校精神，展示南刘中学教师良好的精神风貌；大力推进师德建设和教师专业发展，开展优秀团队、优秀教师评选活动，树立典型，表彰先进，弘扬"严谨、治学、创新、奉献"的教风。指导教师制定个人《三年自主发展规划》，强化教师自主发展意识，让每一位教师自觉地建立起与学校发展相一致的愿景与追求，在自己的岗位上尽心尽职努力工作，在学校发展过程中体现人生的价值。在此期间南刘中学发生了许多感人的故事，也在激励着、感染着广大师生。

李娟老师，当时是一位刚刚参加工作的外语教师，负责初一年级的外语教学，并担任一个班的班主任工作。面对初一入学时外语不足50%的及格率，她没有抱怨，而是利用每天的课余时间，义务为学生辅导，没有放弃每一名学生，用她的真诚和无私的爱激发学生的学习热情。她的付出没有白费，学生的成绩上来了，无论是及格率、优秀率，还是平均分都进入农村校的先进行列，并赢得了家长的赞誉。在李娟老师的影响下，年级组的全体教师都动了起来，每天利用中午时间有计划、有组织地对学生进行辅导，家长主动到校给孩子送饭，毫无怨言，积极支持。

李冬梅老师负责两个年级的地理教学工作，在一次初二年级全区地理学科抽测前，她放弃双休日休息的时间，主动到校，组织部分学生进行考前复习，最终取得了优异的成绩。在地理学科抽测中及格率为百分之百，及格率、优秀率、平均分居全区第一。在李冬梅老师的带领和影响下，南刘中学非中考学科教学质量得到全面提升。2010年10月26日，"通州区初中历史、地理、生物学科教学现场会"在南刘中学召开，学校进行了教学展示与经验介绍。2011年李冬梅老师的教学设计获市级一等奖，录像课获全国特等奖，论文在专业期刊上发表。

张立明老师是数学教师，教研组组长，她在出色完成教学任务的同时，还负责学校的信息报送工作，是《通州教育》杂志的通讯员。近年来，南刘中学的信息报送时常列中学组的前六位，学校被评为先进单位，她个人也被评为"优秀信息员"前六位，学校组稿数量多、质量高，被评为先进单位，她个人也被评为"优秀信息员"，并在《通州教育》年度总结会上作了典型发言。2011年张立明老师被评为"通州区数学骨干教师"。

这些成绩的取得，可能对于大学校来说并不难，但对当时的南刘中学来说着实不易。

常恩元认为，要想提升学校的综合实力、提升学校的影响力，那就必须要有所突破。他认真分析了南刘中学的现状：师生少，规模小，学生整体素质与城区校有差距，学校的发展还不全面，薄弱点多。常恩元认为只有首先在会考学科上取得突破，学校才能整体发展。为此，南刘中学迅速形成关注全学科发展的良好氛围。对会考学科坚持一视同仁、公平对待的原则，坚持会考学科全员抓，中考学科逐步跟

通州区潞城镇党委书记、镇长来南刘中学祝贺并送来慰问金

进，发挥教师特长，学校搭建平台，创造条件，在资金、时间等方面给予全力支持。经过一年的努力，南刘中学于2010年被评为通州区"初中会考学科优秀校"，2010年10月26日，通州区会考学科教学现场会在南刘中学召开，而且，2010年中考，潞城镇初三中考前两名均出自南刘中学，潞城镇党委书记、镇长亲自到南刘学校祝贺，并送来慰问金；2011年中考，南刘中学又被通州区教委评为初三毕业班优秀校。

常恩元为提升教师的理论素养、专业技能和专业精神，深入开展学习型校园创建活动。一是学理论。新课程的实施首先要转变教育观念，系统学习先进的教育理论，确立符合素质教育要求的教育价值观、教学观和人才观。学校采取课下自学与集中学习相结合的方式，开展教育理论学习活动。课下自学，就是根据教师的实际，建立了教师书库，拟定了教师必读书目与选读书目，指导教师有计划地开展读书活动，并定期开展学习成果交流活动，评选读书先进个人。集中学习，由学校教务处、政教处统一提供学习材料，利用每周的教研组、班主任活动时间，组织教师集中学习，并在学习的基础上结合自身工作开展研讨交流活动。二是学技能。教师的教学技能，是提高教师驾驭课堂能力的重要体现，是提高课堂教学质量、教好书育好人的重要保证。为了适应新课程改革的要求，狠抓教师基本技能、专业技能、信息技术的应用技能、科研技能等四种技能的提升。三是学典型。远学教育系统的先进人物，近学身边人。学校请校内优秀教师做报告，介绍他们成功的经验。通过一次次精彩的师德演讲，一个个感人的故事，引起教师的共鸣，帮助教师明确奋斗的方向和追赶的目标。正如学习后教师所讲："作为新时期的教师，必须拥有高尚的道德情操，规范的言行，渊博的知识，高超的教育教学艺术，否则将被淘汰。"学习活动确实达到了激励教师不断完善自我、超越自我的目的。

许丽娟老师，当年是南刘中学新招聘的一名支教大学生。南刘中学在开学前为她制订了详尽的学期培训计划，并给她打印成纸质版，使她做到心中有数。许丽娟老师她自己也非常努力，按计划脚踏实地的工作和学习，按学校要求每天听师傅一节课，认认真真备好自己的每一节课，精心准备汇报课，教学成绩提高得非常快。仅半年多的时间，许丽娟老师的课堂教学水平取得了很大程度的提高，赢得了师生的一致好评和肯定。

苏联教育家苏霍姆林斯基说："要使教师对工作感兴趣，必须引导其走上教育科研之路。"常恩元则认为，教师是发展中的人，校长要发挥学校教科研的引领作用，和教师一起，用行动者、研究者的眼光和身份去学习、去探索、去实践。

常恩元在科研课题的立项和研究方面，带领南刘中学建立了基于学校的"教学—科研—专业发展"一体化的教师培训模式，让教师在活动的参与中实现专业发展。

当时的南刘中学教科研工作还处于一个低水平、低起点的阶段，无论"十五"、还是"十一五"，没有一项立项课题，与兄弟学校相比有极大的差距。在认识上，往往将教科研看成是写篇论文而已，缺少深入实际的过程性研究，与教育教学工作的实际相脱离，研究与实践两张皮，对改进教育教学工作、提升学校办学质量没有实质上的帮助。为此，常恩元将南刘中学学校教科研工作列为一项重要工作来抓，成立了相应的组织，聘请区教科所李颖所长两次来校为教师作科研知识培训，请研修中心科研部的全体同志来校进行科研视导，帮助教师提高科研意识，掌握最基本的科研方法。

常恩元为进一步推动南刘中学教科研工作的开展，还亲自制定了六项制度：例会制度：领导定期开会研究教科研工作，每月不少于1次；理论学习制度：每月集中学习不少于1次，并做到集中学习与自学相结合，专题学习与专题研讨相结合，学习与实践相结合。年级组、教研组、班主任学习时间、地点固定，每次有主题、有中心发言人；研讨交流制度：创建"南刘中学教育论坛"；教科研工作的监管制度：学校主管领导定期与教师进行交流、沟通，以期发现教师在科研活动中存在的问题与困难，以便及时地进行指导；成果推广制度：适时举办论文报告会、经验交流会，及时推广成功的经验和好的做法；奖励机制：对立项课题的研究及优秀成果给予表彰奖励。市级立项的重点课题补助活动经费2000元，市级一般课题及区立项重点课题补助1000元，区级一般课题补助500元，教科研论文获奖给予专项表彰。

这些举措，调动了教师参与科研活动的积极性，强化了教师的科研意识，使教师对科研工作的必要性有了深刻的认识。"十二五"期间，"农村初级中学教师专业发展校本培训的行动研究"和"课堂有效教学的研究"两个课题被立项为通州区区级课题。

随着办学条件的不断改善，以及各种学习培训活动的开展，为改进课堂教学，提高课堂教学的有效性奠定了坚实的思想基础和方法基础。围绕有效教学，学校为教师编发了相关的学习资料。以同伴研修的方式举办"提高课堂教学有效性"系列讲座。组织教师进行课堂教学的反思，认真查找影响课堂教学有效性的干扰因素，并进行深入的分析与研究，寻找改进的突破点和措施。

常恩元为深化课堂有效性的研究，切实实现理论与实践的有机结合，立足课堂，广泛开展了听课、说课、评课活动。所有的研究课、公开课都安排电教组进行录像，教师课后第一时间先看录像，从课的结构，教学目标的达成，教学方法的运用，教师的"教"与学生的"学"等多维度进行反思，总结成败。接下来利用教研组活动时安排评课，授课人首先讲课的构思以及课后的收获与体会，其他教师要指出课的精彩之处及存在的不足，并针对问题提出改进性意见，大家通过面对面的研讨交流达成了共识。并在广泛开展听课、说课、评课活动的基础上，及时推广优秀课例，举办校级观摩课，请相关教师介绍成功经验。

常恩元还鼓励教师跨学科听课，一人做课，大家听课，时常听课的人数达学校任课教师总数的60%以上，这样就进一步开阔了教师的视野，达到了学百家之长、不断充实自己的目的。每次课后授课教师还通过不同形式广泛征求听课教师的意见，形成了浓厚的学习与研究的氛围。常恩元还广泛利用校外资源为提高课堂教学的有效性提供智力支持。如聘请教研员来校进行课堂教学的指导，无论是中考学科，还是非中考学科都给予足够的重视。邀请名师来校讲学，进行教学的交流。请北京教育学院中学校长高研班的学员和外区县的教师来校听课，进行课堂教学诊断。以联片教研为契机，组织教师到外校听课。这些

常恩元邀请北京中学校长高研班学员来南刘中学交流

活动的开展促进了教师教育观念的转变，对新课改背景下课堂教学存在的问题有了更加清醒的认识，对改进教学提供了有益的帮助，基于学校的"教学—科研—专业发展"一体化的教师培训模式也得到进一步的深化。

通州区教师研修中心教科部专家来马驹桥学校指导课题研究

德国著名教育哲学家、教育家雅斯在《什么是教育》中说："教育本身就意味着：一棵树摇动另一棵树，一朵云推动另一朵云，一个灵魂唤醒另一个灵魂。"

常恩元则认为，人的思想是永远流动的。常恩元后来也把科研引领的思想带到了通州区马驹桥学校，且课题研究的深入带来了明显的实效，教师成长的足迹清晰可见。马驹桥学校的曹锁、范冬青等多位年轻教师的课例、论文荣获国家级和市级奖项，果亚军、杜娇、孙萍、张蕊、刘雪强、刘梦等老师多次承担市区的研究课、观摩课、示范课。一大批年轻教师成长为科研意识强，业务水平高的骨干教师。

常恩元主张老师们在有限的教学时间内，调动学生的学习兴趣，提高学习效率，不鼓励老师牺牲额外的时间去给学生们进行"题海战术"。除了每学期组织教学评优活动之外，常恩元还会亲自进班听课，并安排老师们互相学习和交流，让老师和学生能够高效利用课堂四十五分钟的时间达到教学目标。

功夫不负有心人。老师们通过学习,逐步改进教学方法,在每学期的期中期末考试中,南刘中学的大部分学科成绩都排在全区前列,有些学科的排名甚至超过了全区重点学校,这也极大地鼓舞了老师和学生们的工作和学习热情。

南刘中学也在短短两三年内从"不为人知"变成了"小有名气"。

南刘中学的老师们纷纷说:"常校长的到来,让我们找到了归宿感、成就感和幸福感,让我们有了家的感觉!"

以前,南刘的老师在外不愿说自己在南刘工作,可是到后来,连外校的老师都纷纷慕名想来南刘任教,这是一个多么大的转变啊!

其实,说到创新思想,也一直贯穿常恩元的教育生涯。早在常恩元担任通州六中德育副校长期间,他就创设了具有人文情怀的制度文化,并引领了学校各项工作有序开展。

常恩元认为,学校的各项规章制度是校园文化的组成部分,它受精神文化的制约,同时又是精神文化的表现形式,学校办学观念、价值观念确定后,必须依靠制度作保障,才能使其转化成广大师生的实际行为,真正成为学校发展的动力源泉。

因此,通州六中在制度的制定、实施过程中,确立了以实现学校办理念和核心价值观为目标,以师生的广泛参与为基础,以推行人性化管理为手段的制度文化建设思路。摒弃那些有悖于师生主体地位的镣铐和枷锁,让"以人为本""以学生为本""以教师为本"的观念,反映在制度文化之中。广大师生作为学校的主人,应该充分调动广大师生参与学校管理的积极性和主动性,实现管理者与被管理者双方愿望的融合,形成和谐融洽的干群关系、师生关系、生生关系,是学校各项工作健康和谐发展的必要条件。通州六中创建了一系列师生参与学校管理的规章制度，如教代会制度，校务公开制度，合理化建议征集制度，评议干部、评议党员制度，学生评师制度等，这些制度的建立，既准确地反映了师生的心声，又起到了对学校决策的监督作用，调动了各方面的积极性。

另外，在通州六中的规章中，既有原则性极强的硬性规定，又有充满人文情怀的人性化要求。如"教师十句忌语""教师十个文明行为习惯""科任教师育人实施细则"等规章，要求教师必须严格遵守，不得违反。在关系到教师发展与评价的规章方面，往往根据教师的实际区别对待；而在班级评价制度方面，则推行"一校两制，同年级两制"的评价办法，为班主任提供了发展空间，为教师的成长搭建了舞台。

常恩元对于学生的教育管理制度，依据《中小学生守则》《中学生日常行为规范》，在广泛征求学生、家长、教师意见的基础上，编写了《六中学生规范》一书。就学生的日常学习、生活、纪律、奖惩、评估等提出了具体明确的要求。为保证这些规章能够有效地进行落实，学校将《六中学生规范》发放到每位学生手中，在组织学生深入学习的基础上，适时举办"守则、规范、校规、校纪"达标竞赛，帮助学生了解学校

通州六中举行守则、规范、校规、校纪知识竞赛

的要求，清楚中学生应该怎么做；召开"我与规范"主题班会，帮助学生了解是与非；组织学生参加"告别不文明行为"签字仪式，强化学生的自律意识；建立《道德日记》，开展他评、自评活动，指导学生正确认识自己；成立学生管理组织，提高学生的自我管理能力；建立违纪学生处理听证制度，尊重学生的民主权利；开展"六中之星"的评选活动，树立典型与导向，这些活动的有效开展，实现了制度条文由"知"向"行"的转变。

在一个勤奋的智者的眼中，人的思想是可以无限扩展和延伸的。

常恩元在家庭教育方面也有创新，2012年他调到马驹桥学校以后，开展了"家长开放日"活动，让家长关注学生的成长，这也是马驹桥学校创新开展家庭教育的主要内容。如今马驹桥学校"家长开放日"活动已经常态化，让家长真正走进校园，参观学校的角角落落；深入课堂，了解孩子的课堂的表现，知道老师是怎样教的，并进行评教，及时提出宝贵意见。还会参与孩子活动，参与主题班会，这项活动极大调动了家长和孩子的热情，拉近了教师、学生、家长之间的距离，增强了相互之间的了解、尊重和关心，出现了孩子督促家长作模范家长、家长教育孩子做"三好学生"的可喜局面。"家长开放日"活动受到了家长的一致好评。

下面是一封来自家长的信，谈了对家长开放日活动的看法和体会。

尊敬的常校长和班主任老师：

您好！

6月9日一大早，我作为孩子的家长受邀参加马驹桥学校的"家长开放日"活动。

班主任老师说,让家长走进校园,走进课堂,就是要我们家长深入了解学校的教育教学管理工作和学生在校的学习生活,加强家校之间合作与交流,希望我们家长畅所欲言。

我们家长都很高兴,以前学校没有这项活动,自然少了和老师、孩子交流的机会。我的孩子是走读生,虽然天天放学回家,可是我们做家长的,还真是不如老师对孩子了解得多。而那些住校的孩子呢,父母更是不容易和孩子见面,恐怕对孩子的了解更是少之又少了。我感觉,马驹桥学校举办的这个"家长开放日"活动很好,很有必要,希望马驹桥学校多举办几次这样的活动!

课堂上,语文、数学、英语三位老师向家长们展示了马驹桥学校的风采以及马驹桥学校未来五年的发展规划。老师们采用多种有效的教学手法,借助多媒体手段,使学生在轻松愉快的氛围中掌握所学内容。

家长们认真聆听教师声情并茂的课堂教学,认真地看着孩子出色的表现。课间,家长们积极发言,主动与班主任沟通、与任课老师交流,纷纷感叹学校对孩子、对家长的重视,并从心底感谢老师们的辛勤工作。

活动最后,每位家长填写了反馈表,在反馈表上,家长表达了对学校和老师辛勤工作的肯定和感激,并寄予了对孩子的殷切希望。

我认为,马驹桥举办的"家长开放日"活动,为家校沟通架起了又一座互相了解、加深感情的桥梁,拉近了家庭与学校、老师的距离,让家长、学校共同走进孩子们的心田,让我们的教育充满幸福。

"家长开放日"活动,让我真切感受到了老师的认真、负责任以及孩子的不断成长！

　　此致

　敬礼

家长：×××

2012年6月9日

　　常恩元还把创新思想应用到教学工作的拓展之中，2016年马驹桥学校初一年级开设了"舞台剧"艺术课程，并于6月17日开展了英语舞台剧评比暨课外一小时展示活动。

　　活动以马驹桥学校为主体，北京点石教育提供策划与执行，协同任课教师共同举办，整个评选活动以班为单位进行评比，由马驹桥学校、外聘评委联合组成评审团，本着公正、公开、公平的原则，现场打分，当场评奖。

　　马驹桥学校初一年级10个班的参赛剧目都立意新颖，表演顺畅流利；在侧重艺术的同时强调了文化内涵。活动中各班按照顺序，依次登台表演。表演非常逼真，道具齐全、表情丰富，男生扮演女生角色，女生扮演男生角色，增加了话剧的戏剧性，博得了观众的阵阵喝彩。其中《卖火柴的小女孩》《阿拉丁神灯》《爱丽丝梦游仙境》《白雪公主与七个小矮人》《皇帝的新装》《小红帽》等诸多童话改编

马驹桥学校开展英语舞台剧评比暨课外一小时展示活动

的话剧都得到同学们的好评。演员们使出全身解数使自己班的话剧更加精彩出众,唱、跳、打各种动作应有尽有。

"大知闲闲,小知间间;大言炎炎,小言詹詹。"《庄子·齐物论》中,这句话所说的正是高瞻远瞩与鼠目寸光的区别,而常校长正是站在教育全局俯瞰大地的鸿鹄,不断用自己对于教育的赤诚之心和高远策略创新着教育管理思想。

第二节 克服功利探寻持续发展

2011年初,"虎妈"蔡美儿因以严母的姿态登上了美国《时代》杂志封面,其出版的《虎妈战歌》引发了中外育人观念上的激烈纷争。当教育退化为急功近利的手段,家长、老师、学生都围绕着分数转,在这样的环境里学生就很难体验到学习的乐趣。而这一切的背后,则反映出教育面临的困惑和矛盾。正如纪伯伦所说:"我们已经走得太远,以至于忘记了当初为什么而出发。"

带着对教育培养目标和教育方式的反思与质疑,常恩元打破了许多年前一般不招聘史地生等学科老师的先例,大力度招收了一大批非中考学科老师。多年之后,当年质疑的人看到国家中考改革制度后,不由得赞叹常恩元超强的洞察力和预见力。

而常恩元则诚实地回答:不单单是因为洞察力,更是因为在自己的内心深处,有一个蕴藏已久的教育梦——要把学校办成适合每一名学生发展的学校,让学生得到充分、和谐的发展,让每名学生快乐幸福的成长、人人成才,要让学校的办学水平得到学生、家长和社会的认可,切实把学校办成百姓身边的好学校。

常恩元克服了很多学校一贯的功利化思想，不再以成绩为评价学生的唯一标准。他招聘了历史、地理、生物、思品、美术、信息技术等专业的教师来任教相关课程，围绕非中考学科举办知识竞赛和综合实践活动，让学生能够发挥自己的特长，找到属于自己的发展方向。他设立了全科优秀生、进步生等奖项，鼓励学生全面发展。他说："学生的一生很长，要帮他们找到今后的道路，而不仅仅局限在他的学习成绩上。"

常恩元认为，古人都懂得"不涸泽而渔，焚林而猎"的道理，不要只顾眼前利益，而要看长远利益，所以作为一名教育工作者，更要为学生的终身发展负责。

早在南刘中学当校长时，常恩元发现当时的学校管理充满功利色彩，分数至上，管理者以控制人、约束人来实现管理目标，而这种缺少人本思想、僵化的管理方式，不仅在很大程度上限制了学生的全面发展，而且影响了教师专业水平及能力的提升，也直接妨碍了学校的持续、健康发展和特色发展，致使学校发展缺少后劲与活力，甚至出现干群矛盾、教师职业倦怠、学校人心涣散等不良现象。

常恩元认为，当时南刘中学存在的主要问题体现在两个层面，一是制度层面上存在的问题：学校制度的制定缺乏民主性，教师对学校管理制度不熟悉，缺少认同感；学校过分依赖经济奖惩，影响了教师的工作士气；有些制度脱离实际，欠合理；制度僵化，以人为本的理念没有充分体现。二是管理层面上存在着管理思想功利化，管理目标模糊化，管理制度刚性化，管理方式企业化，管理过程标准化，管理评价单一化等问题。

常恩元认为，当时的南刘中学管理多是基于"经济人"甚至是"工具人"的人性假设，通过控制人、约束人来实现管理目的的，它忽视了人的因素，尊重、理解、沟通、信任等人文精神缺失，导致学校管理文化出现了消极失范的现象。随着新课程改革的实施，就必须对学校传统的管理文化进行扬弃与重塑。

无独有偶，人大附中校长翟小宁在2016—2017年开学典礼致辞时，讲到这样一个故事：

一位纳粹集中营的幸存者当上了美国一所中学的校长。每当新老师来到学校，他就会交给老师一封信："亲爱的老师，我是一名纳粹集中营的幸存者，我亲眼看到了人类不应当见到的情景：毒气室由学有专长的工程师建造，儿童被学识渊博的医生毒死，幼儿被训练有素的护士杀害，妇女和婴儿被受到高中或大学教育的士兵枪杀。看到这一切，我疑惑了：教育究竟是为了什么？我的请求是：请你帮助学生成长为具有人性的人。你们的努力绝不应当被用于创造学识渊博的怪物，多才多艺的变态狂，受过高等教育的屠夫。只有在使我们的孩子具有人性的情况下，读写算的能力才有其价值。

确实如此，尤其初中时期是青少年成长的关键时间，是价值观形成的关键时期，学校不能只关注学生成绩而忽略对于学生思想道德的引导，也不能只注重中考学科的成绩，而不注重学生综合素质和特长优势的培养。

习近平总书记说："青年的价值取向决定了未来整个社会的价值取向，而青年又处在价值观形成和确立的时期，抓好这一时期的价值观养成十分重要。这就像穿衣服扣扣子一样,如果第一粒扣子扣错了,剩余的扣子都会扣错。人生的扣子从一开始就要扣好。"要扣好人生的第一粒扣子,就要在成长的心灵中树立正确的信念。心灵是田地,信念是种子。播种什么,生长什么。只有播种善德的种子,方能收获善美的果实。

常恩元认为,当教育的基础条件改善达到一定程度的时候,必然要从教育内涵和教育品位的角度来思考学校管理文化建设的问题,作为一个有责任有担当的校长,应该把唤起老师文化自觉意识、文化融入教育的意识,作为自己责无旁贷的神圣使命。常恩元经过认真分析和思考,他认为当时南刘中学主要存在管理思想功利化、教学思想功利化、管理目标模糊化等九种管理文化方面的问题。

管理思想功利化。常恩元认为,学校办学的终极目标是促进人的全面、和谐、健康的发展,学校的管理要以尊重人、激发人的内驱力为前提。而反思南刘中学的管理,则带有严重的功利色彩,升学率成为评价学校办学、教师工作的硬指标,只要升学率高,学校就是好学校,教师就是好教师。在这种功利化思想的影响下,学校的关注点是中、高考成绩,中、高考学科的及格率、优秀率、平均分以及升学率;而对非中高考学科关注不够,从而削弱了学校的德育、体育、卫生等工作,中、高考学科教师在学校的地位至高无上,在评优、职评等方面可以优先。这种功利化的管理思想,带来了学生发展的不均衡、不全面,甚至是身心的不健全。这就会造成教师发展机会的不均等,虽然许多教师渴望成功,可没有平台和机会,久而久之,就严重挫伤了教师工作的积极性。可以说,这种只注重短期利益的管理文化,扼杀了师生的发展。

教学思想功利化。常恩元认为，新课程改革强调"三维目标"的落实，课堂教学在达成知识与技能目标的过程中，同样关注过程与方法，情感、态度、价值观目标的实现，它是对传统教学的超越。新课程改革已经进行了多年，但由于"应试教育"思想的侵袭，课堂教学急功近利，舍本逐末的现象还十分普遍。无论是学校的教学管理，还是教师的课堂教学都带有浓重的功利色彩，过分关注学科，关注分数，过分强调学科的独立性和重要性。课堂教学依然带有传统教学的深深烙印，封闭、僵化、缺少灵性，以学科为本位，将生动的、复杂的、充满激情与活力的教学活动禁锢在固定、狭窄的认知主义的框框之中，过度关注学生对学科知识的记忆、理解和掌握，却忽视了学生在情感、态度和价值观方面的发展。联合国教科文组织在《学习——财富蕴藏其中》的报告中指出："学习知识的过程永无止境，如果最初的教育提供了终身继续工作之中和工作之外学习的动力和基础，那么就可以认为这种教育是成功的。"常恩元认为，南刘中学的课堂偏离了课改的主旨，对"为什么而教"缺少深度思考，"三维目标"难以落实。学生失去了梦想和激情；失去了积极的态度和可持续发展的学习能力；失去了活泼、开朗的天性。

管理目标模糊

常恩元组织南刘中学的老师和学生到北京二十四中交流学习

化。常恩元认为，学校管理的目的是为了实现学生主体价值产生和全面发展，同时完成教师的主体价值提升。管理者所习惯的经验和制度管理远不能适应教育发展与改革的要求，与教育目标、培养目标的变化不相适应。制度建设滞后于学校发展，制度本身不能反映最新教育研究成果及学校办学实际发生的变化。存在文本与实践脱节、理念与现实脱节，管理制度与管理对象的发展需求相脱节等问题。管理在学校文化的构建中没有起到应有的引领和促进作用，学校的办学目标、价值取向模糊与迷惘，是追求育人，还是追求所谓的功绩，处在抉择之中。

管理决策权威化。常恩元认为，学校当前推行的学校管理机制，多为科层管理，它是一种法制化、规范化、科层化的集权式管理。领导干部潜意识中存在着官本位的倾向，学校管理的决策权牢牢地掌握在领导手中，领导说了算，领导是专家、是权威，领导的话是对的。正是这种所谓的"权威"，往往带来决策上的失误。学校管理还未能真正实现从集权走向民主，学校缺少民主化建设的机制，民主管理的渠道还不畅通，干部不了解师生的所思所想，学校管理背离民意，造成干群矛盾的激化，影响教师工作的积极性和主动性。

管理制度刚性化。常恩元认为，学校制度的制定缺乏民主性，教师对学校管理制度不熟悉，缺少认同感。学校虽然有一套相对比较完整、详细的制度文本。但许多教师对文本中的一些具体规定或要求并不清楚，学校的制度只是"写在纸上、挂在墙上"，并没有深入教师的内心。而且，有些条款缺少人性化，管理僵硬，极大地削弱了教师工作的积极性和主动性。有些考核指标和要求不合理、不全面、不公平，缺少人性化和激励性，尤其是对取消"末位淘汰"的呼声较高。

常恩元认为,"末位淘汰"办法的实施,严重挫伤了教师的自尊心,教师的积极性并未随着规章制度的完善而提高,制度应有的导向激励作用没有体现出来。

管理方式企业化。常恩元认为,英国教育专家、伦敦大学教授科恩博士在20世纪70年代初就提出了松散结合系统理论,这种理论阐述了学校领导行为、管理方式和企业、行政单位,是存在着较大差异的。常恩元认为好的学校管理,要关心教师,注意教职工的需求,善于调动教职工的积极性。常恩元经过广泛深入的调查工作,已经察觉到学校管理"以人为本"的理念还没有充分体现,学生和教师尚处于被设计、被控制、被约束的地位。常恩元认为,育人不同于工厂生产零件,如果只关注个人业绩的奖惩,就会导致教师在工作上斤斤计较,从而削弱了教师的合作意识,不利于优秀团队的形成。

管理过程程式化。常恩元看到,学校的日常管理,从工作态度到日常表现,从备课、上课、课后辅导、作业批改到教学常规检查,从课堂诊断到考试分析,从绩效考核到岗位聘任,尽管提出了许多统一的标准与要求,可许多工作仍不尽人意。在课堂教学方面,学校把更多的注意力放在了课堂程式化、规范化的建设上,学校制定的所有教学管理规定都是在为这个中心服务,但是却忽略了课堂应有的文化价值和对人的生命、价值的尊重,没有真正体现学生的主动选择、多元发展,不能有效激发学生的学习兴趣,偏离了课改要求。常恩元认为,画画、摄影、写文章都讲究"留白",而学校在追求管理标准化的同时,也要给师生留有发展空间,既要有一般标准,还要有更高要求;既要有"规定动作",还要有"自选动作"。所以,常恩元主张,真正的课堂应该是师生互动、以学为主的课堂,而不是以教为主的课堂;真正的课堂应是关注学生的生命价值,充满思维碰撞和心灵交融的课堂,而不是静态化的课堂;真正的课堂应是民主、和谐的课堂,而不是固化的课堂。

管理手段简单化。常恩元认为,学校管理的简单化,带来的是管理的低效,严重制约了学校办学水平的提升。学校管理中忽视了师生共同的价值取向、行为方式的培育,对工作举措的落实情况也关注得不够,缺少一抓到底的精神。另外,工作作风不扎实,缺少服务意识,干部深入教师、深入学生不够,对教师教育教学创造的新经验吸收总结不及时、不系统。不能认真倾听教职工的需求,对教师的疾苦,工作及生活中遇到的困难与问题帮助不及时。

管理评价单一化。常恩元认为,管理评价具有导向、激励、监控、改进等功能,而学校关注的是教学成绩,"分数至上"往往将教学业绩列为评价教师的重要指标,甚至是唯一的指标,而忽视了师德、班主任工作等内容的评价,导致教师追求成绩,疏于育人。有很多老师认为,教好书,有成绩就可以评职、评先,可以做骨干、当名师,因而许多老师不愿意去做费力操心还可能不出成绩的班主任工作,不愿意去关注那些暂时落后的学生,甚至有时将学生推向社会。而对于学生的评价,在实际操作中,关注的也是成绩,只要学习好,就可以评"三好生",而忽视了德育与体育,造成学生的畸形发展。

常恩元针对上述管理文化中存在的问题,确定了学校管理文化改进策略的原则:以提高干部素质为基础,以转变管理理念为先导,以改变管理方式为重点,以体制机制创新为保障,以培育师生的价值追求为核心,重塑学校管理文化,促进师生发展，提高学校办学质量。

常恩元还制定了四项管理文化改进措施，并予以实施。

一是加强干部队伍建设，提高干部的素质与能力。常恩元认为，干部是学校建设与发展的领导者、参与者和推进者，干部的素质高低影响着学校的办学质量与发展方向，建设一支理念先进、团结协作、无私奉献、勇于创新、精于管理、办事高效的优秀管理团队，是改进学校管理文化，促进师生发展，提高办学质量的首要任务。

二是转变管理思想，树立正确的学校管理价值观。常恩元组织深入开展了学校办学思想和管理思想的探究活动，确立了"以人文本、和谐发展"的学校管理思想，引导干部形成正确的学校管理价值观，重塑和改进学校管理文化。

三是推进学校体制机制创新，促进学校科学发展。常恩元在学校里努力营造一个相互尊重、充满人文关怀的氛围。管理工作中尊重教师的主体地位，尊重教师的人格，尊重教师的工作，尊重教师的合理需要，维护教师的职业尊严。常恩元始终倡导以人文关怀提高教职工的职业幸福感，着力解决教职工思想、情感、工作和生活中面临的困惑与问题，全力构建充满人文情怀、健康向上、和谐愉快的工作生活环境，建立了和谐的人际关系。

四是打造学校

常恩元组织召开新教师培训会

核心精神。在具体的管理工作中，不断充实和强化学校的主流文化，倡导"民主、和谐、团结、进取"的学校精神，坚持"为学生终身发展而奠基"的办学理念，培育"文明、勤奋、健康、进取"的校风，打造"严谨、治学、创新、奉献"的教风，以及"乐学、勤思、刻苦、争先"的学风，逐步形成学校独有的精神文化，以促进学生、教师、学校的共同发展。

十年树木，百年树人。常恩元内心深处的思想就是认为教育应该讲良心，应该从长远看，不应功利化，要为孩子的全面发展而考虑和负责。国家新中考改革方案推出后，原来的非中考科目变身中考选考科目，学生、家长们对史地政生的认识，也由以前的"副科"荣升为"主科"。这再一次验证了常恩元思想的正确性和前瞻性，部分校领导和老师由一开始对常恩元的不理解转变为敬佩不已。

师生们都能够看到，只有不讲功利化，真正做到对学生负责任，良好效果才会日益凸显，近几年马驹桥学校史地生等学科由弱变强，就是最好的证明。

哈佛大学校长德鲁·吉尔平·福斯特说，一所大学的精神所在，是它要特别对历史和未来负责。教育是生命对生命的影响。对此，常恩元无比赞同，他总是对教师们说："学校要克服功利思想的侵蚀，不能只抓升学率，更不能以牺牲学生的身心

常恩元校长在马驹桥学校建校六十年庆典上致辞

健康来换取成绩。教育工作，教书育人，更要讲'良心'二字！好的学校应该促进学生的健康、幸福和发展，应该关注学生的精神成长，引领学生的价值追求，净化学生的心灵世界。在追求速度和规模的互联网时代，社会生活节奏加快，人们希望采用高效便捷的方法，让成功变得更加快捷一些。但教育是点点滴滴、润物无声的，需要教育者真情的坚守，需要克服狭隘的功利思想。真正做到'十年树木，百年树人。教书育人，立德树人'。"

第三节　突出特色弘扬马桥精神

马驹桥学校坐落于京南重镇马驹桥，北临古老的凉水河，东接京津塘高速公路，南靠交通便利的南六环，与北京经济技术开发区接壤，交通及地理位置十分优越。它的前身原马驹桥中学1956年建校，至今已有60年的建校史。

而马驹桥是经历了由地名到桥名、又由桥名到地名漫长的历史阶段，关于马驹桥的得来被记载在史书中：

公元618年前后即隋末唐初时，大运河北段即永济渠流经凉水河中段，那时，马驹桥地区是丰盛的草场，当朝在此放养大量的军马。为了便于管理，对公马、种马、仔马（马驹）分养分牧。马驹桥地区是仔马马场，管理仔马的军民建立了村落取名"马驹里"，"马驹里"紧挨凉水河南岸。当时河上搭设了一座简易的木桥（浮桥）赖以南北通行，此桥因"马驹里"而得名"马驹桥"。

星移斗转，到了明朝英宗年间，"马驹里"已发展成商贾云集的小镇，又加上与地处皇家猎场（海子）的出口枣东红门隔河相望，明英宗朱祁镇狩猎之余，出东红门过马驹桥到马驹里逛街看景，十分消遣。

一年夏季，明英宗狩猎后又出东红门想去马驹里看看。突然间，乌云密布，雷电交加，大雨如注。随行人报："凉水河水猛涨，冲垮了马驹桥。"英宗十分扫兴，转念又想，马驹里如此繁盛，应该修一座像样的桥，方便百姓更方便自己。于是，他对随行的大臣们说："马驹里修桥，国库无币银可拨，我带头掏腰包，算作办点善事吧。"皇帝出资，大臣们哪个敢怠慢，争相解囊。当时的著名皇家土木巨匠蒯祥愿义务设计。由于是皇帝带头集资，加之蒯祥的设计，一座九孔石拱桥于天顺七年，即公元1463年建成。英宗亲赐"宏仁"桥。可老百姓仍习惯称之"马驹桥"，一些乡绅土豪也模棱两可地叫它"宏仁马驹桥"。桥出了名，马驹里也随之改叫马驹桥镇。

公元1773年，即清乾隆三十八年，重修马驹桥，改九孔为七孔，桥南侧修桥亭两座，内立乾隆亲书御碑修桥记。现残碑移至通州西海子公园葫芦湖边。1964年，马驹桥拆毁建水泥大桥。

岁月的沧桑为马驹桥这块土地增添了深厚的历史和文化积淀，而坐落于此的马驹桥学校则像是镶嵌在这篇广袤土地上的一颗耀眼的明珠，彰显着生命的活力。

2012年4月16日，因工作需要，常恩元调到马驹桥学校任校长兼党支部书记。

常恩元接到调令后一方面是对服从组织安排的义无反顾，另一方面是对这个自己挥洒过汗水和热血的南刘中学，对这里踏实肯干的老师和积极向上的学生充满不舍。早在

2011年6月26日，南刘中学即将与通州三中合并之际，常恩元曾挥笔写下一篇文章，表达了他在离开南刘中学时，对这所他曾经工作过学校的留恋之情：

> 我看到质朴的孩子和踏实工作的老师们，责任驱使我要努力改变现状，让学生们在这里受到好的教育，能够全面发展、健康成长；让教师们在这里能够安心工作、快乐工作，找到成功与自信，赢得同行的尊重与认可，实现人生的价值追求。
>
> 我努力践行自己的诺言，积极推进学校管理变革，倡导"以人为本、和谐发展"的管理理念，变制度管理、经验管理为文化管理，确立"教师第一"的思想，为教师服好务，为教师发展搭建平台，最大限度地调动教师工作的积极性和主动性。教师们和谐相处、共谋发展、无私奉献、努力工作，为学校注入了活力，促进了学校办学水平的提升，同时也留下了许多感人的故事，永远激励着自己，督促着自己，我只有努力工作才对得起老师和孩子们。
>
> 在这里孩子们文明守纪，教师们追求一流；在这里和谐自然，充满快乐；在这里没有斤斤计较，而是努力工作；在这里师生们体验了成功的快乐，学校在德育、教学、体育、科技、艺术等方面取得了可喜的成绩和新的突破，让外人知道南刘中学的存在，不少教师在区内有了名气，有了影响力；在这里老师有了成就感和自豪感……
>
> 时间过得真快，今年9月1日，南刘中学就将并入三中，我也要按照上级安排，到其他学校工作，这里的孩子和老师们又将与我离开六中时一样，又成为我的一个牵挂，在此，祝愿南刘中学的老师和孩子们一切都好。虽然南刘中学即将

合并了，但南刘人的精神、思想和作风，永远不能丢。

南刘中学，是我一生都不会忘却的地方，这里的老师，这里的学生，这里的一草一木……尤其是与我朝夕相处的老师们，正是有了大家的支持、理解与配合，才有如今的南刘中学。南刘中学是我一生工作最幸福的地方！

"世上本没有路，走的人多了也便成了路。"对于一个有理想有抱负的人来说，世上没有一个地方是荒凉的，只要心中有梦，并为之付诸行动，脚下就会有路，人生就会有收获。

马驹桥这所学校在地理位置上毗邻大兴区的亦庄开发区，是通州区最西南的学校，而且是九年一贯制的年级结构，不仅有初中，还有小学，与通州六中、南刘中学相比，学生的构成上有很大变化。因为临近亦庄开发区，大量外地打工者的子女涌入学校，使得办学难度加大。

在常恩元任马驹桥学校校长之前，56年的历史里，从来没有一个人结合马驹桥的地域特色总结并升华成一个学校的特色精神。但是常恩元走马上任后，却以敏锐的嗅觉觉察出马驹桥与学校特色结合，大有文章可为。

于是，常恩元从挖掘地域文化，确定特色教育主题入手，来突出马驹桥学校的特色，弘扬马驹桥学校的精神。通过不断地探索，坚持依托地域文化与培育特色学校的实践相结合。

常恩元将特色立足于对"马驹桥"地域文化的挖掘，通过古今的人与事，集中疏理马驹桥人的精神与品质。通过"马&桥"教育，让学校的每一名师生，拥有"马"的精神、"桥"的品质，主动探索地域文化与学校建设的有机结合，明确学校个性化发展方向，从而推进特色学校建设。让师生在马驹桥学校学习、工作期间，能够留下马驹桥的印记，具有马驹桥师生特有的素养。马驹桥学校尊重明朝天顺七年（公元1463年明英宗年间）马驹桥九孔的历史，从九个维度确定了马驹桥人的精神与品质，即：志存高远、世界眼光、自主发展、勇于实践、吃苦耐劳、团结合作、宽容待人、真诚无私、身心和谐。学校坚持以文化为引领，从课程、课堂、环境、机制、行为五个方面进行推进，创建好学生、好教师、好学校"三好学校"，以形成自己独有的气质。

说起通州区的马驹桥（简称马桥）很是著名，历史上曾是北京最大的湿地。早在公元618年前后，即隋末唐初时，马驹桥地区就已成为当朝饲养军马的仔马场，管理仔马的军、民建立了村落取名"马驹里"。马驹桥经历了由地名到桥名、又由桥名到地名漫长的历史阶段。过去的马驹桥是一个历史悠久的京畿古镇，曾商贾云集，有着深厚的底蕴。如今，马驹桥是通州区城镇化进程最快的乡镇，各项事业在通州区处于领先水平。

常恩元认为，在人类历史的进程中，每个地域都形成了其独有的文化。而马驹桥有着悠久历史，丰厚的底蕴，不断挖掘"马＆桥"教育的内涵——马在中华民族的文化中地位极高，具有一系列的象征和寓意，也代表了马驹桥人的主体精神和最高道德。桥就像条纽带，把凉水河两岸的路，连成一体。充分利用地域优势资源，精心打造人文校园，并将地域文化与学校教育有机结合，用地域文化磨砺学校最鲜明的特色与气质，从而更好地服务、成就每一位师生，为现代教育的发展和人类文明的传承作出自己的贡献。

马驹桥学校作为通州区最大的农村初中校，常恩元在广泛深入调研，分析特色教育背景的基础上，实施"马＆桥"

教育，全面深化特色建设。确立了以"马＆桥教育——培养自主发展的马桥人"为核心，通过五大途径落实"马＆桥"教育内容，实现办学特色的思路。

一是围绕"马＆桥"教育，推进课程建设。结合地域文化的实际，开发丰富多彩、形式多样的"马＆桥"教育校本课程，确立明确的课程目标，拟定具体的实施方案，细化课程实施的过程，建立课程评价的机制，发挥校本课程及校内外活动的育人作用。帮助学生了解马驹桥的历史文化，知马桥、爱马桥。唤醒学生主动发展的意识，提升发展能力，形成积极向上的行为，让学生得到全面、充分、和谐而有个性的发展。

二是在课堂教学中体现"马＆桥"教育。学校是对未成年人进行思想道德教育的主要渠道，课堂是主阵地，教师是主体力量，教学具有教育性，学科教育本身承担着育人的功能。在课堂教学中学校从四个方面推进"马＆桥"教育的实施：一是通过教师的示范，弘扬马的精神、桥的品质；二是结合学科特点体现马的精神、桥的品质；三是在教学内容上体现马的精神、桥的品质；四是在教学组织形式上体现马的精神、桥的品质。

三是在校园环境建设中体现"马＆桥"教育。校园环境是学校育人的一个重要组成部分，一所学校校园环境的构建反映着教育者的现代教育理念和育人构想。学校的校园应该力求创设一种能启迪学生心智和激发学生学习、生活激情的环境，使他们在特有的环境"氛围"中"碰撞"出智慧的火花。如今，学校的环境建设既有外显的"马＆桥"教育要素，更有内涵的精神与品质要素。特别是浓郁的校园环境与"马＆桥"教育特色融为一体，真正起到了环境育人的作用。

四是建立有利于"马&桥"教育的机制体系。建立有利于"马&桥"教育的机制体系，是深化"马&桥"教育的重要保障。首先，形成理念共识。明确办学理念，强化共同愿景，形成学校的核心精神，一切着眼师生、学校的自主发展，并体现在师生的思想上、行为上。其次，以加强班子建设为前提。"马&桥"教育特色的深化，离不开一个团结奋进、高素质、自主发展的领导班子，学校启动了"干部专业发展工程"，注重干部理念的更新、能力的提升。最后，实现管理的转变。端正管理思想，明确管理目标，营造民主氛围，建立人性化制度体系，推行人文化管理，提高管理的实效性，建立科学的工作评价和激励机制。

五是通过"马&桥"教育，激发师生自主发展的行为。"马&桥"教育的效果如何，最终将通过师生的行为得以体现，学校从两个层面激发师生自主发展的行为。第一是学校特色教育的实施离不开教师的落实，教师要成为"马&桥"教育的认同者、支持者、参与者，更要成为一名自主发展的示范者。学校指导教师拟定三年自主发展规划，在抓好全员培训的同时，坚持以新教师、骨干教、研究生分层培训为先导，以能力提升为切入点，帮助教师转变观念、意识，有效地促进自主发展行为的形成。第二是学校围绕"马&桥"教育的实施，着重培养学生自主规划、自主管理、自主学习、自主反思、自主完善、自主实践、自主决策、自主锻炼八大能力，促进学生自主发展，让"马&桥"教育的特色在学生身上体现。

"马&桥"教育的提出与实施，实现了地域文化与学校特色建设的有机整合，符合学校实际，得到了区域内同行及专家、学者的高度认可，学校也进入了一个快速发展阶段，并取得了突出的办学成绩。

第四节　濡染浸润创建校园文化

　　台北市文化局长说：文化是随便一个人迎面走来，他的举手投足，他的一颦一笑，他的整体气质。他走过一棵树，树枝低垂，他是随手把枝折断丢弃，还是弯身而过？一只满身是癣的流浪狗走近他，他是怜悯地避开，还是一脚踢过去？电梯门打开，他是谦抑地让人，还是霸道地把别人挤开？一个盲人和他并肩路口，绿灯亮了，他会搀那盲者一把吗……文化其实体现在一个人如何对待他人、对待自己、如何对待自己所处的自然环境。在一个文化厚实深沉的社会里，人懂得尊重自己——他不苟且，因为不苟且所以有品位；人懂得尊重别人——他不霸道，因为不霸道所以有道德；人懂得尊重自然——他不掠夺，因为不掠夺所以有永续的智能。品位、道德、智能，是文化积累的总和。

　　梁晓声说，"文化"可以用四句话表达：植根于内心的修养；无须提醒的自觉；以约束为前提的自由；为别人着想的善良。有人说，文化的力量是最深刻、最终极的力量，因为文化是渗透到血液里的东西，它决定了大脑怎么思维，决定了双腿怎么行动，因而是最终的力量。"有麝自来香，不用大风扬"，这就是文化的力量。先进文化不仅美好，也实用，文化的暖风难以阻挡。大到一个国家，小到一个学校、一个班级，都在潜移默化中印刻着属于自己的文化。

　　马驹桥学校的报告厅内，灯火通明，人头攒动，座无虚席，一场精彩纷呈的"中华诵·经典诵读"活动正在举行。

舞台场景表现的是北宋年代的中秋佳节，一座雅致的小花园内。一轮圆月静静地挂在树梢，银色的光辉洒在青砖铺就的地面上。秋天的风有些凉了，一阵风吹来，吹得花园的竹林沙沙作响。一个面容清癯的中年男子——苏轼，他抬头遥望明月，慢慢地举起酒杯，脸上带着一丝惆怅和忧伤。此时，一曲《水调歌头·明月几时有》的背景曲缓缓奏响。

"苏轼"和着背景曲吟唱道："明月几时有，把酒问青天。不知天上宫阙，今夕是何年……"伴随着委婉而又有些伤感的曲调，只见他的歌声时而高亢，时而低沉；情绪也是时而表现万千思虑，时而绽放豪放旷达，仿佛让台下师生的情绪好像都进入到了一千多年前的那个中秋节，体味到了这位伟大的文学家悟透人生的洒脱和旷达的性格以及思念亲人的深沉情愫。最后，在月华如水的月夜中，幕布合拢，台下的掌声回响在偌大的礼堂。

在此次经典诵读活动中，师生们还登台朗诵了《国学经典读本》《弟子规》《三字经》《青春中国》《红烛》《祖国啊，我亲爱的祖国》《致橡树》等脍炙人口的名篇佳作。通过朗诵这些经典作品，参赛选手们既表现出了马驹桥学校的风采，同时也充分表现出中国优秀经典文化的博大精深和无限精彩。

其实，"中华诵·经典诵读"活动只是马驹桥学校校园文化的一个侧面。

在常恩元的倡议下，学校已经连续多年组织举办"中华诵·经典诵读"活动，全校师生积极参与，以表演诵、诗配乐、诗组合、情境朗诵等多种形式表现诗文的内涵，或激昂高亢，或深情款款，或抑扬顿挫，一场场精彩纷呈、有声有色的诗文朗诵盛宴，掀起了"雅言传承文明，经典浸润人生"主题活动的热潮，同时也激发广大师生对中华优秀文化和祖国语言文字的学习和热爱，增强了民族自豪感和文化自信心。

常恩元认为，中国文化源远流长，语言文字博大精深，在校园文化实施中，常恩元以"活动引领、文化育人"的原则开展工作，并不断探索，积极实践，"让文字说话，让语言有情"让普通话成为校园语言，成为职业语言，成为面向现代化的最美语言。马驹桥学校为更好地开展语言文字工作，以"美丽青春，魅力语言"为主题，以听、说、读、写四个板块为系列活动，在师生中开展丰富多彩、形式多样的活动。分别在老师中开展了教师技能大比拼；在学生中积极组织学生参加普通话演讲比赛、诗朗诵、书法比赛、辩论赛等活动。

为加强普通话口语教学和汉字书写教学，马驹桥学校规定所有课程全部使用普通话授课，使普通话真正成为学校的教学语言，并按照新课程标准要求，结合本学科教学特点，强化口语教学和写字训练。

常恩元要求教师在教学过程中，要注重培养学生普通话口语能力、汉字书写能力、语言表达能力，使学生的语言应用能力得到普遍提高。为此，马驹桥学校从实际出发，以"四课"为载体，多层次多角度地开展教研活动。"四课"——新上岗教师的"汇报课"、青年教师的"研究课"、师徒结对的"示范课"、骨干教师的"精品课"，通过"分层展示"的形式，各个层面的教师的专业素养得以彰显，新教师的锐意进取、青年教师的沉稳与创新、骨干教师的深邃与精准，使得学校教学风格呈现了多元化的趋势。同时，也使语言文字的示范性作用得到更好的发挥，促进了普通话的推广。

常恩元认为，虽然说书籍不能改变世界，可是读书却可以改变人，而人又可以改变世界。马驹桥学校的"书香校园"读书系列活动有力推动了语言文字工作的开展，并逐步走向

马驹桥学校举办的汉字听写大赛

深入。学校教师每周三的教研组"读书时间",教师们也会从读好书—品经典—谈感悟等角度把"走进经典,漫步书香"与普通话训练普及相结合,老师们在读书中学习,在读书中思考,在读书中升华。论坛交流会上,年轻教师畅谈职业认识和思考,骨干教师结合名家的思想畅谈如何避免职业倦怠,语文教师探究古典文化,感悟人生哲理;数学老师则细数思维改变生活的例子,真知灼见,见解独到的感悟和探究,使经验丰富的老教师和初涉杏坛的年轻人都获益匪浅。

马驹桥学校不仅把老师的活动搞得有声有色,把学生的活动搞得也同样精彩!学校力求把普通话说得准确、优雅内化为师生的一种行为,凝练成一种气质。因马驹桥学校有67.9%学生是来自外省的借读生,校园内集结了各种方言,在学校推普领导小组的正确引领下,马驹桥学校各班组成了"普通话师友互助组",本地生带外地生,逐字逐句地纠正、示范,同时,教师在课上也给这些孩子们更多交流学习和展示的机会。在学校普通话氛围的熏陶下,95%以上的学生可以标准使用普通话进行交流,可以达到课程标准对听、说、读的要求。逐渐的，普通话成为了学校的标准语言，全面促进了语言文字工作的顺利进行。

马驹桥学校积极组织学生参加普通话演讲比赛、诗朗诵、书法比赛、辩论赛等等，形式多样，教育主题明确，既培养了学生的普通话口语能力和规范字的使用，同时也大大宣传了普通话，使普通话成为校园用语。并针对初中各年级的不同情况，采取不同的方法加以实施，并取得良好效果。

初一年级根据学生来源广、方言多的特点，举行了"我写，你说"的成语接龙活动，一组两人，由普通话发音不规范的同学负责写，普通话流利的同学来解释。这项活动促进了学生之间的交流与合作，同时也通过示范比拼，达到了取长补短共同成长的良好效果。

初二年级则注重进一步加深学生对传统文化的熏陶，举行了"书香校园——相约宋词"的诗词歌会。宋词是中国悠久传统文化的结晶，更是一种不可或缺的精神力量，历代先贤留给后人的不仅是华美的篇章，更是博大的精神。学生们吟诗诵词，沉浸其中，达到了丰富学生文化底蕴、传承经典的目的。

初三年级注重激发学生们的学习热情，举行了"人生，从这里开始"的演讲比赛，学生们引经据典，慷慨陈词。同时初三年级还结合教师研修中心举办的初中语文开放性实践活动"名著·人生"，排演话剧《范进中举》和《风波》，孩子们大胆创新、全心投入，老师们认真指导、精益求精。下面节选了一段马驹桥学校排演的话剧《范进中举》片段。

报幕员报幕：

清代小说家吴敬梓创作的杰出现实主义长篇讽刺小说

《儒林外史》，运用夸张的修辞手法讲述了范进为科举考试喜极而疯，最终被胡屠户一巴掌打醒，恢复正常。后来大家包括自己的老丈人对范进的态度发生了巨大的变化，从讥笑嘲讽到奉承恭维。说明了当时科举制度对读书人的迫害。下面请让我们一同回顾历史，有请初三（3）班的同学为我们带来话剧——《范进中举》。

第三场

[邻居在集市上找到了范进，范进正怀抱着鸡在集市上东张西望。]

邻居：（毕恭毕敬、急切地）范相公，快回家吧，你乡试中了举人，报录人都来报喜了，我代你母亲叫你快回去。

范进：高邻，不要再挖苦鄙人了，别哄我了。

邻居：（见范进不信，便一把夺过他手中的鸡）是真的，我又为何要哄你？快回去吧！

范进：不要开玩笑了，高邻，这……

[邻居见范进不信，便拽着他离开了集市，回到家。]

报录人：（笑着、大声）新贵人回来了！（对范进）范老爷，恭喜高中！

范进：（将信将疑地）莫非我真的……

[大家推范进进了正堂，只见一报帖早已挂起在堂中："捷报贵府老爷范讳进高中广东乡试第七名亚元。京报联登黄甲。"范进看了一遍，念了一遍。]

范进：（不敢置信、欣喜若狂地）噫！好了！我中了！我考中了！

[说着，范进高兴得手舞足蹈，却不小心向后跌了一跤，摔倒在地，牙关咬紧，不省人事。众人都慌了神，邻人拿了一盆凉水泼下去，把范进浇醒，范进爬了起来。]

……

字字珠玑，篇篇深情。马驹桥学校通过大力推进语言文字工作，师生语言文字应用水平和学生的诵读热情进一步得到了提高，同时也大大提升了马驹桥学校的文化品位。

常恩元一直重视校园文化的建设，早在十一年前，也就是 2005 年，常恩元就在通州六中开展了"廉政文化进校园"活动的实践与探索，还设立了校长信箱，及时发现和解决存在的问题。建立校长信箱后，学生可以随时和校长联系，这样就可以及时掌握学生的思想动态，来解决他们遇到的各种问题和困惑。下面是六封学生来信，涉及到学生在学习、生活同学交际等方面遇到的心结和疑惑以及一些主张节约俭省的好建议。

学生信件

常校长：

您好！

我是初一（1）班的学生，我现在有一个难题需要向你反映一下。

我本来是个乐观向上的学生，我的同桌和我是好朋友，我们学习不相上下，可不知为什么，几乎所有科老师都很偏向她，我也好好想过自己哪里不如她，可真的没什么呀！从小我就争强好胜，什么都要拿第一，每回大考，我的成绩也如此，我心里很不平衡。历史课我们一同交的卷子，并且都得了满分，为什么老师只表扬她？上课老师连着让她答了四个题，却看不见在一旁连连举手的我？老师有难题不管谁举手，只叫她起来讲，似乎已成了模式，要知道，那题还是我教她的。每个老师都越来越喜欢她，而越来越冷落我，是我没有她踏实？还是我不会像她那样娇声娇气地询问老师问题？我觉得她一下从朋友变得陌生，我也变得消极起来，我怎么做都比不上她，还有什么理由让我积极呢？全班只有两个同学会回答老师的问题，那么叫她的概率为90%，另10%属于我，我不知我现在应以什么心态面对我的同桌，这是一种嫉妒，快要考试了，我的学习怎么办呢？

  此致

 敬礼

初一（1）班　朴舒曼
2001 年 7 月 4 日

常校长：

  您好！

  明天就要考试了，我想给您提几个意见，最主要的是：在一些期中、期末中有些人作弊，但一些教师看了，可能是考虑到是好学生，就给一些面子，才使他们成为年级前列的学生。我并不是忌妒他们，而是看不过去了。希望您能注意到这一点，在这次考试中，我不希望

再见到那一幕。我以为学校设了意见箱，并不是装饰，而是用群众眼睛来反映问题，我想您一定会重视的。我想，学生在老师眼中的位置是一样的，所以我想通过我的这封信，会有一些老师眼中的"好学生"不会再抄了。社会上还有《反不正当竞争法》，更何况六中这个小集体里对这些问题也是不会太难处理。今天给您写这封信，是因为我对设意见箱还是信任的，所以我希望您能重视，不要让那些恬不知耻的人有立足之地，我认为您会处理的。

  此致

 敬礼

李文雨

2001 年 11 月 6 日

尊敬的常校长

  您好！

  我不知道您到底有没有时间看完这封信，但我真的希望您看完这封语句不是很精彩的信。

  我是个返城的孩子，一直听说六中的教学质量和学习气氛很好，所以慕名而来，到六中来学习。我不是实验班的同学，但我也在努力追赶他们，我现在写也许您觉得不是时候，但如果现在不说，也许就晚了。

  我们在半个月前，进行了月考。我虽是普通班的，但以数学 73 分，语文 88 分，英语 99 分，挤进了前 100 名。但知道分以后，我总觉得数学分好像不对，一直盼着发下来。可昨天发了，我的数学分多扣了 13 分，我应该得 86 分。我就去找了老师，老师算了一遍，帮我改了过来，可老师说不能把名次改了，你只能排在 94 名，不能往前提了。听了这话，

学生信件

我就回到班里把我真正得分总了一下,看看自己能在哪,啊,我能在32名。

虽然这件事已经过去了,但我心里特别难受,判卷子的可是数学老师,误差能算出13分,我真的有点不信任学校了,如果我有了那13分,我就能排在前50名了,虽然这小小的13分在老师手里算不了什么,但是也许它是决定我们命运的东西。所以,我希望您能提醒老师们,在判卷时认真些。也许这封信有批评您的地方,但我是很有诚心的,给您提意见。愿您身体健康,工作顺利!

　　致
　礼

　　　　　　　　　　　　初一(6)班　马雪
　　　　　　　　　　　　2003年10月29日

学生信件

尊敬的常校长：

您好！

在我们的学科之中，有些课程没有很多的作业，所以一个学期下来，本儿还会剩好多页，我觉得非常浪费。

有的科还不让用背面，还有的是一课写完后，下一课要另起一篇写都是非常浪费，我们的纸有的是用稻草或树木做的，所以我们就更应该节省。

常校长！我希望您能够让各科的作业本多使几个学期，用背面，总之是要节省着用。

但如果您要考虑到其他方面，不能采取这方面的措施的话，我也不会怪您的。因为我能够理解您的难处，我会支持您的工作。谢谢。

此致

敬礼

某学生

2004 年 4 月 13 日

常校长：

您好！

我是初一（7）班的一名同学，我想提几点意见供学校参考：

希望学校于每周四第 8 节课开设法制教育课，从而提高同学们的法制观念。希望学校在升旗仪式时让同学们发言，谈论自己的观点。希望学校可以改进操场，避免扬沙。

   致

礼

某学生
2005年2月6日

常校长：

  您好！

  6月2日，一（4）班与一（8）班比赛时，我班输了。原因是：裁判吹黑哨。一分钟吹八个黑哨，他不明辨是非，对我队造成精神上的打击。赛后，我们班对老师造成一种不良的观念。所以，我觉得一（4）班该和一（8）班复赛，应换一个裁判，不然老师仍会吹我们的哨。并且8班有些人走步、二运、搞小动作，老师居然不吹，造成我班场上队员的情绪不稳定，他们也就大大减少了投球的命中率，所以我才决定告诉您，并且提出复赛一场。

学生×××
2005年6月2日

学生信件

学生信件

马驹桥学校学生参加 2016 年通州区中小学生航海模型比赛

常恩元经常说："每一个孩子都是一朵花，都是一个独特的生命，都有生存发展的权利。"所以他非常重视学生对学校的评价，在收到这些信件后，均及时进行了处理，信箱里的来信也越来越多。校长信箱里的意见、建议，已经发挥了广开言路、领导与师生加强沟通、促进学校走民主办学之路的巨大作用。

常恩元在校园文化建设工作中，坚持从学生身心发展需要出发，凸显学生的主体地位，让学生成为活动的主体，积极开展丰富多彩、形式多样的校园文化活动，让学生在活动的参与体验中陶冶情操提升素质。

基于这种思想，常恩元积极组织开展形式多样的主题教育活动，先后组织学生开展井冈山精神、延安精神、西柏坡精神、大庆铁人精神、两弹一星精神、雷锋精神、抗"非典"精神、载人航天精神等"十大精神学、议、改"活动；举办了"读英雄的故事"征文演讲活动，在读、写、讲的过程中，汲取丰富的精神食粮，使其成为激励和鞭策学生不断进取的力量源泉；还充分利用五四青年节、七一建党纪念日等重大节日以及"九·一八"、"南京大屠杀"等国耻日，以增强学生的爱国主义情感，确立远大志向，树立正确的人生观和价值观，帮助学生分清是与非、善与恶、美与丑的界限，引导学生发现问题、改正不足。

常恩元还根据学生的需要建立了兴趣小组和学生社团，先后建立了体育、音乐、美术、车模、航模、手工制作、电子、文学社等兴趣小组和社团十余个。通过参与兴趣小组和社团的活动，培养了学生的兴趣、爱好，满足了学生个性发展的需要。

学生社团也切实发挥出了它应有的作用，培养了学生的兴趣爱好，满足了学生的个性发展，还使部分学生找回了自信，并带动文化学科成绩的提升。

初一（3）班的李立同学，他的缺点有"一箩筐"，上课、下课沉迷于卡通世界，而班主任则把这一点当作了他的"闪光点"，表扬李立的画作传神逼真，字也写得漂亮，进而建议李立合理安排时间参加班刊的设计工作，让他尽情地施展自己的才华。当李立同学的书画作品出现在班刊上时，他兴奋而激动，体验到了成功的快乐，也感受到了人生的动力。

"我不比别人笨，我要努力！"李立在心中对自己呐喊，也暗暗下了一定要把功课尽快提高上去的决心。

从那以后，李立就像换了一个人似的，彻底从卡通世界中摆脱出来，把全部精力投入到了学习之中，身上的缺点也逐渐在消失，老师和同学都感受到了他的变化。

李立的学习成绩在一天天提高，老师和同学可以从他明亮有神的眼睛里，读懂他的自信。

还有初二（3）班的刘晓等几名同学，内向、自卑、性格孤僻，由于父母离异或再婚而造成家庭变故，使他们更加放任自己，自暴自弃，经常结队出入网吧，学习态度消极，厌学情绪突出，学习成绩越来越差。为此，初二组的老师联合起来找刘晓这几名同学谈心，并在生活上给予足够的关心，用爱的甘露滋润着他们的心田。教师们发现刘晓他们都有特长，老师就利用他们的特长，赋予他们各种"使命"：有朗诵特长的刘晓，担任语文课代表和班会金牌主持人之职；有写作天赋的王存担任文学社团主编；有文艺才能的李晨辉进入了艺术社团——老师帮刘晓他们从这局部的优势中建立起信心，他们也不辱使命，把所有的情感和智慧都投入到了学习和社团建设工作之中，学习成绩突飞猛进。

对于其他有类似问题的孩子，老师也从不鄙视，而是了解他们的特长、爱好，挖掘他们的潜能，寻找他们身上的"闪光点"，让他们在学习上体验成功的快乐。在授课、批阅、辅导的过程中，老师从不吝自己的鼓励之词，给予学困生精神上的巨大支持。哪怕他们失误再多，也有其亮点或创新的地方，对此老师都予以鼓励和表扬。使之亲其师、信其道，使之对学习产生兴趣，进而提高学业成绩，逐步提升学习的信心。

走进马驹桥学校，首先进入眼帘的是"校史馆"这三个大字，这是常恩元来到马驹桥学校之后兴建的。校史馆里陈列着学校建校以来获得的所有荣誉，那些老奖状穿过历史的尘埃闪耀着动人的光辉。墙上依次陈列的关于学校精神和文化的文字及图片相得益彰，能让人迅速了解学校的特色和文化。校史馆连着一个能容纳几百人的阶梯教室，请进来的专家的讲座就在这里隆重召开。校史馆门前是"马桥"雕塑——一个用石头雕刻的廊桥，模仿的是马驹桥的格局，连桥上的花纹也刻得栩栩如生。桥的旁边是一匹腾空而起的马，正仰天长啸、气势长虹。桥下有清澈的水，养着荷花灯绿植，看起来雅致舒适。此雕塑正迎合了马驹桥学校正大力提倡的"马桥精神"，浸染着浓郁的学校文化气息。学校综合楼里的图书馆高端大气，藏书量丰富，教师、学生徜徉其间，无不显示着学校提倡阅读的校园文化。

可以说，马驹桥学校坚持科学布局，教室、楼层、室外处处彰显着学校的文化特色。

从教室文化来说，教室规范中发展个性。早在几年前，学校就出台了"班级环境管理办法"，并结合温馨教室创建活动，营造良好的班级文化。除了校训、国旗、班级板报、中小学生守则、日常行为规范、校园八荣八耻、学生十个文明形象、学生阅读角（图书学校提供与学生捐书相结合）外，马驹桥学校还在教室建有"文化墙"，各班级充分利用教室空间，动手来布置"有文化品位的温馨之家"，让教室的每个角落、每个侧面都说话、都微笑、都育人。各班的教室里都有彰显班级特色的荣誉角、有张扬个性的学习园地，以及写着同学们理想的决心栏等。但是每一处又都彰显了学生们的个性，主题各有千秋。积极愉悦的教室文化，创设了适合学生身心发展、净化心灵、陶冶精神的环境。

楼层文化的特点是传统中蕴含精髓。校园文化是一所学校文化积淀和历史底蕴的体现，学校各楼层的主题都是在充分尊重学生的年龄特点的前提下，按照教育功能分内容、分主题、分区域进行设计。坚持学校文化建设与办学理念、校本课程建设、教育科研、办学特色相结合。

小学部（教学楼西区）一层楼道以弟子规、三字经为主要内容；二层为传统节日；三层为古诗词；四层为历史名人。

中学部（教学楼东区）一层为"好习惯"；二层为"好品质"；三层为"好人生"；四层为"做最好的自己"。学校还编制了配套校本课程，分别是《好习惯》《好品质》《好人生》，每本书都由常恩元亲自参与编撰与整理，书里内容翔实、事例丰富,每节还配合着引发思考的题目,可为独具匠心。每一本书的序言也是常恩元用心写成,同样以小故事的形式启迪学生心灵。以《好品质》的序言为例:

人品就像火车的方向、路轨,而才能就像发动机。如果方向、路轨偏了,发动机的功率越大,造成的危害也就越大。优秀的人品是个人成功最重要的资本,是人最核心的竞争力。具有优秀人品的人,总是会时常从内心迸发出自我积极的力量,推动一个人不断地前进。成功的人,在人们眼中是最优秀的人。他们之所以会成就伟业,往往都源于他们拥有良好的品质,高尚的情操。

孔融在很小的时候,父亲买来了梨子让他给家中的八个兄弟姐妹分吃。大家原本都以为他会分给自己一个又大又甜的梨,但他没有那样做,而是分给自己一个最小的梨。大家都觉得很奇怪,但他却告诉大家又大又好的梨应该给哥哥、姐姐、弟弟、妹妹吃。就是因为他高尚的品质,使他成为了杰出的政治家、文学家。

毛泽东小时候,父亲让他和兄弟姐妹们去割麦子。父亲来了以后,看到只有毛泽东割得面积最小,父亲便生气地训斥了他。后来父亲发现错怪了他。毛泽东割的麦子是最密的地方,他把最好割的部分让给了别人,而把最困难的留给了自己。正是因为他从小就有的高尚品质,使他成为我国一代领导人,建立了新中国。

周恩来从小就树立远大理想,为中华崛起而读书。也正是因为他具有强烈的爱国主义精神和崇高的品质,才为新中国的建立做出了巨大贡献。

现代音乐人丛飞,一个以歌唱为生的人,他将一生都奉献给了因贫困而失学的儿童。后来由于疾病,使他永远不能再唱歌。于是他就努力地工作,仍然将自己得到的所有的报酬,继续供养那些需要他的学费才能再读下去的学生们。宁愿放弃了为自己治疗的机会,也要救助与自己没有一点血缘关系的学生们。最后病情加重变成癌症。就这样,在他死后,他还是将他身上仅有的一个好的器官捐献给了社会。他的一双眼角膜拯救了七个人,使七个人重新见到了光明。他的一生全部奉献给了社会。他的一生比任何人都更有价值。丛飞是现实生活中的榜样。如果每个人都能为社会贡献出自己小小的力量,那么我们的家园将会变得更加美好。

好品质成就好人生,好人生塑造美丽社会。每个人的潜力都是无限的,有什么样的人品就会有什么样的工作业绩与生命质量。人与人之间并没有多大不同,成功者与失败者,卓越者与平庸者之间的迥异之处,正在于人品的高下。希望这本校本教材能够启迪我们的思想,陶冶我们的情操,激励我们不断前进。

在教学楼东西两侧的楼梯间以班级宣言、骨干教师简介、师生作品为主要内容;主楼梯为建有以体现校训、校风主题的壁画,学生100个好习惯、文明礼仪知

马驹桥学校小学部组织的"品中华之经典、与祖国共成长"图书漂流活动

识及师生展示栏。

实验楼东西门厅为艺术天地和科技之光壁画，楼梯间西侧为师生艺术作品、东侧为科技发展史；楼道为科普知识，供学生学习。专业教室内结合学科特点布置名人画像，激励学生自主发展、不断超越、做最好的自己。全力打造校园楼层文化，凸显育人功能。

学校还在教学楼中、小学部各楼层，均建立了学生阅读区，这可以说是马驹桥学校的一大显著特色。马驹桥学校的读书主题坚持丰富知识与课改相结合的原则，只要是课余时间，都能看到孩子们或三五成群或独自端坐，手不释卷，或默读或吟诵，乐在其中。学生阅读区就设立在教室以外的走廊里，学生可以在任何上课之外的时间里，随时根据自己所需进行阅览学习，营造了读书学习的良好氛围，真正达到了让书走进学生的生活、让书香充满校园的目的。

马驹桥学校除了建立学生阅读区以外，还积极围绕"爱读书、多读书、读好书"开展形式多样的活动——图书"漂流"活动。

2016年9月30日下午，马驹桥学校小学部组织了"品中华之经典、与祖国共成长"图书漂流活动。通过举办这种活动，营造了浓郁的读书氛围，使学生更加喜欢读书，培养了阅读习惯。活动还培养了学生共同分享的意识，最大限度地发挥了自有书籍的作用。同时还教育引导学生在图书交易中，学会理财、学会沟通、学会诚信，并体会创造价值的乐趣，享受通过自己的劳动带来的快乐。

进入综合楼大厅，"自主发展、不断超越、做最好的自己"的浮雕映入眼帘。楼道"马＆桥"教育的特色展示，让每一位驻足者了解马驹桥的历史，对"马＆桥"教育的核心内容有了初步理解。党务、工会、团委展板展示了学校的活动。教育家的思想对学校推进教育教学改革注入了新的理念。墙壁上的管理名言，随时提醒着学校要为师生发展、学校发展服好务，将自己的工作做细、做实、做精。

学校室外有"共铸辉煌"、"开拓创新"主题景观，激励师生践行"自主发展、不断超越、做最好的自己"学校核心价值追求。"月度人物"中的典型成为师生的榜样，为学校注入了正能量。四十六块橱窗涵盖学校基本情况、办学理念、一训四风（校风、班风、学风、作风）、校徽、校歌、干部教师简介、教育教学活动展示等内容，是学校办学的全面展示。连廊、亭子与绿植错落有致，让人赏心悦目。

在马驹桥学校，所有课程开齐开足，学生课外活动丰富多彩，每个年级可供学生选择的课外活动项目近20个，而且常年坚持，保证学生每周不少于三次活动，每次活动不少于一小时。

马驹桥学校的舞蹈、健美操、乒乓球、海模均取得较大突破。其中，乒乓球项目获得通州区第二名，并代表通州区参加北京市的比赛；海模比赛在2016年通州区中小学航海模型比赛中共获得一等奖5个（一个团体赛，四个个人赛），二等奖四个（个人赛），三等奖一个（个人赛）。在入

马驹桥学校在2016年北京市中小学生大众健美操比赛中获得一等奖

围北京市的比赛中,马驹桥学校当之无愧地成为了通州区获得比赛名额最多的学校。

2016年,马驹桥学校还立项了6个科研项目,在通州区排名前列。常恩元在谈到这六个科研项目时,满怀信心地说:"我们马驹桥学校的这六个科研项目,要力争进入通州区的先进行列。"

第三章

筑梦师魂

"教师第一"原则让教师期待星期一

第一节　搭建平台促进教师专业发展

李凌燕是一个年轻漂亮的化学老师，来到马驹桥学校已经三年了。回想起当初刚来学校时候，她从来没有因为自己是一个初来的人而感到孤独陌生，也没有感到难以融入到新环境。一直到今天，她对于学校的评价始终是"一个幸福指数高的学校，在这里，我期待星期一"。

李凌燕老师为什么这样说呢，这是因为星期一对一般人来说，意味着一周工作的重新开始，也意味着又要面临工作压力，或许还要面对新的工作挑战。有些人星期一上班，会出现疲倦、头晕、胸闷、腹胀、食欲不振、周身酸痛、注意力不集中等症状，这是由于在双休日过分耗费体力处理工作之外的事情，待到双休日过后的星期一，人们必须又要全身心重新投入于工作和学习。所以，难免出现或多或少的不适应，这即是所谓的"星期一综合征"。

可李凌燕老师进入马驹桥学校以来，却感受到学校的温暖和关心，下决心要以优异的工作成绩来回报学校的关爱，所以她十分期待再次聚精会神于自己的工作和学习，积极面对工作上的挑战，这样也能够更多体验到工作的快乐与收获。

李凌燕老师的这种评价源于常恩元校长对待教师的一系列政策：在新教师刚到学校的时候，常恩元校长就亲自帮老师安排宿舍，甚至亲自帮他们忙上忙下地拿被子等生活用品。新老师申请单人宿舍，上午刚刚提出来，下午常校长就给他们安排好了单人宿舍，再见面的时候，还会亲切地问："住进去了吗？住的和吃的还习惯吧。"

常恩元刚来到马驹桥学校时，老师缺乏洗浴设施，无法洗澡，常恩元专门安装了太阳能热水器，这样老师一年四季都可以洗澡。学校食堂按照惯例只是供应早餐和中餐，没有晚餐，为此，常恩元特地给学校住宿舍的老师在宿舍楼一楼开设了小食堂，灶台、煤气、厨具全部配备齐全，老师们下班后可以在那里亲手做饭，感受到家的味道。常恩元还非常重视老师们的身体健康，专门为老师们建设了健身房、乒乓球活动室，下班之余让他们锻炼身体，让他们得到身心上的休息和放松。

除了生活上的细心关怀，在教学上，也给每一位新教师，安排了老教师来指导和帮助，建立的"师徒结对"已经在学校蔚然成风。新教师在老教师的指导下备课、讲课，老教师一句句地帮着校正和优化，让新教师迅速提升教学水平。在这种互相帮助、合作发展的氛围中，办公室里没有勾心斗角、尔虞我诈，有的只是互帮互助、和谐融洽的相处。学校不仅在整个环境和氛围上，让老师们期待星期一，爱上学校，还在教师的发展上搭桥引线提供平台，挖掘每个老师的优势和潜力，成为他们的伯乐。

2016年11月9日，山东《齐鲁晚报》报道了一则题为《枣庄台儿庄小

常恩元在马驹桥学校青年教师拜师会上为教师颁发聘书

伙刘栋海外传授中华武术》的消息：

11月7日（旧金山时间11月6日），Studio Kicks Palo Alto武术学校的学员和老师们在位于美国加利福尼亚州的Foothill College（福特希尔学院）举办了第八届"黑带俱乐部表演秀"。这一演出每年不仅吸引学员的亲友们来助阵，还吸引了很多在校学生和附近居民前来购票观看。演出当天，能容纳500余名观众的剧场座无虚席。

报道还附了几张照片，照片中，刘栋一身练功服，年轻英俊，身手潇洒，观众掌声如潮，表演秀在美国当地赢得了巨大轰动。

报道还说，刘栋在美执教一年多的时间里，在努力教授武术的同时，他热心参与公益事业，从不错过弘扬和传播中国武术的机会，曾受邀参加Google公司、HP公司、Facebook公司、Palo Alto社区活动和Palo Alto中小学武术宣传等表演活动，与武术爱好者分享、交流武术技艺，使得很多人喜欢上武术运动。刘栋老师回答记者问时说："演出的圆满成功对于我和新晋黑带学员们来说都不意味着结束，而是在武术道路上的新起点。我会一如既往地带领我的学员们，在这条路上踏踏实实地走下去，用自己的行动，为弘扬中华传统文化，传播武术精神作出贡献。"

文中报道的刘栋老师曾于2008—2011年在通州区南刘中学任体育教师，后受邀远赴美国执教武术。

就像天空中的两颗星，刘栋老师与常恩元校长在南刘中学有了人生的交集。可以说，刘栋老师是通州区南刘中学全体师生的骄傲，是通州区的骄傲，也是常恩元的骄傲。

2008年11月3日，常恩元调到南刘中学任校长兼党支部书记，当时校舍破败，人心涣散，很多老师都想托关系调走。文化课成绩一般，而且体育成绩也非常落后。其实，不仅仅是南刘中学，就是潞城镇的所有四所中学，在通州区中小学田径运动会上所有参赛项目均为"零"分。

"不行，必须改变这种状况，这不能成为我们永远的耻辱！"常恩元推开办公室的窗户，外面的花草焕发出生命的光彩，南刘中学发展的春天到来了！

常恩元在努力寻找突破点，洗刷掉耻辱。常校长不愧为体育科班出身，上下齐努力，2009年他来的第二年，就使南刘中学获得标枪成绩第六名，从而打破了体育成绩的"零"记录，为潞城镇也为南刘中学赢得了荣誉。

但是这只是常恩元采取的第一步，他仍在寻找新的突破点。

常恩元通过深入了解得知，刘栋老师毕业于首都体育学院民族体育系。刘栋自7岁习武，在学生时代，刘栋多次代表学校参加国家级和省市级的武术比赛，并取得过很多优异的成绩。2007—2008年，刘栋还代表首都体育学院参加北京迎奥运文艺宣传团，在国内外巡回演出，用精湛的武术表演，为2008年北京奥运的推广，奉献了自己的一份力量。2008年毕业后，刘栋成为南刘中学的一名体育教师。

常恩元慧眼识英雄，组建了南刘中学武术队，由刘

刘栋

刘栋带领学生参加北京市中小学武术比赛

栋老师任武术队队长，在资金、时间等方面给予全力支持，力争把南刘的武术这一亮点挖掘出来。

刘栋老师果然不负众望，南刘中学武术队为学校和全区培养了大批优秀的武术运动员，并在各级比赛中取得优异成绩，2009年、2010年、2011年连续三年获得通州区中小学武术比赛初中组团体一等奖，并代表通州区参加市级比赛。刘栋老师也多次被评为"优秀辅导教师"。

通州区教研员曾对刘栋老师给予高度评价："在刘栋老师的努力下，全区中小学生的武术比赛水平取得了巨大进步，并进入最辉煌的时期。"

2015年，怀着对武术教学的热爱和向世界传播武术精神的愿望，刘栋老师受邀到美国加州Studio Kicks Palo Alto武术学校执教。

"千里马常有而伯乐不常有"，如果说刘栋老师是一匹千里马，那么常恩元可以说是他的伯乐。

可以说常恩元不仅仅是刘栋老师的伯乐，还是很多老师的伯乐，比如李冬梅老师。

李冬梅老师，原毕业于首都师范大学地理专业，但毕业后一直从事英语教学，2009年学校调入英语专业教师李娟（专业八级）后，李冬梅老师开始回归地理教学，很快脱颖而出，教学成绩在区内名列前茅，被评为地理会考优秀教师，录像课获全国特等奖。2011年并入通州区第三中学后，相继获得通州区教师基本功竞赛地理学科一等奖、北京市教师基本功竞赛地理学科一等奖，通州区中学"秋实杯"教学竞赛一等奖。2010年10月26日，通州区初中历史、地理、生物教学现场会在南刘中学召开。南刘中学被评为通州区非中考学科课堂教学优秀校，并介绍了经验，李冬梅、刘芹老师进行了课堂教学展示。2010年、2011年，南刘中学还获中考毕业班优秀学校。

常恩元经常说："要让学校成为每一名老师的精神家园。"而马驹桥的老师们则说："常校长特别重视教师的成长，总是千方百计为老师搭建平台，助力教师健康成长。就像一个优秀的裁缝，为教师的进步和发展积极穿针引线。"

常恩元为不断提高教师的教学水平，还经常协调通州区教研员对南刘中学老师进行指导。在2012年南刘中学即将并入通州三中前夕，当时南刘中学已经放了暑假，可是常恩元并没有因为南刘中学的即将合并和假期而放弃，而是善做善成、善始善终，将李冬梅老师的"最后一堂课"坚持在南刘中学录课完毕，并协调教研员、教师和部分学生到全国进行推广，后来这"最后一堂课"荣获全国特等奖项。

常恩元为促进教师专业发展，启动了"教师专业发展促进

常恩元在通州区初中历史、地理、生物教学现场会上介绍先进经验

工程"，通过创建学习型组织、同伴互助、名师引领、课例示范、竞赛激发、论坛导向、课题带动、榜样激励、实践反思、等机制保障十大有效策略，引领教师明确发展目标，唤醒教师自主发展意识，促进教师走上专业成长之路。

马驹桥学校建立了老教师与新教师之间的"师带徒"活动，无论是公开课还是示范课，由老教师给新教师挑毛病、提不足，切实一步步提高新教师的教学水平。

常恩元联系北京师范大学教授来学校进行讲座和评课活动，对马驹桥的老师进行手把手帮助。还与区内外等兄弟学校建立了良好关系，派马驹桥学校教师进行交流学习。

"是好经，再远也要去取。"老师们说，"常校长就是给每一位老师建立平台，不管路途有多遥远，他都要委派老师前去学习，就是力所能及把教师所具有的优势的这个'点'放大，为教师提供发展平台。这些学习内容不仅仅是教学方面的，还包括教改理念、班主任工作等很多内容。"

常恩元加大校内外交流活动。组织教师到杜郎口中学、北京十一学校、陈经纶中学、北师大附中、清华附中、回民学校、潞河中学、天津普育学校等知名学校参观学习。聘请知名专家学者来校讲学，提升教师的理论素养。通过直观的感受和专家的报告，使教师对教育教学工作又有了新的认识和深刻的感悟。

常恩元还经常深入教学一线，对新教

常恩元校长组织教师到杜郎口中学参观学习

师进行听课，并记录了大量的笔记，把需要提高的点，一项一项地和老师说。马驹桥学校的老师无论是外部获奖还是内部获奖，一律在校内公示，增强荣誉感，调动老师工作积极性。

老师有需要业务书籍的，列出书籍清单，申请订阅或者购买，学校均会及时满足。常恩元甚至下发了每个年级订阅报刊杂志不得低于30种的规定。常恩元为鼓励教师阅读，在教学楼开辟出一间教室，建立了教师阅览室，教师阅览室不仅可以阅读，还可以召开会议。另外，还为学生建立了图书阅览区。为了促进师生阅读活动，常恩元还于2013年亲自牵头搞了一个音体美史地生综合学科知识大竞赛。

李玲璐老师是马驹桥学校的一名英语教师，在学校任教三年了，她最大的感觉就是每一年的工作状态都不一样，每一年都有每一年的进步，这些都得益于常恩元对老师专业发展的重视。在英语教学上，常恩元积极与国内著名英语教学网——翼课网协商，和马驹桥学校建立了合作关系。翼课网是由《双语报》发展而来，是属于《双语报》旗下的在线教育平台。而双语报是传统教辅类行业，经过十几年的经验沉淀，加上背后的强大专家队伍，打造而成的一个在线教育平台。与翼课网建立关系后，常恩元还经常向教师和学生询问在翼课网上的学习情况，有何不足，常校长就会和翼课网及时沟通，以帮助老师和学生解决教学过程中的难题。马驹桥学校

马驹桥学校外语组长岳立平老师参加翼课网英语课题开题论证活动

通过翼课网，确实提高了英语成绩，收到良好效果。马驹桥学校初二（3）班的学生刘梦在"丝路杯"口语比赛中获得二等奖。

常恩元结合马驹桥学校的实际情况，亲自起草撰写了《马驹桥学校建设三年行动计划实施方案》，对马驹桥学校的未来勾画出壮丽的蓝图，站位高，并且可实施性较强。该方案立足适应首都经济社会发展和通州区建设首都城市副中心的新要求，深入贯彻落实市区中小学建设三年行动计划，满足未来三年辖区适龄儿童人口高峰的入学需求，全面提升学校的办学水平和质量，促进学校内涵发展，培育学校办学特色，打造"百姓身边的好学校"。从现状分析、指导思想、工作原则、建设目标、重点工作、实施步骤、保障措施等七个方面，对马驹桥学校2012—2015学年的发展做出了科学详尽的规划。

常恩元制定《马驹桥学校建设三年行动计划实施方案》的同时，还让每一名老师制定自己的《马驹桥学校教师自主发展三年规划》，就是要让老师和学校一起发展。

常恩元为激发教师工作积极性，拓宽老师职评渠道，锻炼老师工作能力，早在六中期间就创立的副班主任制度，后来又让他带到南刘中学和马驹桥学校。当时通州六中共24个班，最多时也就是26个班，

常恩元主持召开马驹桥学校建设三年行动计划落实情况阶段总结分析会

常校长设立了副班主任制度，就可以让更多的年轻教师参与班级管理，协助班主任工作，巧妙地化解了很多问题和矛盾。同时也给了更多的教师评职称的机会，让每个教师拥有公平的发展机会。

教师在专业发展方面收获颇丰，这也促进了学生的健康成长与学校的良性发展。近五年，马驹桥学校教师在市区级各项竞赛中获奖达2600项。由于教师专业水平与能力的提升，也体现在学生和学校办学上，学生文明守纪，勤奋好学，在市区竞赛中屡屡获奖；学校的德育、教学、体育、艺术、科技等工作全面推进，并且成绩显著，获集体奖项近400个，实现了教师专业发展促进学生的成长与学校的发展的目的。

常恩元认为，教师专业发展是一个永恒的话题，在人类社会面临深刻变化的时代，教师正被重新认识、发现和定位。要改变一个教师的思想，最关键的不是向教师传递思想，而是引领教师自己去思考、去实践，让他们实现自我成长

下面这是一篇原南刘中学英语教师李娟从美国发来的一篇文章，回顾了在南刘中学的美好过往和对学校的无限依恋以及对常恩元校长的的尊敬之情和人格赞叹，下面把这篇充满真情厚谊的文章附在后面，作为本节的结尾，献给读者。

小小的学校 大大的力量

文 / 李娟

心中有很多话想对这个学校说，也想了好久该说些什么，坐到电脑前又不知从哪说起。

南刘，一个我24年都不曾听说过的小地方，当初厌倦了第一所工作单位的压抑氛围，刚来到这里时，为的其实是有一天离开这里，去那光鲜亮丽的"新三中"。那时我的心在

原南刘中学教师合影

哪里，自己都不知道。

南刘没有现代化的教学楼，只有一排排干净整齐的瓦房教室；南刘没有高高在上的领导，只有平易近人的常校；南刘没有特级教师，只有一群踏实肯干的教书匠；南刘没有迟到早退的老师，只有早来晚走的老师；南刘没有高官子弟，只有一张张淳朴稚嫩的笑脸……就是这样一个小学校，就是这样一群平凡的教师，在这两年间，却取得了让通州区甚至北京市都惊喜的成就！我们主科的各科成绩，我们的艺术表演，我们的武术比赛，我们的科技小组……在这些项目上，我们都可以与名校抗衡，甚至超越他们！我们不为工资奖金而工作，只为对得起领导的关心和支持，对得起自己的良心。当责任感被调到最高值，个人利益被调到最低值时，大家的工作似乎都变得简单而快乐，一座座奖杯、一张张证书和奖状也就纷纷飞到南刘中学来了。

这两年，我们照了很多合影，而这一张却有着历史意义。虽然和大部分老师不会分开，但我们不得不与常校暂时告别。我们多希望能接到通知，说南刘中学不参与合并，我们能够继续和原来的同事一起在这个校园里工作……可是我们也都知道生活在继续，工作也要继续，我们所期待的那个通知可能根本不会出现……

让我们记住这干净的小校园，记住这一排排我们奋斗过的教室，记住身边的每一张友善的笑脸，更记住我们在这片土地上走过的一个个脚印……在南刘的岁月,将是我们记忆中最珍贵的那串珍珠,饱含收获与快乐……

哦,难忘的南刘中学……

第二节　以人为本解决教师后顾之忧

《庄子·杂篇·渔父》有云:"真者,精诚之至也。不精不诚,不能动人。"老师们都说:"常校长对待老师就是特别地真诚,虽然他长期担任领导职务,但是特别地平易近人。做事还勤快,思维超前。"无论是在校园里还是在校外,常恩元遇到老师,他总是主动和老师打招呼。常恩元说,他就是要营造这种和谐、尊重老师的良好氛围。

常恩元是1992年8月在通州六中参加的工作,2008年11月调到通州区南刘中学的,这一待就是十六年。多少年以后,通州六中的老师每每回忆起常恩元,对他那份真挚的感情愈加醇厚,尊敬爱戴之情依然是溢于言表,老师们那充满深情、充满敬佩的话语,体现了在常校长身上汇聚的人格力量。这一切,来源于常校长的高尚师德和独特的人格魅力!

通州六中、南刘中学、马驹桥学校的老师,无论男女老少,无论职务高低,对常恩元最多的评价是"真诚、平易、勤快"。

二十四年来,常恩元无论是从事体育教学工作,还是担任德育副校长,无论是在通州区六中还是在南刘中学、马驹桥学校,他都把自己的工作当成一项伟大的事业来对待,在其位谋其政,用真心经营好一方教育,努力让每一个孩子享受到公平优质的教育,也让每一名教师安心教育事业,并在

常恩元邀请南刘中学退休老教师返校并合影留念

自己的工作岗位上做出优异成绩。他关心教师的疾苦,把教师的温暖挂心间。老师遇到什么困难,都爱找常校长商量,是因为大家把他当成贴心人。

是啊,只要心中有阳光,就会照亮人生的行程!常恩元从1992年8月在通州区第六中学参加工作,到后来任教导副主任、代理德育副校长、德育副校长,再调到南刘中学任校长、马驹桥学校任校长,一路走来,他对工作极端认真负责,对待他人坦诚、大度、温暖。每一位老师回忆起常校长总是说:"想起与常校长共事的过往,心灵上感受到的都是实实在在的温暖。"老师对常恩元也是发自内心的尊重,是一种超越了工作上的感情,老师认为常恩元就像是他们的兄长,可以这样说,是常恩元以他的真挚、善良、热心与大爱换来了老师们的爱戴与敬仰。

这是一种情怀,是常恩元对教育的美好情怀,是一种对教育与生俱来的良知,是一种对教育与生俱来的爱与担当,是一种对学生与生俱来的浇灌和守望,是一种与生俱来的让教育之光，是一种燃亮每一名学生成长的光辉力量。

"爱出者爱返，福往者福来。"正如常恩元所说的那样："只有爱心换来的爱心才会长久，只有福反哺来的福才会永恒。"

老师或者家属生病了或者家庭遇到困难挫折，常恩元都会去看望。老师们都说："常校长总是给他们以关怀，在人生的低谷感觉到一位长者、父辈领导的温暖。"到初三年级任课老师家中拜访也是常校长多年坚持的一个习惯，了解任课老师家中情况，看看有什么困难，尽心竭力给予解决，给老师解除后顾之忧，把精力投入到教学工作中来。

常恩元深知老师工作的辛苦，老师需要校长的关怀。凡是接触过常恩元的老师们都说："常校长是个好人，是个古道热肠侠肝义胆的好校长！"

刘杰老师2016年9月刚刚从通州六中到马驹桥学校轮岗，家又比较远，学校为她安排了教职工宿舍，在她报到的第一天，常校长还和其他老师一起，帮助她把随行物品放到宿舍。常校长的"没架子"和细心，让刘杰老师很是感动。

女老师怀孕了，学校也会给予照顾，会安排一些相对比较轻松的工作；针对初三老师课时紧张，常恩元给初三班老师准备点心等一些小食品，以便及时给老师补充能量。

马驹桥学校李晓华老师的婆母于2015年不幸因心肌梗塞去世。平常都是婆母接送孩子上学，现在只有她自己去接送孩子了，可是如果这样，就会和工作有冲突。李晓华老师怀着忐忑心情去找常恩元，那是她是第一次找常校长，感到还真有些张不开口。她真的没想到常校长处理事情这么果断，常恩元随即安排教务处给予了协调。在北京，由于大家都知道的原因，小孩入幼儿园很难，常恩元想老师之所想，急老师之所急，总是主动跑幼儿园，为老师解决孩子入幼儿园难的问题，切实为老师解决了后顾之忧，让老师集中精力投入到工作中去。他不光在马驹桥学校帮助教师解决子女入园问题，在六中、在南刘中学也不知道帮助多少教师解决了困难。

老师们都说，常校长对待老师细心细致真是到了家，他把老师的冷暖挂心间，就像家人关心他们。常恩元总是这样，一心为别人考虑，唯独心里没有他自己。

每当教师及家属生病，常恩元都会到医院或家中看望；每到节假日，他都会对老教师和退休教师进行慰问。可是那年常恩元的岳父去世，他却瞒着大家，对谁都没提起，他就是怕大家给他随礼钱，给大家添麻烦。而且，他也没有领取学校发放的抚恤费，心里想的是要给学校节约资金。

2013年3月，常恩元不慎摔伤。2014年5月他又病倒住院。可他要么不住院，要么出院之后接着就上班，他根本就不听医生让在家里休息的嘱咐。5月病倒出院那天是个周日，常校长坚持要到学校巡查一下，爱人田新艳看他晃晃悠悠的背影，放心不下，就跟着过去了。常校长虚弱地笑笑对爱人说："没事，你在办公室休息，我就转一圈很快就回来了。"可是，这个"一圈"可真长啊，半小时、一小时，时间过去了那么久，常恩元还是没有回来，把田新艳担心得不行。原来常恩元不顾大病初愈，把巡视过程中看到的问题立刻着手解决了。

"常校长就是这样，一心扑在工作上，是个坚强而有毅力的人！"老师都被常恩元的敬业精神感动着。

每年的大年三十值班，都是常恩元主动要求来承担这项工作。在万家灯火阖家团圆之际，常恩元牺牲了和家人的团聚机会！从通州六中到南刘中学再到马驹桥学校，除了有一次母亲股骨骨折，每一年的除夕他都是在学校值班中度过，年夜饭都是买一盒饺子跟值班的门卫一起吃。

常恩元有一年写下了《奉献彰显岗位责任 真情点亮万家灯火》的日记，现附在书中，不足500字的日记中，可以读到常恩元对教育事业的拳拳赤子心、对老师的那份细心和对责任的勇于担当心。

日期：2015年2月18日　星期三　天气：晴转多云

奉献彰显岗位责任 真情点亮万家灯火

"爆竹声中一岁除，春风送暖入屠苏；千门万户曈曈日，总把新桃换旧符。"春节是我国民间最隆重、最富有特色的传统节日，也是最热闹的一个古老节日，但是每个节假日，总有一些劳动者不能像别人那样享受轻松的休闲时光。我作为一名校长，更应该带头奉献。

北京，是祖国的政治文化中心。"火树银花不夜天，兄弟姐妹舞翩跹"。刚过腊月二十三，北京的大街小巷，节日的气氛就十分浓厚了。张灯结彩火通明，人们脸上挂着欢喜的笑容，楼房建筑、树木和冬青都布置上了霓虹灯，到处充满着浓厚的喜庆气息！

今天，是除夕了，提前几天，我已经先安排家在外省的老师提前离开了北京，这两天又安排在北京外围的老师回家，看着他们和家人团聚，我心里也很高兴，老师们为了学校发展，兢兢业业，抛家舍业的。"老吾老以及人之老，幼吾幼以及人之幼"。一年365天，他们没有几天能够和自己的爹娘团聚。人老了图个啥，不就是图个儿女们在身边，能够团团圆圆吗？

九州团圆，万家灯火。我作为教育战线上的一名普通劳动者，也要和各条战线上的同志们一样，守护好自己的岗位。

有一件事情，让通州六中的张春玲老师回忆起来，至今仍是热泪盈眶，心里感到暖暖的。那时，张春玲老师正筹办结婚，可在这当口儿，张春玲老师的婆母病了，她的婆母是六中的老教师，而且病情较为严重，住进了医院。常恩元看到这个情况，心想，孩子的婚事得有人操心啊，他就代替其父母办理婚礼婚宴。常恩元跑前跑后，大到订哪家饭店、多少钱的标准，小到一份菜、一碗汤，常恩元都是一一考虑。常恩元对饭店老板说："今天是我妹妹、妹夫结婚的好日子，把菜炒得好些，价钱再优惠些……"那天的婚宴办得非常细致、周到、圆满。

还有一件事情，同样也让张春玲老师难以忘记。那是在一次由常恩元主持召开的教师会议上，张春玲老师无意中说了一句话，可话说出去，感觉自己说错了，她真的有些后悔。可说出去的话就像泼出去的水，便无法收回了，当时张春玲老师那个后悔劲儿就别提了。

"常校长要是给我穿小鞋怎么办，唉，真是……"张春玲老师在座位上，如坐针毡，这个念头，一直在心里嘀咕，后面的会议内容她也几乎没有记住。

散会后，张春玲老师想当面给常恩元道个歉，可又不好意思说出口。

"唉，不说了，爱咋样就咋样吧。"张春玲老师的心还七上八下的，散会后就直接去了教室。

可张春玲老师的担忧，后来根本就没有发生，让张春玲老师感到自己的担心真是多余了。张春玲老师在释怀的同时，也切实感受到了常恩元大度宽容的人格魅力，她不由得从内心对常恩元更加敬重和佩服了。

初三年级功课紧张，老师会经常加班为学生补课，在以前，都是老师自己买包方便面凑合着吃一点。常恩元认为如果长此以往，对老师身体健康不好。每逢老师加班，常校长就给各班级老师准备好加班饭，并且把饭打来，送到每一位老师的办公室，尽量让教师吃得好一些，也能够有精力为学生们上好课。虽然常校长经常为老师准备饭，却时常忘了自己吃饭，常恩元的女儿甜甜经常给他带饭，把饭送到他的办公室。

常恩元为老师准备饭，而常恩元的女儿却为他准备饭，这在通州六中一时传为佳话。

早在1978年4月22日，邓小平在全国教育工作会议的讲话中指出："一个学校能不能为社会主义建设培养合格的人才，培养德智体全面发展、有社会主义觉悟的有文化的劳动者，关键在教师。"

常恩元则认为，学校内最活跃、最积极的因素是师生群体，广大师生内驱力的激发，是学校发展的不竭动力。如果教师发展的需求得不到满足，教师主动参与学校管理的积极性就会不高；如果师生的合法权益得不到有效的保障，就会影响老师工作的投入程度。

常恩元认为，按照马斯洛人本主义心理学理论，人的需要有五个层次，即个人生理需要、安全需要、归属需要、被尊重需要和自我实现需要。"人的需要是从最底层的生理需要开始的，由低到高，依次向上，只有低层次的需要得到满足以后，较高层次的需要才能被激发并起到激励作用。"教师职业的特点决定了日常的工作中在能保证前四个层次需要得到满足的基础上，才能形成自我实现的需要。作为学校有责任创设条件，搭建平台，营造氛围，助推教师实现专业发展，满足教师的自我实现的需要。而这种自我实现的需要恰是教师专业发展内驱力之一，有了这种内驱力教师的主动发展，就会成为自觉自愿的行为，利用好这种动力最终必将促进教师个体的可持续发展。

马驹桥学校建设三年行动计划实施取得的成效，具体表现为：学校办学条件得到极大改善，校园面貌焕然一新，师生学习、工作条件更加舒适。学校的人文氛围更加浓郁，学生文明守纪，教师爱岗敬业，团结协作，积极进取。学校的办学更加规范，学校由关注中考，关注学生的学习，向关注学校内涵发展、特色发展和学生的全面发展转变。学校综合实力进一步提升，自三年行动计划实施以来学校校外获奖154项，涉及学校管理、队伍建设、德育、教学、体育、卫生、艺术、科技、科研等方面；教师校外获奖1368项、学生获奖500余项。

常恩元无论在哪里工作，他总是千方百计为老师解决后顾之忧，支持他们搞好教学和自己的专业发展，同时他也赢得了广大老师们的真心爱戴和拥护。2008年11月3日，常恩元调到南刘中学任校长、党支部书记，通州六中的老师（博客网名永乐小辰）分别写下了《闻常恩元校长赴南刘中学任职有感》《忆江南·常恩元校长》。现附后作为本节的结尾，以飨读者。

闻常恩元校长赴南刘中学任职有感

枫叶流丹百花零，惊闻常校赴刘中。

我寄"五味"予明月，随风直到运河东。

忆江南·常恩元校长（三首）

其一

常校好，故事何其多。

十六春秋六中度，两鬓飘雪未蹉跎。

能不忆君德？

其二

常校忆，更忆是水平。

体坛风云雄姿展，德育时空屡建功。

文章大器成。

其三

常校忆，最忆是风范。

为人正直清且廉，责己从严待人宽。

能不念君颜？

藏头诗一首

祝福声中又近年，

常将民事挂心田。

恩怨得失不虑己，

元首布衣总一般。

校本教育人为本，

长善救失德在先。

快马加鞭又起程，

乐为人梯堪称典。

古希腊著名哲学家亚里士多德说过："公正不是德性的一部分，而是整个德性。"20世纪初，美国经济学家詹姆斯也曾经指出："遵循公正的基本原则，可以充分激发各个阶层成员的潜能，最大限度地释放个人和组织的能量。"

常恩元认为：公正是决定一个教育管理者的影响力的最大因素。教育管理出现问题，往往不是因为能力问题，而是没有做到公正，只有做到公正，老师的心情才能舒畅，工作积极性和主动性才能够被激发出来，从而促进学校和老师的发展，才能构建和谐教育。不能让一部分人的利益得到维护和实现而使大多数的人的利益受到损害，那样工作积极性就会受到挫伤和打击。还要"一碗水"端平，做到对教职工一视同仁。

古人云："圣人不积，既已为人己愈有，既已与人己愈多。"常恩元在分配上级的奖励时，总是把自己的那一份让给老

南刘中学教师职评在互审证书

师。他在担任通州六中德育副校长期间，主抓德育和体育工作，体育成绩在通州区名列前茅。每当上级把奖励下发到六中时，按照上级的制度，是"二八"分配，"二"分配给主管校长，"八"分配给教练员。可是每次分配，常恩元总是把他应得的那一份，分配给班主任老师，他说，体育能够取得成绩，与班主任的支持密不可分，军功章上应该有他们的成绩！"

再后来，常恩元多次建议上级主管部门把这项分配制度进一步做了调整，调整为"二二六"分配，分别奖励给主管领导、相关人员、教练员。在马驹桥学校工作时，经常提醒主管领导处理好此事，要调动全员的积极性。常校长的思想就是，体育取得成绩，教练员付出最多，就是要让教练员拿大比例的奖金；而班主任对体育工作给予一定的支持，体育也才能取得成绩。

其实，这只是常校长办事公道的一个缩影。

2009年，常恩元重新进行了教师职称评定方案的修订。在常恩元来南刘中学之前，有一名非常优秀的老师，曾经对职称评定不满愤而离开，调到玉桥中学任教。

常恩元亲自拟订职评方案，再组织全体老师进行评定，认真听取大家的意见及建议，对方案不妥当的地方反复修改，直至最后全票通过。由于常恩元秉持公道，使南刘中学职评工作开展得十分顺畅。

常恩元认为，学校要打造名师，靠名师层层带动学校发展，这样学校发展才有后劲。

在南刘中学、马驹桥学校，常恩元均是亲自主持了教师职称评定、工资改革工作。常恩元坚持向一线教师倾斜的政策，多次召开教师代表大会进行商讨，而且坚持把自己的标准定到最低点。在评定大会上，常恩元讲话铿锵有力，对教

常恩元左三主持召开马驹桥学校"区骨干教师民主测评"会

职员工表明了自己的观点，学校就是要为一线教师创造良好机会，让一线教师看到学校的光明前景，把一线教师的工作积极性充分调动起来。特别是在马驹桥学校绩效工资改革方面，常恩元划分为中考学科教师、非中考学科教师、干部、行政人员四个层次，坚持站在一线教师的角度，在分配上向一线教师倾斜，从而获得全校上下一致好评，常恩元制定的分配方案在通州区第一个获得通过。

常恩元为一线教师着想的做法得到了广大老师的一致拥护，并且为他肯把利益荣誉让给别人的高尚行为深深折服。那年，南刘中学的工资改革工作顺利推进且卓有成效，得到了上级和老师们的一致认可与赞誉。

"民不服我能，而服我公"。常恩元建立了公平竞争的机制，在考核、评优、职评等工作上规范程序，公开、透明，发扬民主，公正客观地对待每一位教师，为教师发展提供均等的机会，充分调动教职工工作的积极性，凝聚全校教师的智慧，全力抓好学校的各项工作。常恩元在领导干部选拔工作中，实施了竞聘上岗制度，评议人员分别由老师、干部、校外专家组成，分别给竞聘者进行打分。竞聘过程通过个人申报、述职、业绩打分、教师评议、支委评议、答辩、拟定人选、公示、上报至区教委组织部门等步骤，让学校里的每一名教职员工都有机会。最终目的就是要把那些道德情操高尚、工作能力强、业绩突出的人员，选拔到学校的重要岗位上来，为学校发展尽职尽责。下面是常恩元的一篇关于公平公正的工作日志：

著名作家毕淑敏曾经说过："一个选择，决定一条道路。一条道路，到达一方土地。一方土地，开始一种生活。一种生活，形成一个命运。"教育管理水平是教育生产力的标志，没有好的教育管理，就不会有好的教育，而要做好教育工作，首先要带好教师队伍，而要带好教师队伍，首先就要做到公平。因为决定一个教育管理者影响力的最大因素就是公正。很多时候管理出现问题，就是因为处理事情不公。我作为校长，只有在所有老师面前做到公平公正，才能充分调动大家的工作的积极性、主动性和创造性，营造和谐的工作环境和工作氛围。

要真正做到公正，首先不能当"和事佬"，"和稀泥"、"搞平衡"那永远也体现不了公正，只会让少数人的利益受到维护，而使大多数人的利益受到损害，使优秀教师的工作积极性受到打击。

其次，就是对待教职员工一定要一视同仁。在组织二十多年的培养下，我从一名普通老师一步步走上领导岗位，可我深知我在当普通老师时的心情与期盼。"己所不欲勿施于人"，在对待教职员工的评价、考核、使用、制度执行、利益分配等方面，我一定要做到公开通明。

再次，作为一名校长，还要做到心底无私，处理一切问题都从公心出发，为教师主持正义，体现公平。如果一事当前先为自己打算，就会被私心蒙蔽眼睛，做出不能让老师心服口服、有违公平公正的事情来。

常恩元的"公平"，还表现对在一线教学人员和后勤教职员工的一视同仁上。

人们一般习惯性地认为，学校内教育教学工作是中心工作，是一线；后勤工作，服从服务于教育教学，是二线。这种观点确有一定的道理，但也存在着片面性。即人为地将学校工作分出主次，导致从事教育教学工作的教师心理上存在优越感和后勤人员心理上的自卑；导致后勤人员习惯于消极等待，听命于人，工作缺乏主动性、计划性和创造性；导致后勤人员工作业绩难以显现，缺乏成就感，易形成职业倦怠。

常恩元则认为，后勤管理和教育教学工作都是学校工作的重要组成部分，如车之两轮，鸟之两翼，相辅相成。作为校长，不仅要注重一线教学人员，也要体现出对后勤教职员工的"人文关怀"，应该在感情上尊重他们、信任他们和理解他们，注重实施目标激励、岗位激励、信任激励、荣誉激励和情感激励，来激发其工作热情，发挥其潜能，促进专业成长，提高工作效率。

常恩元认为，学校后勤工作有其事务性、服务性的一面，即要搞好事务，理好财务，管好生活福利工作，为教育教学工作服务；同时，又有其思想性、教育性的一面，它既要在物质上保证教育教学工作，又要在行动上影响教育教学。一间办公室，一件用品，一饭一菜的供应，都可调动或挫伤教师的积极性。对学生来说，通过学校的一切设施和工作人员的言行，对学生起着潜移默化的教育作用，可以陶冶学生的情操，激发学生的学习热情。

所以，只有充分考虑后勤人员的切身利益，只有为他们着想，充分关心他们，才能调动他们的工作热情和积极性。为此，常恩元建立了复合型教师队伍，鼓励后勤人员兼课，使后勤人员能够了解教育教学的情况，同时也将后勤人员的上课情况纳入教师的职称、评优、晋级的考核范围。

常恩元深信，爱是会传递的，常恩元对后勤教职员工的关心赢得了他们更大的工作热情。在每学期开学前的紧张准备阶段，马驹桥学校后勤教职员工都会把书籍和课本及时落实，一一发到师生手中；还把及时购进的各种办公用品和各种表册分别送到政教处、教务处、教研组和班主任；把所有教育教学用品，一个一个送到教师手中；把教室课桌椅和各科室办公桌椅，准备齐全，按人数交各班主任和科室负责人；新教师调来学校，后勤教职员工特别热情地为其准备一套生活和工作用具，使之一来即安，对新环境产生好感；同样对新生入学，后勤教职员工给予他们一个十分方便而雅静的环境，使之到校就爱校。

常恩元对于学校的每一个教职工和学生都厉行公平原则，但是又不仅仅限于本校，在他的心底深处还有一种"大情怀"，那就是关注整个国家范围内的教育公平和教育均衡。马驹桥学校每年委派多名教师支援新疆、西藏教育，为北京市援疆援藏作出了卓越贡献。马驹桥学校在管理规范、体育、德育、法制安全、卫生等方面的档案成为标杆，许多学校前来学习和借鉴，常恩元从来都不吝奉出，让他们把先进经验学习到，普惠给更多的孩子。2016年援疆的张雪梅老师临行之前找到常恩元，要把马驹桥学校的规章制度和优秀档案拷贝走，带到新疆的学校去运用，得到了常恩元的大力支持与配合，他毫无保留地把学校教育的精华交给她，让她把先进的教育经验带到这些贫困落后地区，让更多孩子享受优质教育。

常恩元常说:"马驹桥学校的经验传授给了兄弟学校,人有我优,就促进我们更加精进,实践出更多更好的教育管理经验。办好马驹桥学校,是一种引领,帮扶薄弱学校,是一种担当。一个真正优质的学校不应该独善其身,而应该兼济天下,把自己的优质资源最大限度地辐射到比较薄弱的地区。"陶行知曾经说过:"教育为公以达天下为公。"在常恩元看来,追求教育公平,不仅在于让所有适龄学生能够上学,还在于让更多的学生上好学,出现更多能够提供优质服务的学校。而常恩元相信星星之火可以燎原,也正在为成为更加优质的学校而上下求索,不懈追求。

"不以规矩不成方圆"。常恩元对待各方面的评价工作则是因地制宜,建立健全各项规章制度,如在抓教师师德方面制定了《马驹桥学校师德考核办法》和《马驹桥学校师德评价标准》,并由副书记牵头,德育、教学、工会、团委四个部门在抓师德建设工作中相互配合,形成合力,取得了很好的实效。

常恩元早在南刘中学工作时,就发现当时的管理评价存在单一化的弊端。常恩元认为,管理评价具有导向、激励、监控、改进等功能,评价内容的全面性与科学性,直接影响着教师的育人行为。

而马驹桥学校现行的评价制度,在体系、内容、科学性上也存在同样的突出问题。学校关注的是教学成绩,分数至上,往往将教学业绩列为评价教师的重要指标,甚至是唯一的指标,而忽视了师德、班主任工作等内容的评价,导致教师追求成绩,疏于育人。教好书,有成绩可以评职、评先,可以做骨干,当名师,因而许多人不愿意去做费力操心还可能不出成绩的班主任工作,不愿意去关注那些暂时落后的学生，甚至有时将学生推向社会。

对于学生的评价，在实际操作中，关注的也是成绩，只要学习好，就可以评三好生，而忽视了德与体，造成学生的畸形发展。这种单一化或是接近于单一化的评价，影响了师生的成长与发展。

常恩元回顾学校管理，制度管理、经验管理，所谓的"科学管理"还占主流，而这些管理多是基于"经济人"甚至是"工具人"的人性假设，通过控制人、约束人来实现管理目的的，它忽视了人的因素，尊重、理解、沟通、信任等人文精神缺失，导致学校管理文化出现了消极失范的现象。

常恩元从学校管理文化入手，采取了评价改进措施，建立了科学的工作评价机制，突出发展性、层次性、公平性和可操作性，变教师单一评价为依据职称或工作年限的分层评价，为不同层次、不同发展阶段的教师设置工作目标，鼓励教师争先创优，让每一名教职工获得成功，让每一名教职工的人生价值得到充分的体现。

常恩元把评价机制用在促教师团队的共同成长方面，特别是在历次评优课、研究课前，均设计安排了以下活动：

组织全体教师认真学习《通州区中小学课堂教学评价标准》，为使教师作课、听课、评课有依据、有方向，学校对教学目标、学习条件、学习指导和教学调控、学生活动、课堂气氛、教学效果等评价项目逐项进行学习和研讨。组织同学科教师集体备课，根据教研专题设计课堂观察量表。

上课时，组织老师根据教研专题设计的课堂观察量表进行课堂观察，同时把每一节课录制下来。课后要求每一位讲课教师，要回看自己的讲课实录，有针对性地进行课堂观察，记录情况、数据统计，从而做出理性的反思和总结。每位教师对自己的课要有观察、有思考，同学科教师也要根据自己观察的情况进行数据的统计，并对数据进行分析，大家对每一节课都要深入的研讨，组织全组教师对话交流，共同明确改进的方向和措施，从而有效的指导自己今后的课堂教学工作，促教师团队的共同成长。

常恩元在教研专题总结方面，则要求老师定期进行阶段性教研专题总结，升华反思成果，对自己进行评价。

常恩元要求教师每学期都要根据自己日常的教研情况、反思笔记写出教研专题总结，并升华自己的反思成果，教研专题总结要有理有据，要既有教学实践的具体做法，数据分析，又要有理论分析及今后教改措施、设想。

常恩元认为，教师们的阶段性教研专题总结不仅要写，更要交流，只要能坚持不懈地学习、实践、反思，终将掌握课堂教学的规律，不断提升教学质量。

常恩元认为，教师的成长过程也就是不断反思、重构自己对教育教学理论与实践基本看法的过程，通过不断反思，可以让教师真正意识到并切身体验到反思对其专业发展的意义。

通过教研专题总结和评价实践，马驹桥学校教师尤其是新教师获得了较快的成长，邓艾琳老师虽然只有一年教龄，可她在通州区农村校《品德与生活》学科教学评优中荣获一等奖，还有多位教师在区级教学论文评优、教学设计评优、课标竞赛等活动中获奖。

"教育"二字,《说文解字》上解释为:"教,上所施下所效也。育,养子使作善也。"教育就是:教育者做出样子来,使受教育者去仿效去学,使受教育者做好人做好事。

现代作家、教育家叶圣陶先生说,教育工作者的全部工作就是为人师表。

天色逐渐暗了下来,通州区马驹桥这座古老而又充满浓厚文化气息的京畿古镇。人流如织,车水马龙,商店里华灯初上,高大的商业建筑楼顶上的霓虹灯五彩缤纷,路两边的路灯也"站"了出来,下班的人们川流不息,明亮的路灯照亮了他们的行程。

这些照亮行人的路灯,正如在人生路上引领学生执着前行的老师。老师,常常被赞誉为太阳底下最神圣的职业,他们几十年如一日坚守三尺讲台,书写荣光岁月,无怨无悔,痴心不改,把自己的根深深扎在了马驹桥这块古老的土地上,把自己的一切智慧和汗水,献给了心爱的教育事业!

常恩元经常讲:"教育是良心事业,教师是良心人!"在世人眼里,老师是照亮学生人生路程的明灯,而在老师的眼里,常恩元则是带领他们前进的好领头人!

天色越来越暗了,马驹桥学校的果亚军老师骑着一辆电动车依然穿梭在家访的路上,晚上下班后他一般到自己家附近的小区或者村庄,针对比较偏远的村庄,他会在上完自己的课程以后一大早去。

果亚军老师来到了学生小西的家,这是一所城中村,面临搬迁改造,与城市风格是有些不相适应。小西的父母在通州务工,他则跟随父母在马驹桥学校借读。

果亚军老师把电动车停在小西的家门口。

"果老师好!"小西和他的父母亲站在门口迎接果老师。

"小西好!"果老师轻轻地抚摸了一下小西的头,并向小西的父母点头致意。

"果老师,你看,还让您跑一趟,您这么忙,打电话就行呗。"

"我也是下班顺便来看看,小西最近学习进步比较快,与你们家长的付出分不开啊。"

果老师有一颗善良、爱学生的心,每次家访,他总是说,他是顺便来看看,其实,他是怕家长过意不去。

"让果老师费心了,孩子这段时间进步了很多,都是老师们教得好啊!"小西的母亲把一杯热茶捧到果老师手上。

"别客气,"果老师轻轻地把茶杯放到身边的茶几上,"我这次来一是看看小西,二是给你们送些借读政策相关资料。"

小西的父母因对学校的借读政策不了解,一致认为受到不公正的待遇,为此对学校存在较深的误解。果亚军老师专门携带相关规定,耐心向其解释规定内容,最终消除了家长对学校的误解。

在家访活动中,果亚军老师充分利用"千师访万家"这个平台,对家长在教育政策、学校教育管理、教学等方面所关心的热点问题进行了耐心细致的解释。期间,果老师共为学生家长解答问题201个,解决家长在教育政策、学校管理等方面的误解17件,极大争取了学生家长对学校教育工作的理解,提升了对学校教育的满意度。

常恩元认为:"教育的根本是要教人化性、立命、明道、行道,也就是怎样做人;不会做人,就不会做事。"要通过师德建设,使老师认识到立业德为先、执业品为先,认识到师德与育人的密切关系，提高其加强师德建设的自觉性和积极性，培养他们的职业神圣感和使命感，并自觉确立起与建设中国特色社会主义事业相适应的道德素质，从而把外在的规范内化为自我认知，并在教育教学实践中转化为自觉行动。

常恩元认为，教育工作者如果自己并不真正具有这种东西，便无法真正地给予学生，因为教育不是演戏，假象逃脱不过学生明亮的眼睛。教师只有以自己言行统一、表里一致的美好品德为载体，才能在学生身上产生"随风潜入夜，润物细无声"的良好教育效果，使他们在对真理的信奉中也对教师产生敬仰之情。著名教育家陶行知先生也曾说过："教师个人一举一动，一言一行都要修养到不愧人师的地步。""德高为师，身正为范"，教师只有完善自身素质，才能让学生从高尚的人格魅力中汲取有益的营养。

时代的变迁，学生的视野开阔了，思维活跃了，主体意识增强了。教育者要适应这种变化，不断加强师德修养，培养高尚人格，强化内在素养，使自身的"象征意义"更加丰富深厚，让真理更好地释放出"热能"，点燃青少年心中奋发向上的火种。

常恩元认为，老师不仅要在课堂上"传道，授业，解惑"，更要时时处处严格要求自己，树立、提高和维护自己的威信，以求把更多的正面能量带给学生。老师与学生接触频繁，关系密切，所以，教师的形象在学生的心目中是最伟大的，他们的仪表、他们的衣着打扮实际上是其心灵的展示，对学生的暗示也就特别明显。教师喜欢做什么、讨厌什么、爱什么、恨什么、提倡什么、反对什么，常常通过仪表暗示给学生。学生接受这种暗示并不意味着简单的模仿，它必然会使潜意识受到内在强化，影响学生的发展。一般情况下，不修边幅的老师，带出的学生通常生活上不拘小节，不文明语言和不文明行为发生率较高，纪律性较差；而衣着华丽，打扮入时的老师带出的学生，一般喜欢弄潮，以时尚为荣，但适应能力脆弱，克服困难能力较差；衣着整洁大方，仪表庄重，严肃且大众化的教师带出来的学生，注重内在美和外在美的结合，对生活和学习充满信心，充满希望，且有坚强的心理承受力和耐挫力。

常恩元坚持把师德建设摆在干部队伍建设和教师队伍建设的首位，制定了《马驹桥学校师德考核办法》《马驹桥学校师德评价标准》，努力做到开展师德工作有规划、有方案、有标准、有措施、有特色、有记录，形成了抓师德建设党政工团齐抓共管的机制，并取得突出效果。

而这种党政工团齐抓共管具体表现为：德育副校长、教学副校长、工会主席、团委书记互相配合，形成合力，取得了很好的实效。在马驹桥学校开展了以"爱学生爱事业"为主题的师德教育活动，每年都评选"爱生标兵""感动校园好老师"，让教师拥有教书育人、敬业爱生的责任感和使命感，提升教师团队的凝聚力，创设和谐的人际关系，让教师更具组织归属感和职业幸福感。学校的德育系统在师德方面主抓师德规范的落实，具体表现为抓班主任及老师的家访工作，家访形式多样，有电话访、短信访、上门访、

常恩元主持召开马驹桥学校"廉洁文化进学校"总结会

村访、小区访等多种形式。并借助通州区开展"中国梦·教育梦·我的梦"师德主题教育活动，马驹桥学校的班主任和老师以端正的态度和务实的作风投入其中，用情感搭建起家庭教育的桥梁，为创建有利于学生健康成长的良好环境提供了积极条件。

马驹桥学校的陈立军副校长在马驹桥学校已经二十多年了，他经历了十几任的校长，接触过的其他学校的校长也是不计其数。他很肯定地说："我见到过的所有校长中，常恩元是最清正廉洁的一位，他拿别人财物的机会数不胜数，但是他一次也没有拿过，也教导学校领导班子和教师廉洁从教、服务学生。"

常恩元主要从六个方面做好"廉洁从教、服务学生"的工作，以不断促进师德建设。

对教师进行"廉洁从教、服务学生"的教育。通州区教育纪工委的工作意见中指出：要把廉洁教育贯穿到师德建设的各个环节，着力提高教师的思想政治素质、职业道德水平和廉洁自律意识。

把廉洁教育融入师德建设中。学校完善了《教师奖惩制度》《教师师德考核制度》《干部教师年度考核制度》等规章，实行"师德考核"一票否决制度。学校组织党员教师开展廉政风险点查找活动，要求全体教师根据自身的情况查找风险点，认真填写风险防范一览表，制定风险防范措施，如拒绝有偿家教、杜绝推销教辅、不收学生钱物等，以强化教师的风险防范意识。

开展"廉洁从教、服务学生"为主题的教育活动。马驹桥学校组织教师签订"廉洁从教承诺书"，通过签订廉洁从教责任书，开展教育承诺，促进教师依法执教、敬业爱岗、诚信服务、为人师表，人人争做一名学生喜欢、家长满意的好教师。马驹桥学校还将廉洁从教作为教师聘任、晋级、奖惩的依据之一，褒勤促懒，奖优激差。通过情感激励、制度约束，共同营造出学校和谐的管理氛围。

通过树立典型，开展"月度人物""廉洁标兵"活动促进师德建设。"月度人物"每月评选一次，发现典型树立榜样，形成推动学校发展的正能量；"廉洁标兵"每学年评选一次，每学年的第二学期末，常校长都会让家长和学生一起评选"廉洁标兵"。学校还会把家长和学生撰写的"廉洁标兵"事迹加以编辑整理，下发给每位教师进行学习。同时学校还组织"廉洁标兵"进行演讲，为全体教师树立榜样，以达到以点带面共同提高的目的。通过开展廉洁教育，学校涌现出一大批爱岗敬业、廉洁从教的优秀教师。马驹桥学校通过开展表彰和树立优秀教师先进典型等宣传教育活动，引导广大教师用崇高的学识魅力和人格魅力，以"为人师表、言传身教、率先垂范"的实际行动，深深影响和教育了学生。

常恩元认为，爱是会相互影响的，只有学校心中装着老师，老师才会心里装着学生。马驹桥学校工会围绕教师生活、身体、评优等方面开展师德教育。学校工会借评选"三八红旗手""从事农村教育优秀教师"等活动的机会，对教师进行师德教育。2015年"三八"节当天，工会召开了庆"三八"争做好儿媳座谈会，会上有八位女教师发言。这些活动对培养教师的家庭美德起到了一定的教育作用。学校工会还制订了《马驹桥学校健身之星评选办法》，为落实此制度，工会每月搞一次体育比赛活动，丰富了教师的生活，缓解了教师紧张的教学压力。教职工生病住院后，常恩元会亲自买慰问品前去看望。教职工父母及子女生重病，他会买慰问品前去探望,让教职工在"以爱育爱"的氛围中成长。由于班主任和初三教师工作压力大,常恩元会利用寒暑假到初三老师和班主任家走访、慰问,让老师们非常感动,这是常恩元来马驹桥学校之前他们从没有享受过的待遇。

团委抓住宣传培养师德。宣传橱窗每月展示月度人物的先进事迹,及时传递正能量,学校形成了宣传先进,向先进学习的良好氛围。办公室利用电子屏幕及时宣传学校集体或者个人在市区竞赛及检查评比中获得的成绩。师生在不断的正面激励中上进心更强了,干劲更足了。团委每年都要组织"青年文明号"和"青年岗位能手"的评选,通过表彰先进,来促进广大教师师德素质的不断提高。

常恩元认为,师德是教师素质的灵魂。"德为人先、学为人师、行为世范"一名合格教师应该以身示范,在思想上崇尚师德,在行为上体现师德,在师德中体现自我价值。以依法执教、遵规守纪的自律意识;服务学生、奉献社会的执着信念;刻苦拼搏、坚忍不拔、无私奉献的精神;爱生、敬业、严谨、求实的教风;尊师、乐学、善思、笃行的学风,来推动学校文化建设,自觉成为学校核心价值体系建设的参与者、推进者,引领学生健康成长。

第四章

同心御梦

整合社区资源共同营造育人场

第一节　社区共建倡导文明之风

2016年9月6日，星期二，凌晨1点30分，马驹桥学校的周围十分寂静，劳累一天的人们尚在睡梦之中。

已是初秋时节，风儿也有些凉了，在灯光的照耀下，泛黄的银杏叶，从高大的银杏树上飘落，花池里种植的月季花和金菊开得正艳，就仿佛每一名学生都难以掩饰的喜悦和激动！

"稍息、立正、向左看齐、向前看……"

"1、2、3、4、5、6……"

马驹桥学校的办公楼前传来整队和报数的声音，打破了这黑夜的寂静。可是这刺破黑夜的声音却是那么嘹亮高亢！

这是初一年级学生在做参加天安门广场升旗仪式的准备工作，常恩元要求政教处每年都要组织带领新升入初一学生参加天安门广场升旗仪式，有时常恩元会亲自带领学生去。

政教处负责带队的老师站在队伍的前面向同学们说："同学们，社会在发展，祖国在腾飞，国旗是国家的象征。国旗，是无数革命先烈用他们的热血染红的，我们的幸福生活，是烈士先驱用自己的宝贵生命换来的。今天，我们新初一学生要到天安门广场观看升旗仪式，站在国旗下感受那份庄严，那份自豪！"

"现在，我宣布，队伍出发，并请各带队老师保持好队伍纪律！"政教处带队老师有力地挥舞了一下手。

凌晨2点30分，浩渺的天空挂着数不清的星星，月牙睡眼惺忪，躲在夜幕之中。

十辆大客车从马驹桥学校出发，一路向西，奔向北京天安门广场。

到达天安门，夜色仍然深沉，雾气笼罩，但是排队处已经集结了很多游客在翘首期待。同学们不需要刻意维持秩序，因为他们被每一个人脸上对于国旗的尊重和庄严所感染。他们看到好多耄耋之年的老人坐在轮椅上，被子女推着，被人群裹挟着前行。花白的头发迎风飘扬，如同他们手中高高扬起的红旗。他们咧开没有牙齿的嘴巴笑得像个孩子，激动和自豪写满沧桑的脸。

5点46分，天安门升旗仪式正式开始。响亮的国歌声响彻整个天安门广场，所有的同学们表情肃穆，静静盯着国旗在缓缓上移，他们认真地唱着国歌，眼睛里的泪光比星星还闪亮。

回到学校，同学们主动写出了自己参加升国旗仪式的感受，其中初一（3）班学生马静的这一篇就真切地表达了到天安门观看升国旗仪式对她潜移默化的德育作用：

这是我升入马驹桥学校初中一年级以后，第一次到天安门参加升国旗活动，我的内心十分激动！说到升国旗，我们并不陌生，可是到祖国的心脏——北京天安门广场观看升国旗，我

马驹桥学校初一学生参加北京天安门升旗活动

还是第一次参加。我听上两届的学长说，到天安门观看升国旗仪式是我们马驹桥学校的传统，是我们德育教育的一种形式，这更加让我抑制不住激动的心情。

看到国旗班战士迈着整齐的步伐走向升旗台，看着那慢慢升起的五星红旗，听到雄壮的国歌，我的心里有一种感情在心中激荡，这是在学校时参加每周一升国旗所没有感受到过的民族自豪感和荣誉感。

我和同学们一样，满怀深情地唱着国歌，我们都流下了感动的泪水！而且，这嘹亮的歌声里，也饱含着我们每一个人对祖国的热爱和对国旗的无比尊重。冉冉升起的五星红旗，象征我们国家的兴旺发达，提醒我们国家的利益高于一切，告诫我们热爱祖国，好好学习，为祖国争光。以前我可能觉得这些都是空话和套话，但是那一刻，却是我的心中真实涌现出的想法。

我也看到去观看升国旗仪式的人那么多，他们有的千里迢迢赶过来，亲眼看到国旗迎风飘扬在天安门上空的一刻，就是他们圆梦的一刻！我看到了八十多岁的老奶奶在升国旗仪式后老泪纵横，我能从中感受到大多数中国人的那份爱国心。

每次升旗仪式都是一次生动的爱国主义教育。我深情地注视着国旗上那抹中国红，这抹中国红，她照亮了祖国的天空，也染红了我的一颗中国心。我相信，参加仪式的同学们，也都深深体会到了那与众不同的心动时刻，感受到了那鼓舞人心的振奋！

我作为马驹桥学校的一名中学生，应珍惜烈士们用鲜血和生命换来的大好河山，中华人民共和国经历了多少的艰难困苦，才有了今天的伟大成就啊！我一定要好好学习，天天向上，为中华民族的崛起而读书，为建设我们伟大的社会主义事业而奋斗！争当祖国现代化建设的栋梁之才，为"中国梦"的早日实现而努力拼搏！

马驹桥学校学生到颐和园进行社会实践考察活动

学校除了组织观看天安门升旗仪式外，还带领学生到中国科技馆、国家博物馆、首都博物馆、周口店、颐和园参观学习。

常恩元认为，作为学校，就应该不断开拓学生的视野，充分发挥学生的主体作用，积极参加社区共建，让学生走进社会，了解社会，融入社会，在实践中锻炼自己，提升自己。下面可以通过马驹桥学校微信公众平台发布的几则新闻，了解学校在社区共建方面开展的一些活动。

2016年3月26日，马驹桥学校参与了马驹桥社区网开展的"爱心相伴，梦想起航"关爱空巢老人公益活动。活动在新海南里社区举行，马驹桥学校的学生和青年教师志愿者帮助社区里的空巢老人打扫室内卫生、聊天、下棋、理发、体检，为老人们送去了满满的爱心，受到空巢老人的赞许。

2016年11月14日，马驹桥学校承办了丝绸之路2016青少年节水设计大赛半决赛。

来自通州、顺义、怀柔三个区县的多名参赛小选手，向评委和观众们阐述了他们的设计理念和想法。

活动现场，初中组的小选手上台向评委和观众展示并阐述自己的设计。小学组的选手们带着自己的节水创意绘画作品，用绘画的形式相互交流了诸多节水的好方法，宣传节水的重要性。

比赛活动充分发挥了青少年的主体性，提出"节水爱水从我做起，用心爱护水资源，用心去感染身边的人"。

马驹桥学校旨在通过更多的比赛与宣传活动，让学校师生及社会上更多的人能够进一步关心水的问题，提高对水的认识，不断提高大家的节水意识和水资源的利用效率及效益。为社会贡献自己的一份力量。

2016年11月22日，马驹桥学校组织初一学生进行社会实践活动——感受传统文化，走进陶艺世界。学生们共同走进了顺义神笛陶艺村。在这里学生们感受到了我国传统文化的魅力，亲身体会了我国陶艺的精髓，了解到了我国古代人民智慧的伟大。同学们认真学习我国陶艺的历史。并在工作人员的指导下，自己动手，做泥塑小作品，在瓷盘上作画，班主任们也和学生们一起体会。使学生们感受到我国传统文化的魅力，亲身体会了我国陶艺的精髓，了解到了我国古代人民的智慧和伟大。

2016年11月27日清晨，尽管寒意浓浓，但阳光明媚，蔚蓝的天空下，马驹桥的大小路口又一如既往地出现了一群身穿蓝色校服、手持志愿服务小旗的可爱的孩子们。这就是马驹桥学校志愿者服务小分队的同学们。在老师的带领和家长的陪同下，同学们用自己的行动在践行着文明出行理念，引导市民一起创造优良的交通环境。这样的活动几周来一直在继续着。

近日，马驹桥学校荣获了首批"北京市中小学文明校园"这一殊荣，学校的老师、同学们也正在用自己的行动，积极印证着"文明校园"的内涵，"文明校园"更孕育出一群文明、知礼、博学、进取的优秀学子和无私奉献、兢兢业业、无怨无悔的优秀教师。

其实，这只是马驹桥学校社区共建的一个缩影，类似的共建活动还有很多很多，这一切得益于常恩元发动的社区共建活动。

常恩元认为，社区共建是实现由"封闭育人"向"开放育人"转变的有效途径。开放式的育人，不但会极大丰富学生的社会知识，促进学生综合素质的提高，同时也取得了良好的社会效益。

早在常恩元担任六中德育副校长时期，他就倡导要在建立学校、家庭、社会三位一体德育网络的同时，以实施社区共建工程、军民共建工程、法制共建工程、文化共建工程、社会实践工程等五大工程为重点，整合社区教育资源，推进学校德育社区化进程，打破学校德育的时空界限，变封闭为开放，以适应学校德育工作发展的需要。

新型育人模式的构建，成效显现，全员、全程、全方位育人的局面逐步形成，

马驹桥学校承办丝绸之路2016青少年节水设计大赛半决赛

学校、家庭、社会一体化的德育体系得以确立。通州六中先后获得"北京市全面育人办有特色学校""北京市人民满意学校""首都精神文明建设先进单位""首都军警民共建先进单位""首都先进少年军校""北京市优秀家长学校""通州区普法先进集体"等殊荣。

学生良好的表现得到了社会的认可与赞誉，同时也进一步增强了常恩元坚持德育创新的信心与决心。

通州区第六中学初三（6）班李柏晨在《电影院里学公德》里写道：

不仅在学校里，我要做讲文明的好学生，在社会中，我也要做一个有公德的好公民。

在电影院中看电影时，学校把公德教育搬进电影院，要求不能吃零食，不乱扔杂物，不随便走动。影片放映中要保持安静，不大声谈笑，不喝倒彩，不能随便出入。电影散场后还要帮助工作人员打扫卫生。起初，我和同学们很不理解，不就是看看电影吗？干吗要求那么严？渐渐地，我们不仅做到了，而且形成了自觉的习惯。电影院的领导夸赞我们说："六中的学生最让我们省心"。每学期一次的观看电影活动不仅使我们从影片内容上受到思想教育，更重要的是在实践中，让我们领略了公德的社会价值，体验了在教室里体验不到的东西。

在通州六中，我获得了很多荣誉。"文明标兵""道德之星"的称号使我更加严于律己，遵守公德，为身边的同学树立榜样。身为"优秀班长"，我愿意为班集体奉献更多的力量；"红领巾奖章"的获得，为我的红领巾岁月画上完满的句号。在通州六中，我逐渐成长为一个有思想、讲文明、守公德的新时代少年，我要自豪地说："六中教会了我做人。"

1999年9月的一天。北京通州区电影院里座无虚席，通州六中正在组织老师、学生、家长共同观看电影《背起爸爸上学》。

影片是根据甘肃庆阳中学生李勇（石娃）的真实事迹改编，讲述了他在逆境中刻苦求学的故事。石娃自幼丧母，与父亲和姐姐相依为命。石娃刻苦读书，在全国奥林匹克化学竞赛中夺得一等奖第三名的好成绩，并考取省城师范学校。但此时，父亲却在干活时不幸摔伤，导致瘫痪在床。重病缠身的父亲为了让儿子能去省里安心求学，不想成为孩子的拖累而要结束自己的生命。石娃为了既照顾好父亲，又不耽误学业，决定背起爸爸上学。就像当年石娃的父亲背起他那样，迎着晨曦走向前方。

电影中有许多感人的话语和镜头：石娃的父亲背起石娃过马莲河时，告诉石娃："河水有涨有落，学是要天天上的，男孩做啥事都要有个结果"；石娃冬天在寝室啃冻硬的馒头；石娃的姐姐为了弟弟上学，把自己早早地嫁了出去并给他留下上学的钱；父亲听说石娃想放弃上师范学校时，异常气愤摔倒在地上想打石娃，却怎么也打不着石娃而挥舞着的双手；晨曦中石娃背起父亲一步步走向马莲河的彼岸……

同学们在看这部电影时，对照自己，看看石娃，纷纷落下了感动的泪水。

一位同学在《背起爸爸上学》观后感中写道：

看完电影《背起爸爸上学》，心潮起伏，久久不能平静。家庭困难的父亲无力供两个孩子上学，只得以铜勺转圈的方式确定姐姐和石娃谁来上学。姐姐为了石娃上学，匆匆把自己嫁给一个比石娃还要矮的人，并从彩礼中省下一部分钱给石娃做学费。石娃在艰苦的环境中努力学习，寒冷的冬天里在寝室里啃干硬的凉馒头，姐姐在雪夜为他送来热气腾腾的包子，点着煤油灯和蜡烛坚持学习。功夫不负有心人，石娃获得了全国奥林匹克化学竞赛一等奖，考上了省城师范学校。就在石娃的命运开始发生转折时，石娃的父亲却在收庄稼时失足从高处跌落，导致瘫痪。

父亲为了让石娃安心上学，半夜跳了自家院里的井，石娃从睡梦中惊醒，跳进井中，抱着父亲拼命地爬了上来。石娃噙着眼泪说："爸，我去上学，但我要背着你去上学，我要时时刻刻都照顾着您！"

当我看到这里时，我感到主人公石娃用瘦弱的身躯背起的不仅仅是生病的父亲，而是一个沉重而又充满希望的未来。我的心里感到十分酸楚，再也抑制不住感动的泪水，热泪模糊了我的眼睛。

看看石娃，想想自己，我的条件虽然比他好，可是我的学习精神不如他，怕吃苦，缺乏恒心，有时还偷懒。在石娃面前，我真是感到十分的惭愧。今后，我一定要向石娃学习，学习他那种在艰苦环境中自强不息、自强自立的精神，做个孝顺听话的好学生、好孩子。我相信，石娃能做到的，我也一定能做到！

在此次组织的"我和爸爸、妈妈观看影片《背起爸爸上学》"活动中，通州六中荣获"北京市百个优秀家教活动奖"。

其实，这只是其中一个缩影，通州六中为了培养学生的爱国主义情怀及社会责任感，还有计划、分层次、有指导地组织学生观看《长征》《离开雷锋的日子》《一个都不可能少》《法官妈妈》《人命关天》等数十部影片，观片后，针对学生的实际，及时开展影评、征文、主题班队会、专题讨论等活动，努力挖掘和深化影片主题，使影片的育德因素得以巩固和延伸。

通州六中，一场别开生面的读书阅报知识竞赛活动正在进行。

读书阅报知识竞赛活动分为必答题、抢答题、风险题三轮比赛，最后按得分高低评定名次。赛场上，同学们个个铆足了劲儿，绞尽脑汁思考问题，希望能够取得满意的成绩。试题包括选择、判断、填空和主观题四大部分，学校已经提前列出必读篇目、必背古诗、选读篇目为出题范围，满分100分，比赛时间为60分钟。内容包括时政新闻、历史知识、国学经典、四大名著、唐诗宋词、文学常识等，内容贴近学生的学习生活实际。

主持人：请1号台的1号同学回答问题。请听题：A.隔岸观火 B.破釜沉舟 C.围魏救赵 D.暗度陈仓这四个成语中，哪一个与项羽有关？

答：B.破釜沉舟。

主持人：回答正确，加十分。

主持人：请2号台的1号同学回答问题。请听题：《西游记》中的火焰山在哪里？A.中国四川 B.巴基斯坦 C.哈萨克斯坦 D.中国吐鲁番。

答：D.中国吐鲁番。

主持人：回答正确，加十分。

……

全校学生都参与了活动，整个竞赛过程，同学们十分投入，沉浸在阅读带来的快乐中。活动结束后，学校根据竞赛成绩从中评出表现优秀的学生授予"阅读明星"称号。通过竞赛活动，使学生增加了大量的课外知识，吸收了优秀文化的营养，增加了对语文知识的兴趣，陶冶了情操，收获了自信。

爱因斯坦说："把时间花在阅读上吧，那样你就可以得到他人辛苦得来的东西，进而改善自己。"

常恩元早在通州六中担任德育副校长时，就已经深刻地意识到，读书是最廉价也是最快速地获取知识的途径。为此，常恩元从那时起就积极开展学生的课外阅读活动，他协调通州区图书馆，给学生办理了借书证，要求学生具有400万字的阅读量。通州区图书馆与通州六中同处一个辖区，两个单位直线距离不足300米，现藏书20余万册，年订报刊600多种，阅览座位500余个。设有外借处、综合阅览室、参考咨询室、少儿借阅室、电子阅览室、自习室、运河文库，完全能够满足学生外借及馆内课外阅读的需要。

常恩元双管齐下，通过在校内举办阅读知识竞赛，来促进课外阅读活动这一活动的顺利开展，他提前把阅读书目一一列出。当然，400万字的阅读量可是不小的数字，仅仅靠学校内的时间并不能很好完成，这就促使学生自觉利用节假日、寒暑假等时间去广泛阅读，这样不但开拓了视野，而且还给学生打开了一扇通往世界的窗。常恩元于2007年11月召开了读书研讨会，并邀请通州区图书馆副馆长给学生做报告。

查尔斯·里德有一句名言："播下一种思想，你将收获一个动作；播下一个动作，你将收获一种习惯；播下一种习惯，你将收获一种性格；播下一种性格，你将收获一种命运。"中学生正处于人生发展的关键时期，为学生播下正确的读书思想，帮助学生养成良好的阅读习惯，必将使学生受益终生。

2006年常恩元亲自调查了学生的阅读情况，结果显示：只有23.3%的学生有课外阅读计划；47.5%的同学基本能做到读后仔细思考；13.3%的同学坚持长期记读书笔记；37.5%的同学每天阅读一次。这些数据表明，还有许多同学不会阅读，并且缺少良好的读书习惯。

此外，常恩元还特别关注了中国出版社科研究所每年进行一次的"国民阅读与购买倾向调查"。

中国出版社科研究所调查结果显示："中国国民图书阅读率呈持续走低态势，与传统图书阅读率下降形成鲜明对比的是，作为新兴媒体的互联网阅读率持续迅速上升。"

网络阅读的兴起与盛行已是一个不可逆转的趋势，传统纸质阅读与新兴网络阅读的碰撞摩擦也在所难免。但是网络阅读与传统阅读之间的替代并非等价交换——时间上的替换，而是内容上的丢失，所以，中国国民阅读存在"阅读泡沫"。

中国出版工作者协会常务副秘书长黄国荣意味深长地说："让我们担忧的是由此带来的阅读习惯的改变，以及可能会造成国民思维能力弱化。""阅读有深浅之分，纸质阅读是线性的、连续的，它的优势在于可以进行深入研究、品味细节、交流学术思想，同时也有助于培养阅读者的抽象思维能力。而网络阅读侧重于形象思维，它具有快餐式、浏览式、随意性、跳跃性、碎片化等特征。虽然浅阅读也存在于传统阅读之中，但它在网络阅读中更加明显突出。如果仅仅满足于浅阅读或者过分热衷于浅阅读，对于我们的国家和民族将是灾难性的。"

基于此，常恩元指导学生掌握正确的课外阅读方法，学会阅读，并从小养成良好的阅读习惯。

常恩元为鼓励学生多读书、读好书，启动了"五个一"读书工程，即喜爱一本杂志，欣赏一位作家，向他人推荐一篇美文，每学期记录一本读书笔记，每学期做一次读书心得交流。"五个一工程"的开展，为课外阅读活动注入了活力。

学校还结合语文教学，举办课前3分钟演讲，手抄报征集，《我最喜爱的一本书》《对我影响最大的一本书》《读书的启示》征文，读经典学做人主题教育等活动，使课外读书活动得以深化。

另外，常恩元为表彰读书活动中涌现出的先进集体与个人，定期开展"优秀课外读书小组""读书小状元"的评选活动，宣传他们的事迹，推广成功的经验，创设良好的读书氛围。形式多样的读书活动，将学生带入了书的海洋、知识的殿堂，进一步激发了学生的读书兴趣，促进了课外阅读活动的深入开展。

这是一则通州六中的学生作文节选，写的是读书带给他的收获。

读书活动长才干

为增加学生的阅读量和知识储量，我们通州六中联合通州区图书馆为学生置办了借书卡。从此，每逢周末，我和我的同学们便穿梭在图书馆高高的书架间，享受读书的乐趣。读《朝花夕拾》，和鲁迅一起重温那些旧时的美好时光，寻找到一丝娴静；读《百年奥运》，读懂了奥运文化与精神；读《童年》《在人间》《我的大学》，我仿佛也体验了高尔基的苦难人生。

众多的书目丰富了我的阅历，开阔了我的知识视野。参加生物知识竞赛，我获得了北京市的第一名；参加"红领巾读书知识竞赛",我获得了市级三等奖。

我爱读书,书籍给了我力量,书籍让我可以站在前人的肩膀上更快捷地得到丰富的知识。我爱通州六中,是通州六中的读书活动让我爱上了读书,获得了力量。

常恩元举办"读书阅报知识竞赛"活动,则是常恩元在开展学生课外阅读活动的方面,所采取的一项配合措施。当时,常恩元针对通州六中学生多、空间狭小、校园内现有的文化设施很难满足学生的需要,他主动与辖区内的区图书馆、博物馆及辖区外不足千米的通州区电影院确立了共建关系。实现社区文化资源的共享,既解决了学校的实际困难,也满足了学生日益增长的精神文化生活的需要。

几年来,通州六中充分利用自习课及双休日时间,采取集中与分散相结合的方式,组织学生到图书馆读书阅报,到博物馆观看文物、书法、绘画作品展。适时举办系列主题读书活动,组织读书心得交流,召开故事会、演讲会,举办读书阅报知识竞赛、手抄报展,评选评书小状元……起到了"润物无声"的育人作用,既扩宽了学生的视野,丰富了知识,也陶冶了学生的情操,净化了学生的心灵。

第二节 军民共建创设少年军校

2006年8月15日上午,太阳炙烤着大地,通州六中的操场上,初一新生军训动员大会正在进行中。一张张稚嫩的小脸充满了对军训的好奇,充满了对初中生活的向往,同时也流露出对于即将到来的挑战的茫然和恐惧……

常恩元通过"军民共建工程"中的军训活动，利用这一平台，培养学生健全人格。在每年的开学之初，都要面对初一新生开展军训活动，在不断的探索中，这项活动越来越规范化，越来越深入人心，教育效果也越来越突出。

这些参加军训的学生来自十五所不同的小学，有不少学生习惯非常不好，自我约束能力较差，更为关键的是他们缺乏集体主义意识，班集体虽已建立，但仍如一盘散沙。因此，学校就是想这次为期六天的军训活动进行集体主义教育，增强班级的凝聚力！

在班级的动员会上，初一二班班主任赵红艳老师做了题为《吹响冲锋的号角》的发言，明确了此次军训的目的，提出了十六字的口号"磨炼意志，锤炼体魄，挑战自我，超越极限"。并且还发出了"为荣誉而战"的号召，用自己的汗水去换取崭新初中生活的第一份荣誉——军训先进班集体。

次日清晨，六中门口被前来送行的家长围得水泄不通，他们扛包拎袋，对孩子万分叮嘱，直到旅行车缓缓开动，他们仍伫立远望不舍离去。由于车上座少人多，不少学生因没有找到座位而郁闷，而那些坐着的学生却兴奋不已，谈笑风生，车上一片嘈杂。

常校长和金主任也在这辆车上，他们站在车门口，在整个行程中，没有一个学生主动给老师让座，这更使赵红艳老师意识到通过军训对学生进行全面教育的迫切性。

常恩元校长在通州六中军训开幕式上

车辆到了目的地——三间房机场后,一种威武严肃的气息扑面而来,偶遇几列训练的方阵,军人们动作整齐划一,口号声振聋发聩,学生们四处张望,被眼前的一幕幕所吸引。接下来,在与部队联手召开的隆重的开营仪式上,教官们出色的队列表演,引来了学生们的一次又一次掌声!军人的形象在他们心中开始扎根……

艰苦而又充满挑战的训练开始了……

军训的第一天,学生们不会站队,不会跑步,不会稍息,不会立正,甚至有的同学还左右不分。第一天训练,有三名男生出现了不良反应,打报告到一边休息。可到了第二天,同学们的意志发生了质的飞跃,训练时没有一个同学打报告,当逃兵,实现了"宁可站着倒,也不打报告"的诺言!是同学们训练的强度小了吗?是身体素质陡然增强了么?当然不是,这是因为同学们有了纪律意识,有了集体主义意识。

教官高亢而又略带沙哑的声音在训练场上一直回响:

"第一项训练内容:站军姿。要求:挺胸抬头,两臂夹紧,目视前方,下颚微收。时间:30分钟,现在开始。"一天高强度的训练开始了。

一分钟,二分钟,时间一分一秒地过去了,有些同学好像坚持不住了,胳膊酸,满头大汗,真想放弃,可看看身边的同学,一动不动,像松树一样,站得笔直,又怎么能轻言放弃呢?咬咬牙,坚持下去。

又不知过了多久,胳膊和脖子已经僵直了,浑身燥热,真是难受极了,又一次想到了放弃。不,不行,这里是军营,岂能容下一个遇到困难就跑开的逃兵,要坚持。

"时间到,原地休息3分钟。"同学们抬了抬酸疼的右臂,看着一颗颗豆大的汗滴砸向水泥地面,同学们相视一笑,露出了会心的笑容。

于是，同学们跑步时不再喊累，打军体拳时不再叫疼，踢正步时把腿抬得高高的，用嘶哑的声音高喊口号。同学们明白了军训的意义，不仅锻炼了身体，更锻炼了意志，也增强了同学们战胜任何困难的勇气和信心。

在这六天的军训中，每一位同学的内心深处都可以感受前进的轨迹，亲眼目睹每一位同学的成长过程。在训练完返回军营的途中，邢康伟、刘凯维等人主动把座位让给同学，多么淳朴、无私，与刚来军营时没人让座形成强烈对比；军训开营仪式上，洪鹏超突然直挺挺地向前戳倒在地，他宁可倒下也不做懦夫，多么顽强！从澡堂出来，忽然感觉蚊虫扑面，一个女生把老师叫住，"赵老师，您带花露水了吗？"原来是王绅，看着她手中的一瓶花露水，赵老师恍然大悟，这瓶花露水是送给她防蚊子的，多么可爱的孩子呀！军训，不仅磨炼了意志，还让同学们学会了团结友爱，关心他人！

"团结就是力量，团结就是力量，这力量是铁，这力量是钢，比铁还硬，比钢还强……"训练场上传来惊心动魄的歌声！这是班级之间在拉军歌，看，同学们个个精神抖擞，信心百倍；听，这气势犹如排山倒海，这声音响彻天际……

种种困难接踵而来。首先住宿条件极为恶劣，八个人挤在一间小屋子里，有的三十个人睡在一起，酷热难耐，又没有纱窗，任凭蚊虫叮咬。供水得不到解决，即使是一日三餐都要长途跋涉到三里之外的食堂，更不要提每天正规化、高强度的训练了，但学生却出乎意料的坚持了下来，没有一个当逃兵的！

为什么能够有如此好的效果呢？

因为常恩元和老师们无微不至的关怀，因为教官们深深的鼓励，因为同学间的诚切的帮助，使每个人都增强了克服困难的勇气！常恩元和老师每天都与学生吃住在一起，与他们一同在烈日下炙烤，绝不享受一丝优待，从早上6：00到晚上11：00甚至是12：00全都陪在学生身边，给他们打水，为他们擦痱子粉，生病时连夜带他们去医院，想家时安抚他们无助的心灵！部队的领导钦佩不已，把老师和学生称为"六中铁军"。

通州六中参加军训学生良好的就餐秩序

时光飞逝，为期六天的军训就要结束了，闭幕式把此次活动推向了一个高潮。特别是房瑶同学在读《伤离别——致教官的一封信》时，她满怀深情地回顾了与教官一同战烈日、共风雨的一幕幕，回顾了教官在这六天中对他们无微不至的关怀。读着读着，她哽咽了，常校长、金主任、连长的眼圈红了，在场的不少学生落泪了。

闭幕式在伤感中落幕，学生们带着行李上车了。当车缓缓地开过路口时，所有的教官分列道路两侧，身体笔直，向车上的师生行军礼。那一刹那，所有的人都感到眼前这一幕的庄严与神圣！车往前行，特别是同学们在教官的行列中搜索到

教官手把手指导学生训练

了本班的教官时,同学们拼命地喊,拼命地挥手,直到面带微笑的教官的面庞在视野中消失。同学们"哇"的一声哭了,一直哭,一直哭,那种场面感人肺腑……

他们为了与朝夕相处了六天的教官分别而哭;他们为了告别这样艰苦但温馨的生活而哭;他们更为熬过苦日子,战胜困难而哭!

在这六天里,学生们学会了自理、吃苦、坚韧、团结、互助!这些收获,是单单在学校和家庭生活中所收获不到的,参加军训的老师和同学们都感受得到,它就像一个生动的大课堂,给了学生太多太多的东西,它也将成为学生人生道路上的新的起点,这真是一笔受益终生的财富!

与军营联手开展军训活动,已成为通州六中新初一学生入学教育的一项必不可少的工作。通过封闭式的训练生活,规范他们的行为举止,磨炼他们的意志品质,提高自我服务的能力,增强团结协作的精神。这不仅是一种纪律教育,这更是一种情感教育,几天朝夕相处的生活唤醒了学生潜藏在内心深处的友情、亲情、师生情,他们学会了用心去感受,用爱去表达。用实际行动挑战了自我,战胜了自我,超越了自我,用良好的表现翻开了迈入通州六中之后的崭新的、辉煌的一页。

第三节 法制共建强化守法意识

1999年9月18日,一场别开生面的"审判"正在举行。

审判长、审判员、书记员、公诉人、辩护人、被告人、被告人的法定代理人、被害人以及法警,分布在审判庭内的各个位置。

被告人：1人，被告人×××，北京市×中初二（3）班学生。被害人：1人，被害人×××，北京市×中初三（2）班学生。证人：4人（案发当天网吧周围的上网人员×××、网吧网管×××、被告人同班同学×××、被告人班主任×××）

被告人的法定代理人1人（被告人的母亲×××）

法 警：2人

在庭审准备阶段。

书记员：第一，公诉人、辩护人、被害人、法定代理人是否到庭？

公诉人：已到庭。

辩护人：已到庭。

被害人：已到庭。

法定代理人：已到庭。

书记员：第二，现在宣布法庭纪律……

第三，请公诉人、辩护人、法定代理人入座。

第四，全体起立，请审判长、审判员入庭。

审判人员入座后。

审判长：请坐下。

待审判人员就座后，向审判长报告：报告审判长，被告人×××已提押到我院候审，公诉人和诉讼参与人均已到庭，法庭准备工作就绪，可以开庭。

审判长：（敲响法槌）北京市通州区人民法院刑事审判庭现在开庭，传被告人×××到庭。

……

在模拟法庭上，同学们扮演的各个角色表演得十分到位，当"审判"完毕，会场想起了雷鸣般的掌声。

原来这是通州六中举办的模拟法庭活动，法官均由六中初二（3）班的学生身着法官制服扮演，下面坐满了老师和学生以及通州区公检法机构受邀来的领导和工作人员。

模拟法庭的成立，是在1999年。当时，常校长在不断探索学校法制教育的过程中，已经敏锐地意识到社会不稳定因素在侵扰着青少年的心灵，青少年处于青春断乳期，心理发育跟不上身体上的发育，有必要对他们进行法制教育，增强法律意识和明辨是非的能力。通过举办班级模拟法庭，通过角色扮演，强化学生的守法、守纪意识，实现对学生的教育由外因催化到内因自觉的角色过渡。后来，模拟法庭这项活动获得通州区班会评比一等奖，其主要事迹被市级刊物《现代教育报》和通州电视台《通州新闻》报道宣传，予以肯定和推广。

2000年通州六中与通州区司法局、通州区人民法院、中仓派出所率先建立起通州区第一所"青少年法制教育学校"，并隆重举行了启动仪式。通州六中，聘请有关同志担任"青少年法制教育学校"的副校长、顾问和教员，充分发挥各部门的优势，并开展多种形式的法制教育活动。如举办《未成年人保

常恩元组织通州六中社区教育委员会成员单位研究工作

护法》《预防未成年人犯罪法》知识竞赛；参观法制教育图片展；召开"法在我心中"主题班会；建立"班级模拟法庭"；开展法制教育讲座；对校内边缘学生、后进生实施重点帮教。使学生的法制意识得到增强，学校的法制教育工作也逐步走上了正规化、科学化的轨道。中央电视台、通州区电视台及《现代教育报》《当代家庭教育报》《法制日报》还先后就通州区六中的法制教育工作进行了报道。1996年9月通州六中获本年度未成年人法制教育先进单位；1998年9月获通州区法制教育工作先进集体。

　　常恩元深知，人是有差别的，是客观存在着思想境界的高低和道德水平差异的。为让学生能够感受模范人物的高尚品德，自2005年4月11日，在常恩元的积极努力协调下，通州六中开始聘请校外辅导员协助学校教育管理。这些校外辅导员由派出所、社区、团委、妇联、通州区图书馆等相关工作人员组成，从而使学校德育工作取得了进一步的拓展和延伸，努力为学生的健康成长提供良好的育人环境，形成了校内外协调一致的教育格局。

　　常恩元邀请了校外知名人士孟宪峰为学生作报告。孟宪峰是通州区宋庄镇六合村人，是全国劳动模范、北京市劳动模范、五一劳动奖章、全国精神文明建设十佳人物。孟宪峰1972年参军，1973年入党，虽然只有初中文化，但

通州六中聘请的"青少年法制教育学校"教员在法制教育报告会上作报告

他凭着一股子钻劲,刻苦训练,逐渐成为一名全能炮手,曾9次立功受奖,并被团里树为"学雷锋标兵"。在1976年唐山抗震救灾过程中,孟宪峰奋不顾身地抢救群众的生命和财产,被部队授予个人一等功,并在人民大会堂受到党和国家领导人的亲切接见。

孟宪峰虽然是一名普通的修鞋匠,但是他却赢得了世人的尊敬。常恩元辗转找到孟宪峰,和他谈了打算邀请他为学生做报告的想法,孟宪峰欣然同意了。

在报告会上,孟宪峰讲了他在部队服役、参与抗震、照顾杨义昆老两口、捐钱给身患重病的学生等感人事迹。

住在中仓小区33号楼221室的是杨义昆老两口,孟宪峰的鞋摊儿就在他们的楼下。起初,老人见他一人修鞋,经常下楼跟他聊天,一来二去关系越来越亲近。

孟宪峰对杨义昆老人说:"你们年纪大了,重活累活就留给我干吧!我离您这儿近,照顾着方便。"于是,孟宪峰就包办了老两口家里的一切力气活:买煤、买粮、换煤气、买冬储大白菜……

1997年6月的一天,杨大妈摔倒在卫生间不能动弹了。从此,孟宪峰和妻子周淑清便担当起侍候杨大妈的重任。为她洗衣做饭、煎药按摩、端屎端尿、擦洗身子。白天,由周淑清伺候;夜间,是孟宪峰守夜。

正在这当口儿,孟宪峰母亲的冠心病犯了,住进了医院,孟宪峰每天和妻子安顿好住在中医院的杨大妈,又心急如焚地奔向潞河医院看望老母亲。孟大妈看到儿子急成这个样子,心疼地说:"妈这儿不碍事。这有你哥、你姐,还有你弟弟;可杨老太太那儿没有人呀,你们两口子快回去吧!"

后来，杨大妈终因肾衰竭而走完了她生命的最后里程。杨老太太的独生女儿杨丽萍携同孟宪峰、周淑清小两口，为老人作最后的送行……

杨义昆老人身患绝症后，孟宪峰夫妻又日夜守护在杨大爷的身旁，为老人做饭洗衣，接屎接尿，洗脸擦身子，尽量让老人少受罪。老人临去世时，孟宪峰亲自跑到商店买来理发推子和刮脸刀为他理发刮脸……

杨丽萍后来在写给有关部门的信中说："孟师傅和我非亲非故，可替我为老人做了许多事，在尽孝上我占三分之一，孟哥占三分之二。我以前虽然不知道他立过一等功，不知道他当兵八年9次受嘉奖，不知道他在部队就是学雷锋积极分子，但我知道他是一名共产党员，他是一个大好人……"

孟宪峰在许多人眼里就是雷锋：一个平平凡凡的好人，像泥土一样的朴实，却闪耀着金子般的光芒；在荣誉面前，他永远保持着共产党员的本色，忠实履行着全心全意为人民服务的宗旨。

特别是孟宪峰在报告的最后说"存金存银不如存德"，只要少算计些个人的得失，多点奉献精神，做人做事以德为先，以德为准，人与人之间就会建立起和谐、友善、诚信的关系，社会风气就会越来越好。

雷鸣般的掌声响彻在六中会场，经久不息，在场的老师和学生都流下了感动的泪水！

孟宪峰被通州六中聘请为校外辅导员，他立足本职奉献他人的高尚品德，一直激励着学生在人生的道路上恪守道德和良知，争取做一名对社会有用的人。

常恩元确保学生法制教育工作努力做到形式多样，长抓不懈，以此确保法制教育工作的经常化。

一是坚持校内与校外相结合。在校内设置"法制教育宣传栏"，利用广播电视开设法制论坛、警钟长鸣等栏目，有计划地向学生宣传法律知识，并通过一些案例剖析，用触目惊心的事实教育学生。另外，学校还利用校园电视台，举办"守则、规范、校规、校纪"知识竞赛，引导学生学规范、用规范，从而进一步强化学生的遵规守纪意识。与此同时，学校还有计划地向家长普及法律知识，家长学校给家长们上的第一课就是法制课，通过家长学校的法制课，进一步丰富了家长的法律知识，提高了家长的法律意识，让家长知道自己对孩子应承担的法律责任及应尽的义务，让他们帮助和指导学生知道哪些行为属于不良行为，其危害是什么，应该怎样加以约束，使学校的法制教育在家庭得以延伸。我们可以通过一篇家长写的参加家长法制课感想，了解通州六中当时在普及家长法律知识方面所做的的工作。

今年，我的孩子升入了通州六中，这所学校的声誉在通州区乃至北京市，都很好，校风、教风、学风正，孩子进入这所中学，我和孩子他妈妈都很高兴，也很放心。

今天，孩子对我说，学校要给我们家长上一堂课，是一堂法制课，我认为这是一件大好事，孩子需要法律知识，我们做家长的，同样也需要。

今天参加家长法制课的除了家长和各班班主任之外，还有通州六中的常恩元校长和公安局、检察院、法院的同志。

法制课上，公安局、检察院、法院的同志纷纷结合自己的本职工作，做了发言，讲述了一些自己经办的真实案例，深刻剖析了案例发生的背景、条件、原因以及最终判决结果。

参加家长法制课后,我感到心情久久不能平静。是啊,我们的社会是法制社会,在法制社会里,我们每个人时时处处都离不开法律,作为一个公民,在日常生活中就应该遵守法纪。随着人类社会的不断进步发展和社会主义法制制度的逐步建立及完善,法制越来越受到人们的重视,依法办事,已成为人们的共同信念。

我们的孩子在年龄上属于少年阶段,而少年容易冲动,特别是当自尊心受到伤害或自己的利益与他人利益发生冲突时,容易失去理智,导致违法犯罪。根据国家有关数据表明:我国青少年犯罪率呈大幅度增长趋势,可见增强法律意识、提高法制观念对我们来说有着极其重要的作用。所以,孩子迫切需要学习法律知识,因此,为了保护青少年健康成长,预防和减少犯罪,就需要对青少年进行正面的法制教育,正确引导,让他们能懂法、守法、自觉约束自己的言行,养成守法习惯,培养守法意识,提高守法能力。

家长,作为孩子的第一任老师,家庭是对孩子一生中第一个影响最深的地方。家庭教育如果对孩子进行错误引导,那么就会使子女在潜移默化中受到不良品行的影响,导致自己的孩子是非不辨、美丑不分。

青少年是祖国的未来、民族的希望,是社会主义现代化事业的建设者和接班人。我们每个家庭都要为自己的孩子负责任,要让孩子有个良好的家庭环境,让他们遵纪守法、健康成长,自觉抵制不良影响,成为社会的有用人才。

二是坚持贯规与普法相结合。学校把纪律教育和普及法律知识紧密结合起来,并将其列为学校一项常规性教育工作,抓牢抓实。将《中小学生守则》《中学生日常行为规范》《中华人民共和国教育法》中受教育者应履行的义务等有关学生应遵守的法律、规范以及学校的各项规章制度编辑成册，名为《六中学生规范》，发给每一名学生，每年九月新学期开始，学校都要以"遵规守纪，做合格中学生"为题，组织全校性大型主题教育活动，其中贯规范就是重要内容之一。活动以年级为单位，举办"规范"达标过关活动，做法是将"规范"中的内容，编写成测试题，通过口试、笔试进行先期预赛，选出参加决赛的班级。决赛阶段，利用电视直播的形式，通过主持人与参赛者的问答，通过参赛者之间的辩论，通过选手们惟妙惟肖的小品表演，使学生们在轻松愉快的气氛中，了解了中学生应遵守的纪律标准和道德准则。

围绕学生的法制教育工作，通州六中还先后举办了"中学生与法""什么是违法犯罪""怎样预防违法犯罪""学会自我保护""不良行为会导致违法犯罪"等一系列专题讲座。此外，还开展了"千名学生""千名家长"参加的《未成年人保护法》《预防未成年人犯罪法》知识竞赛以及"生活与法"征文等活动。每年新学期第一课是法制课，学期末最后一课也是法制课，派出所、居委会、司法局、法院的同志到校为学生传授法律知识、上法制课。这些活动的开展，帮助学生比较系统地掌握了与他们的生活密切相关的法律知识，为学生遵法、守法打下了良好基础。可以通过一篇学生"生活与法"的征文，了解通州六中当时的学生法制教育工作。

我想，大家都懂得"没有规矩，不成方圆"的道理。和谐社会，来自于法律的约束，就如同我们过马路，得遵守红绿灯的指挥，试想，如果没有红灯的约束，那么也就没有绿灯的畅行。

一寸光阴一寸金。我们中学生正是学习读书的大好时光，应该好好学习，天天向上，努力学习文化知识，增加自己的本领，为将来参加工作打好基础。俗话说："善与恶只是一念之差，而罪与非罪，也只有一步之遥。"我们可以看到在工读学校和少管所的违法青少年，而他们的同龄人还在读初中和高中。这就是守法与违法的人之间的差别。守法的人可以正常的在明亮宽敞的教室里学习，而在工读学校和少管所的同龄人呢，不但失去了自由，也失去了读书进步的机会。

　　当今社会，科技在飞速发展，网络进入我们的世界。从社会报道的新闻上我们可以看到：有的学生不思学习，爱上网，整天沉迷于虚拟世界无法自拔，而一步步陷入违法犯罪的深渊！由此可见，法律知识是多么的重要啊，法律能够陪伴我们，是我们的幸福，我们一定要学法、懂法、守法、用法，争取成为一个对社会有用的栋梁之才！

　　三是坚持针对性与实效性相结合。校园中偶发的一些违纪事件，往往会在学生中产生一定影响，学校经常利用这些典型事件，就事论理，小题"大做"，不失时机地召开主题校会、主题班会，结合有关法律条文，组织学生对事件加以剖析，使学生从中受到教育与启迪。学校针对学生中的吸烟问题、泡网吧问题，组织学生展开专题讨论活动，让学生们认识到吸烟和泡网吧可能出现的危害和不良后果，懂得"勿以恶小而为之"的道理，以达到防微杜渐的目的。

　　四是坚持普法与转化相结合。学校在坚持普法教育的同时，还十分关注问题生的转化工作。并突出抓了三项工作，一是建立干部教师帮教制度，领导干部包年级、包班级，定期与所负责的问题生沟通、帮教；科任教师在任课班中确定一至三名问题生,有计划、有针对性地开展帮教活动,学校将此活动称为"爱心工程"。二是积极争取家长的支持与配合,建立家校联系制度,定期开展家教知识培训活动,共同探讨、研究教育措施。三是积极争取社会的支持,法制副校长、管片民警对问题严重的学生实施重点帮教。这些做法有效地控制了问题生的数量,维护了学校正常的教育教学秩序。我们可以通过一篇学生日记,了解一下当时的情况。

9月2日　星期一　天气　晴

今天我们六中邀请通州区人民检察院的工作人员为我们又上了一堂法制课。

在法制课上,王检察官说:"法律是成文的道德,道德是心中的法律。法律能够保持我们的日常生活正常运行,我们学校里的规则有《中学生守则》,规则是我们中学生必须要遵守的,而法律也是我们要必须遵守的。中学生不但要学习法律、懂法律,而且,还要学会运用法律知识保护自己。"

法制课结束后,我们学校接着举行了"通州区检察院法制宣传资料捐赠仪式",我作为学生代表走上主席台接受了馈赠。哦,是一本《"四五"普法青少年法律知识学习读本》,封皮是绿色的,装帧设计非常漂亮,掀开书本看书本内容,里面不但有条文和一个个鲜活的案例,而且还配上了美丽的图画,真可以说是图文并茂。我一定要好好把这本书读懂、读透,做一个遵纪守法的好学生!

通州六中围绕"四五"普法,结合学生实际开展了一系列的法制宣传教育活动,并取得了一定的成绩,学校教育教学秩序稳定,学生守法意识进一步增强,并为社会培养了大批的合格毕业生，学校良好的校风、学风，赢得了社会的广泛赞誉，常恩元也被评为北京市"四五"普法教育先进个人。

第四节　家校共建凝聚教育合力

皮格马利翁是希腊神话中的塞浦路斯国王，善雕刻。他用神奇的技艺雕刻了一座美丽的象牙少女像，在夜以继日的工作中，皮格马利翁把全部的精力、全部的热情、全部的爱恋都赋予了这座雕像，并为她起名加拉泰亚，他还向神乞求让她成为自己的妻子。爱神阿芙洛狄忒被皮格马利翁打动，赐予雕像生命，并让他们结为夫妻。

"皮格马利翁效应"成为一个只要对艺术对象有着执着的追求精神，便会发生艺术感应的代名词。后来被用在教育心理学上，也称"期待效应""罗森塔尔效应"，比喻教师对学生的期待不同，对他们施加的方法不同，学生受到的影响也不一样。

前苏联教育家霍姆林斯基曾经说过："没有家庭教育的学校教育和没有学校教育的家庭教育，都不可能培养人这样一个极其细致的任务。"

常恩元认为，家校合作是当今培养学生的有效办法，家庭

常恩元与学生们在一起

和学校、家长和教师是家校合作的主体。但是，目前我国的家校合作还处于探索阶段，有很多问题和不成熟的地方，这更需要全社会都加入其中，去创建一个良好的家校合作机制。

常恩元认为，学校和教师应在家校合作中发挥主导作用，只有由学校引领家庭，由教师指导家长，吸引更多的家长关心并参与学校教育工作，才能使学校教育与家庭教育相互融合，促进学生健康成长。在常恩元的大力倡导下，家长主动参与到了学校的教育教学活动，2001级初三（3）班王为、王喆孪生兄弟的父亲是通州区的援藏干部，在中考前夕给同学寄来了一封考前动员信：

同学们：

　　我是你校初三（3）班王为、王喆兄弟的父亲，是咱们通州区一名普通的援藏干部，目前我正在援助西藏建设。西藏因历史等原因，条件落后于我们内地很多，那里空气稀薄，刚从内地到西藏的人需要克服很多困难。但是西藏作为祖国的一部分，经济还十分落后，需要我们的支援，在那里各种条件虽然艰苦，但是人们干劲十足，热火朝天地奋战在西藏的各条战线上。

　　最令我感动的是，有一次我们去一所学校参观，一群孩子在清冷的早晨，聚在校园里，借着学校里唯一的一处灯光，大声地朗读着课本。我和我们一起去的援藏干部还了解到学校有一些困难学生，就通过联系内地媒体，寻找爱心人士，帮助这些孩子结成了100多对帮扶对子。从这些孩子的眼里，我读到了他们对知识的渴求和对上学的渴望。

　　看到这些西藏的孩子，我就想到咱们内地，内地的条件同西藏比起来要好一些，所以我们更要倍加珍惜这来之不易的条件，树立远大理想，好好学习，把学到的知识服务于我们伟大的社会主义建设。

你们马上就要中考了，学业也一定很紧张，祝愿你们百尺竿头更进一步，考出好成绩，顺利跨入你们理想高中的大门！

  致

礼

家长 王××

2004 年 7 月 23 日

  著名教育家陶行知就曾这样告诫老师："未来的先生们！忘了你们的年纪，变个十足的小孩子，加入在小孩子的队伍里去吧！"并说："我们必须会变小孩子，才配做小孩子的先生。"

  常恩元认为，家校合作是一种管理式合作，而在家校合作中，很多家长总是消极被动地接受，其实这不利于良性发展，只有家长以管理者身份参与，才能建立平等、和谐、长久的合作环境。常恩元还学以致用，学研结合，近些年，他将相当多的时间用在了工作的调研上。每天深入班级、深入年级组，在与师生的密切接触中了解学生的思想道德和学习状况，了解教育、教学及管理工作中存在的问题。另外，他还时常通过电话、走访、座谈会等形式，广泛征求家长、社区群众、友邻单位、主管部门对学校工作的意见。在掌握了第一手材料的基础上，针对存在的问题进行认真分析，制定改进措施，以保证学校各项工作健康开展和学生的健康成长。

  在常恩元的感召下，班主任和学科任课老师对于家校合作也有了新的认识和理解，马驹桥学校的家校合作生根、发芽、开花、结果，产生了巨大效果。

  2012 年的夏天，孔祥蕊老师第一次任班主任。刚开学

马驹桥学校隆重召开初一年级期中总结表彰暨家长会

没几天，各科老师都认识了一个叫赵小冬的同学，小赵作业从不按时完成，上课打瞌睡，字迹潦草，还不服从管教。一时间，孔祥蕊老师的脑子里堆满了他所有"罪状"。

一天，赵小冬作业又没按时上交，孔祥蕊老师带着一腔愤怒冲进了教室。见到孔老师来，教室顿时安静下来，空气仿佛也凝固一般。

"赵小冬，你给我出来！"孔祥蕊老师实在压制不住心中的怒火，冲赵小冬吼道。

赵小冬好像被孔祥蕊老师惊着了，"腾"的一下站了起来。孔老师大步往办公室走，赵小冬跟在后面。孔老师的话语像机关枪，开始冲赵小冬发射："你说说，到底怎么回事，各科老师都告你的状，你是生怕别人不认识你是吧！"

孔老师喋喋不休地发问，赵小冬却沉默不语。孔老师更生气了："不说话是吧，那就等家长来。"

孔老师在等待赵小冬叫家长的时间里，她在心中仔细地盘算着，生怕忘了哪一样"罪状"忘给家长说。不一会儿，一个身穿皮夹克、头戴鸭舌帽的男子进了办公室，旁边还跟着一位比他更年轻、更时髦的女子。

"我是赵小冬的父亲。"男子说。

"哦，耽误你时间了。"孔老师回应道。

"耽误啥呀，我工作清闲得很，就在我们小区物业，定时走走看看就行了。"

赵小冬的父亲倒是健谈，和他的儿子简直判若两人。于是孔老师话锋一转："那你应该有时间管孩子啊。"

"老师，你不知道，他和他奶奶一起生活，我们这是后组建的家庭。我和他阿姨又生了一个小孩，哪有时间管他呀。再说他又不爱说话，见了我也就叫声'爸'。"

孔祥蕊老师似乎突然明白了问题的症结，家庭关怀的缺失，使赵小冬变得孤僻，缺乏上进心，如果不走进他的心灵，很难让他有所改变，而这一切仅仅依靠学校和老师是不能办到的，必须争取到家长的帮助和支持。孔老师还了解到，之前很多老师已经对赵小冬采取过许多方法，但是收效甚微，家长几近绝望，学生也抱着"破罐子破摔"的心理，不思进取。

于是，孔祥蕊老师从社会的发展、孩子的前途、将来孩子父亲的养老问题入手，让赵小冬的父亲重视孩子的教育，并达成家校双方定期交流反馈的协议。

孔祥蕊师借写作文的时机，有意安排写亲情的一篇文章，并特别对小赵的作文进行关注。

赵小冬在他题为《妈妈的味道》的作文中写道：

小时候，母亲十分疼爱我。母亲给我搬一个小板凳，她坐在一个小马扎上，把一小篮子花生放在我跟前，一颗一颗地剥花生让我吃。

妈妈剥的花生，放一粒到嘴里，嗯，可香、可甜了，现在回想起来，咂巴咂巴嘴好像还闻得到那种香甜的味道。那是一种什么味道呢？嗯，那是妈妈的味道，温馨、幸福、踏实，我一辈子也忘不了！

还有姥姥家东边的那条小河，河水清澈见底，小鱼儿在水里欢快地游，小虾在河里弓着腰，一蹦很远。小鱼儿在河里游，我也在河边下水玩，妈妈就在河沿上洗衣服。我撩起水来泼妈妈，妈妈也拿水泼我。妈妈趁我不注意，一把把我从水里拽上来，看着她的手掌扬在半空中像是要狠狠地打我，但她的手却轻轻地落到我的身上……

那年冬天，我上一年级，家离学校远，妈妈给我亲手做了一个棉袄，里面放了厚厚的棉花；怕我脚冷，亲手给我做了一双厚棉鞋，身上暖和了，心里也更感觉到母亲的温暖了。

往事千般成追忆。可惜，后来我的妈妈离我而去了，那段时间，我经常想念母亲，想得多了，便经常梦见母亲，有时梦见母亲在蓝天上、在白云中看着我，我追呀、跑呀，可是怎么也追不上，直到母亲的影像远去，我哭、我喊，直到流着委屈的泪水从梦中惊醒……

后来，爸爸又找了一个新妈妈，新妈妈又给我添了一个小妹妹，可我从新妈妈身上怎么也看不到妈妈的影子……

虽然赵小冬的字迹有些七扭八歪，但是孔祥蕊老师却从这篇作文中读出了真情。孔祥蕊老师认真在作文上批写上："我知道，母亲的家乡很美，她也一定很温柔善良。能有你这样的儿子，她很幸福。我希望你多写一下你的生活，老师愿意与你一起分享。"

然后，孔祥蕊老师将作文拍了照片发给赵小冬的爸爸，他的爸爸很快回复："孔老师，我从没想到我儿子的心思这么细腻，想想这些年，可能我太忽视他了，其实他也挺懂事的。"

孔祥蕊老师接着又回复了："请相信孩子，也相信我们自己，一定会有收获的！"就这样，孔祥蕊老师定期和赵小冬的家长沟通反馈了他在家里和学校的情况。

后来，孔祥蕊老师又将一次诗歌展示的机会留给了赵小冬。那次，赵小冬写了足足两页的准备材料，得到了全班同学的认可和好评，赵小冬很快把这种良好的状态迅速扩展到其他学科，其他任课老师也都开始表扬他。当赵小冬的爸爸得知儿子进步时，给孔祥蕊老师打来电话说："孔老师，孩子的评语是真的吗？"激动之情溢于言表。

期中考试后，孔老师组织了一次家长会，对于青春期孩子的教育问题，大家百感交集。其中赵小冬的家长，主动站起来，说出自己的困惑。于是孔老师根据自己的教学经验和所学教育学心理学知识，给大家做了讲解，其他家长也献言献策，孔老师看到赵小冬的家长很用心的在记录，并不住地点头，通过这次家长会，家长们也掌握了一些与孩子沟通的正确方法。

在一次马驹桥学校专门邀请专家给家长讲座活动中，其中有一个感恩的教育活动，家长和孩子通过游戏、倾诉、问卷等方式，拉近距离，增进了解。在角色互换的环节，赵小冬紧紧抱着他的父亲，失声痛哭。孔老师和家长也被这幕场景深深感染了。

因为离家远等原因，很多学生中午在校就餐，学校准备选一些家长做食堂管理员，考虑到赵小冬的父亲工作较自由，还能多渠道了解孩子，以便加强合作，孔老师推荐了他，他也很愉快地接受了这个任务。之后赵小冬的父亲定期来学校与孩子一同就餐，收集学生的建议，向学校反馈，并且自己还上网查营养配餐知识，制作菜单，供厨师使用，同时他还负责监督食堂卫生情况，使学校的工作得到了家长、学生的好评。

当赵小冬的父亲站在讲台上给所有学生和家长介绍学校食堂的工作时，孔祥蕊老师看到他的目光中充满了骄傲。孔老师开始佩服这位父亲，孔老师相信，家长和老师之间，心灵的距离又向前迈进了一步。

初三毕业时，孔祥蕊老师翻看学生们做的电子相册，孔祥蕊老师发现那个曾经的问题生——赵小冬，已然成为了家长和老师们的骄傲。田径场上有他飞奔的矫健的身影，教室里有他奋笔疾书的专注，校园内有他辛勤劳动的姿态，家里有他爽朗的笑声。

而这一切，都源于马驹桥学校实行的家校合作的成功！

李晓华老师班上有一个叫小波的同学，是从外地转来的一名学生，因为在老家的学校总是惹是生非，已经换了好几所学校，年龄上也比同班同学大上两岁，在班里成了"老大"。在小波身上确实有一些不良习惯，但是他本质并不坏，思维敏捷，集体荣誉感也很强。李晓华老师为让小波感受到信任与尊重，先是任命他为班里的体育委员。还和他的父母接触，加强沟通，并在他的父母面前肯定小波的优点，而在小波面前，则让其体会到父母在外打工的颠沛流离和辛苦，要多体谅自己的父母。李老师和小波的父母像朋友一样交流，小波的学习成绩和自我纪律约束方面都取得了很大进步，这让李老师和小波的家长都感到十分欣慰。

常恩元曾在通州六中时针对小学刚升入初中体育教学的衔接问题做过细致调查，撰写了一篇《谈中小学体育教学的衔接》论文，发表于全国统一发行的杂志《体育教学》第四期。在马驹桥学校的老师中也有这样的例子，马驹桥学校初一年级班主任李建国老师，针对一个小学时期成绩特别优秀升入初中后却出现各种不适应的学生，耐心采取帮助，又变为优秀生的故事。

2014年9月下旬的一天下午，一个学生来到李建国老师办公室，冲老师喊道："李老师，您快看看去吧，班长张迪一直在顶撞数学老师，课上不下去了。"

李建国老师把张迪带回办公室仔细询问情况时，她却说："我不当班长了，换别人吧。"

这个平时活泼坚强的女生不断地抽泣，再也不讲一句话。

现在将时间的指针倒回到 2014 年 9 月初，新初一入学。李建国老师对本班 36 名新生做了细致的学情分析，根据每个学生小学的学习情况、班内任职经历和前期的军训表现，他选出了临时班委成员，其中包括班长、学习委员、生活委员、纪律委员各一名。班主任李建国老师对班长张迪尤为期待，因为她小学 1—6 年级一直担任班长，班级管理经验较为丰富；小学各科成绩优秀，学习刻苦；入学初期军训时表现出的活力和坚强也超过其他同学。

然而当此事一出，似乎推翻了李老师之前的所有判断。面对满脸泪水的"班长"，李老师也只能将调查询问放到一边，做冷处理。李老师安慰张迪道："先别哭，班长的事我们明天再说，还有一节课，你还能上吗？"孩子点点头，擦了一把眼泪，转身离开办公室，径直走回教室。

当李老师在教室外进一步观察时，张迪低着头坐在座位处，还是默默地流着眼泪。此时此刻的李老师更是满心担忧、一头雾水。李老师本想放学后跟她做做思想工作，由于张迪的刻意躲避，李老师也没能再和她多说一句话。

李老师向其他同学了解情况后发现：在数学课上张迪已经多次回答不出老师的问题，近期的数学成绩也不理想。而且积攒多日的情绪也终于在那天下午爆发，她大声说："不知道。"随即坐下。当数学老师以"班长"相称时，张迪又一次站起喊道："班长我不当了。"

随后，又有学生反映，张迪和其他同学也有过争吵。

数学老师的描述进一步说明此事并非偶然，由于学习上的困难，张迪表现出了越来越多的焦虑，近期课上总低着头，偶尔抬头也是面带疑惑。

李老师当天与张迪的家长联系后得知：家长对张迪近期的数学成绩也很不满意。之前父母也给予孩子一些辅导，但效果一般。所以总是在对比小学成绩，这样给予了孩子较大的压力。课上老师的期待、同学们的嘲笑促使其成了恶性循环。家长也主动表达了他们的困惑，他们希望孩子更自主，也给了更多的空间，但适得其反。

冲突发生之后，李老师更加关注张迪的学习和生活状况，向各位任课老师深入了解张迪的课堂表现并做了详细的记录。另外又对张迪进行了家访，和家长几番见面讨论研究，掌握了张迪心理变化的状态及原因。

经分析得知，张迪小学的成绩突出，习惯了小学的教学方式，非常依赖老师和家长。而在初一开学之初，虽然老师放慢了教学进度，给予了一些方法指导，但她依然沿用旧有的学习方式，效率较低，往往顾此失彼，因此成绩不理想。而随着学习进度的提速和深入，成绩进一步下滑。另外，张迪的父母期待较高，过分强调结果。张迪小学的好成绩，给予了父母骄傲的同时也使得父母对她的初中的学习充满信心，有更高的期待。当几次的数学测试结果不太理想时，父母起初的安慰也变成了一味的指责，一下子失去了应有的耐心。张迪的压力直接转化成了急躁的情绪，当急躁积攒为愤怒时，情绪失控，以至于屡屡和同学、老师产生冲突。漂亮的小学学习履历，班长的工作经验，一开始也使李老师如获至宝，想当然认为孩子可以处理好学习和工作的两方面的事情。让张迪学着处理班内的很多事情，但由于方法不当、效率不高，占用了孩子大量的课余时间，这样就压缩了她的学习时间。当同学们质疑班长的学习成绩时，才有了"不当班长"之说。归根到底是老师的关注不够，没有做及时地方法指导和心理疏导，帮助孩子渡过这一非常时期。

　　老师是孩子的第二任父母，作为初一新生的班主任更应有百倍的关爱，李老师决定对张迪敞开心扉，帮助张迪尽快适应初中的学习生活。李老师并没有"照顾"张迪的要求，免去张迪的班长职务，也没有对她做任何批评，而是利用课下时间耐心地和她多做一些沟通。李老师和张迪的谈话首先从课余生活开始，轻松愉快的氛围使得张迪敞开心扉，进而向李老师诉说自己在班内和学习上的困惑及焦虑。这时李老师适时对"如何做好班长、正确对待分数"等做了适当的指导，张迪也乐于接受，承认自己和老师及同学的冲突是自己情绪化的原因，应该道歉。同时李老师也给予张迪足够的信心，肯定了她的优点和努力，让她相信自己可以做好班长。至今李老师还保存着张迪当天晚上发给他的微信——"李老师，您放心，我一定会当好班长的。"李老师告诉张迪的家长，每个孩子的情况不尽相同，在升入初中时都有一段适应期，当孩子产生不适反应时，家长更应耐心，对孩子多一些信心。"好"成绩只代表过去，家长应帮助孩子及时调整学习方式方法，对成绩的波动要理性看待。作为家长应转变教育观念，要学会和孩子沟通，联络感情。将孩子看作是独立、长大的个体，多理解、多关怀、多帮助；少命令、少代替、少对抗，逐渐放手的同时密切关注，只有这样才能及时消除他们的心理障碍、化解焦虑情绪。

　　如今的张迪，已经可以轻松地和父母讨论自己的学习，表达自己的想法，每次考试之后张迪都会分析自己的"得"与"失"，让家长看到了孩子的逐渐成熟。另外，在中小学衔接的过渡时期，由于时间短、科目多，造成任课老师和学生彼此了解不够，出现问题时如果不能及时沟通解决，就会导致师生关系恶化。因此李老师将张迪的详细情况和所有任课教师做了深入的介绍，尤其是同数学老师做了进一步的研讨，初步制订了对张迪的指导计划。张迪在数学老师的个别辅导下，已经取得初步的提高，也产生了较为浓厚的学习兴趣。当数学老师将她的学习动态反馈给李老师和家长后，表扬和鼓励让张迪的学习在良性循环中不断进步。当然，她也早已为自己课堂上的"无理"向数学老师表达了诚挚的歉意。

李老师还发挥集体的力量，引导同学之间互助互学。在随后的日子里，李老师还充分利用班会、主题活动课时间开展了一系列"开端性的心理"辅导活动，通过讨论、交谈、演讲等形式让同学们在班内表达刚升入中学后的感受，对"我心目中的学校""我心目中的老师""我心目中的班级""我心目中的同学""我心目中的自己"以及"我发展的目标"等问题进行讨论、交流。这样，既增进同学间、师生间的相互了解，又增强了大家的亲切感和班集体的凝聚力，营造了一个温馨和谐的学习环境，慢慢的，张迪与同学之间的矛盾也就迎刃而解了。另外针对张迪数学上的学习方法问题，在征得她同意的前提下，李老师组织召开了"我为班长出一招"的主题班会。会上，张迪毫无保留地表达了自己的困惑，同学们纷纷献计献策。同时一些学生也说出了自己的问题，在热烈的辩论后大家都有所收获，同学们能意识到自己的学习都有改进的余地。张迪通过分析找到最有效的几种方法，结合自己的实际情况，取长补短。本就聪明的张迪，逐渐形成了自己的学习方法,"高效率"的她也给了同学们很多帮助。

　　由于成绩的提高,同学关系的融洽,张迪找回了自信。在十月初的班干部选举中,本是临时班长的她,以高票"转正",渡过了最困难的时期,较好地适应了初中生活。

　　2003 年的一场突如其来的"非典",使我们中华民族经受住了严峻的考验,然而在 2003 年"非典"后期,常恩元却发现一丝不和谐的音符悄然出现,这令心细如发的常恩元感到心情十分的沉重,下决心要整治、解决这个问题。

　　常恩元发现部分学生出入"网吧"的现象极其严重,甚至于有些学生沉迷其中而不能自拔。北京市自 2002 年 6 月 16 日蓝极速网吧纵火事件后,对全市的"网吧"进行了大规模的整顿,而且取得了阶段性成果,但一年过去了,有些问题又出现了反弹,尤其是未成年人出入"网吧"的现象日趋严重,已影响到青少年的身心健康,导致不少未成年人在学习上、纪律上出现问题,甚至走上违法犯罪的道路。

　　常恩元为解决这个问题,先后五次深入"网吧"了解情况,与八十余名学生进行了面对面的沟通,与部分家长进行了座谈,并走访了通州区文化委、未成年人保护委员会等部门,在学生中还进行了大面积的问卷调查,从多个角度查找出学生沉迷"网吧"的原因,并提出了详细具体的改进意见,使社会各界均认识到,网络对青少年一代健康成长所带来的诸多负面影响。最终通过学校、家庭的共同努力,学生沉迷"网吧"的问题得到有效解决。常恩元撰写的《中学生沉迷"网吧"现象的心理学分析及干预对策的研究》获 2003 年北京市教育学会教育心理学研究会优秀论文一等奖。

　　2002 年,通州六中初三(1)班开展了"我与家长说说心里话"活动,家长与学生相互通信,当学生看到家长对他们的期待,感受到家长的一片苦心时,许多学生流下自责的眼泪。2003年"非典"后期,初三(4)班金星、张晓明(化名)的家长先后两次通过电话向学校反映,有学生出入网吧,并与学校领导一起去网吧找学生,同学校领导、班主任及其他学生家长一起做学生的工作,从而有效地控制了学生因沉迷网吧而引发的一系列问题。

除此以外,还有许多家长走进校园、走进课堂、走进班会、参与学生的校内外教育活动。家长的广泛参与既丰富了学校的教育资源,又拓宽了学校的育人途径,打破了传统学校教育的时空界限,密切了家长与学生的关系,拉近了教师与家长的距离,促进了教育合力的形成。

常恩元在调研中还发现,部分家长不能客观正确地评价自己的孩子,而当学校要求家长参与到孩子的评价时,家长就会有各种说法:

"孩子学习好坏是学校的事情,我们家长管不了。"

"现在学的知识这么难,我们想辅导也辅导不了。"

"我每天给孩子报着辅导班,你说她的成绩怎么就上不去呢?"

面对着家长困惑、不解、不屑的眼神,暴露出了部分家长既不了解孩子的特点、需求,又简单地认为孩子的学习评价就是——学习成绩。

常恩元针对这一现状,和班主任一道专门开展了一次特殊的主题教育活动——"零距离的触碰",邀请家长来到班里和孩子一起参与活动,他们面对面坐好,家长与孩子分别写下对现阶段学习生活的期望、评价,然后互相交换,以促进他们之间的相互理解。同时,让家长代表发言,谈他是如何认识学生学习评价的。通过这种零距离的沟通交流,让家长对孩子有全面正确的认识。活动之后，很多家长反馈。学生王溢的家长给老师打电话说："感谢老师，孩子本来期待我一个表扬，可是我总是说'下次要考得更好些'，孩子感觉他无论如何努力都达不到家长的满意。"

常恩元还主张家长每天抽出一定时间陪孩子一起写作业，督促孩子养成良好的学习习惯，而不仅是检查作业的对错。学生良好习惯的养成，需要不断的重复强化，需要家长不断地督促。家长还要对孩子身心各方面的情况进行观察，对孩子体力、认知、情感、语言的发展等，也都要予以关注。马驹桥学校还指导家长记录的多样化，利用文字、收录机、照相机、摄像机记录学生的学习生活、同伴活动等成长历程，以获得立体的、动态的信息，促进家长和孩子的情感交流。

常恩元还就近些年中学生不良行为的成因，中学生的交往问题，学生的自我教育，学校、家庭、社会一体化德育体系的构建，德育模式创新，提高课堂教学有效性，学校有效管理等工作中的热点、难点问题进行了深入研究。常恩元还多次承担或参加了国家、市、区课题的研究工作，并有三十余篇管理、德育、教学、体卫工作研究性论文在市区获奖，或发表在《中国学校体育》《体育教学》《北京教育》《教育教学研究》《现代教育报》《课外校外教育》《新德育》《通州教育》《北京市青少年法制教育工作研讨会获奖论文集》《沃土》等杂志、书籍上。

心在哪里，收获就在哪里！常恩元对孩子、对家校共建投入了大量的时间、精力和心血，所以他的理论研究也收获颇丰——《中学生不良行为的成因及预防对策的研究》一文获北京市2001年度基础教育科学研究优秀论文二等奖；《课堂教学中不良师生关系影响学生心理健康发展的研究》获

2002年北京市教育学会教育心理学研究会优秀论文二等奖；《整合社区教育资源实现学校德育社区化的实践与思考》获2004年通州区第三届"我与课外、校外活动"征文一等奖；《中学生交往冲突的成因及预防对策的研究》一文获通州区德育研究会2004年论文一等奖；2007年课题《整合社区教育资源实现学校德育社区化的实践与思考》获市一等奖、全国"和谐德育研究与实践"一等奖；2008年课题《依托辖区图书馆教育资源，开展学生课外阅读活动的实践与研究》获全国"和谐德育研究与实践"一等奖；2009年论文《构建"主体参与——自我体验型"德育模式的初步研究与实践》获北京市教育学会第四届"京研杯"征文二等奖；2010年《新课程背景下学校管理文化的反思与改进》获通州区教育学会管理研究会论文一等奖；2011年《建设学习型党组织、推进学校内涵发展的实践与研究》获2010年通州区教育系统党建研究会论文二等奖。

在常恩元二十多年的教育生涯中，他的心中始终萦绕着一个坚定的信念："人应该有自己的追求和抱负，干事就得善始善终善作善成，在实现自己人生价值的同时，也为社会创造价值，努力做社会的栋梁之才！"在整合社区资源培育学生方面，常恩元所工作过的学校先后获得过"北京市全面育人办有特色学校""首都精神文明建设先进单位""首都军警民共建先进单位""首都先进少年军校""北京市贯彻体卫工作条例先进单位""北京市全民健身一二一样板校""北京市百所课间操优秀校""北京市传统体育项目学校先进集体"等殊荣。学校中考连续十余年在区内名列前茅，家教工作近些年先后五次荣获市区"优秀家长学校"的称号。

第五章

爱心圆梦

教育是一颗灵魂唤醒另一颗灵魂

第一节　人格示范成为学生良好榜样

2001年1月8日，周一的清晨六点五十分。

昨夜一场大雪铺天盖地覆盖了整个大地。刚到通州六中任教几天的张春玲老师踏着厚厚的积雪小心翼翼地走向学校。天气寒冷入骨，呼出来的气息很快在空气中成为一团袅袅散开的白汽。

"今天我来得可真早啊，估计是第一个到校的吧。这么厚的雪，学校里的路该不好走了吧？"张春玲暗暗想着。由于刚教学不久，她想多花一些时间备课，所以来得格外早。

走进校门，张春玲惊讶地看到学校主干道上的雪都已经清扫干净了，雪成堆聚拢在花坛旁边。张春玲听到不远处传来刷刷扫雪的声音，声音来自办公楼门前。放眼望去，一个衣着朴素、两鬓有些花白的人正在用力地挥动着扫帚，一下一下地把积雪扫到楼前的松柏树前。

"这个门卫大爷可真不容易啊，这么早就到校扫雪了。"张春玲看着那个弯腰用力的背影，鼻子酸酸的。

她踏着被认真清扫过的马路，迅速跑到办公室里。

陆陆续续地，到办公室的教师们多起来了，但是他们都顾不得暖和一下，放下包拿了扫把和铁锹就往外跑去。

张春玲忍不住问他们："你们这是去哪里啊？"

"扫雪去！咱们的校长那么早就来给大家扫雪，我们哪能忍心看他一个人在忙？谁到了谁就会加入扫雪队伍中去啊，根本不需要命令，这就是榜样的示范作用！"一名老师一边往外走，一边告诉张春玲。

另一名一起拿着工具出去的老师补充道："是啊，咱们学校在常校长的带动下，做什么事情都特别自觉主动。校长对我们那么好，做人那么勤奋敬业，他什么也不用说，我们都不好意思偷懒。"

张春玲震惊了，那个默默努力扫雪的背影竟然不是门卫大爷，而是学校的校长！张春玲也赶紧跑出办公室，看到早到的老师们都加入了扫雪大军。刷刷的扫雪声直冲云霄，多么悦耳！没有人计较谁比谁多干了，每个人都积极主动地完成着没有人分配的任务。

到校的学生也渐渐多起来，他们看到校长和老师们在认真地扫雪，也放下书包主动扫起班级负责的卫生区域里的雪，没人计较今天谁是值日生，没有人抱怨苦和累，因为他们是心甘情愿地在为班级为学校作出一份贡献。常恩元和老师们无声的榜样力量如涓涓细流汇聚在他们的心灵深处。

后来常恩元到了南刘中学，常恩元就把在六中时期主动扫雪、清洁，不计较得失的品格和作风又带到新的学校。如今在马驹桥学校，常恩元依旧从点点滴滴小事做起，从日常的言行举止中给老师们和学生们作出示范。很多老师以为做学生的榜样，就要在大事件中勇立潮头、身先士卒，或者在危急时刻挺身而出彰显伟大品质，实则不然，教育无

通州六中时期的常恩元

小事，事事是教育，教师无小节，节节皆楷模。对学生的榜样力量，更多的是体现在日常的一言一行中。

常恩元每天从通州区的家里开车到学校，六点多就已经在学校开展一天的工作了，这种勤勉对师生是一种示范；走在校园里，看到路上有纸屑，即使纸屑很脏，常恩元都会弯腰捡起来，放到附近的垃圾桶里，这种对环境的爱护，事必躬亲的态度，对师生是一种示范；常恩元在校园里见到教师们，都会微笑着主动打招呼，这种礼貌和平易近人，对师生是一种示范；常恩元经常在食堂跟学生们同桌吃饭，会把打好的饭菜全部吃完，仔细收拾好餐桌后离开，这种艰苦朴素、厉行节俭，还有为餐厅打扫人员分忧，多为别人分担的作风，对师生又何尝不是一种无声的示范？

常恩元在南刘中学任校长的时候，有一位历史课老师叫马景文，犯了严重的腰病，趁着假期做了手术，医生让他卧床休息几个月。但是假期刚过，教室里又出现了马景文扶着腰慢慢踱着步子给学生上课的情景。他忍着腰疼，一丝不苟地备课，课堂上依旧谈笑风生，让课堂妙趣横生。其实，当时马景文老师无法自己开车来，而是自费打车到校坚持工作。

有人问马景文，反正有病休假期，为什么不休养好身体再来上课？常恩元也多次劝说他回家休息，但是马景文总是憨厚地笑着说："常校长对我们教师太好了，他每天为了学校和教师费劲了心思，即使身体不舒服也总是扛着，全部精力都奉献给学校了。有这样敬业的常恩元做榜样，我觉得不努力就不好意思，我这一点小病不算什么！"这就是常校长的示范力量。

马驹桥学校的马洪武老师身体也不太好，但他带着伤病担任了两个班的教学任务并担任了班主任，没有耽误学生一节课。而马洪武班上的学生看到自己的老师生病，那么敬业奉献，用最大的努力来教育他们，也被老师的榜样力量所感召，一个赛着一个地用功读书，整个班级凝聚在一起，不管在学习还是其他活动中屡创佳绩。别人问马洪武为什么这么"玩命"工作，他无不感慨地说："是常校长的勤奋、无私和热情感染了我们，也点燃了我自觉主动教育好学生的热情。当时在常校长的带领下，从老师到学生，整个学校都是比学赶超的浓厚气氛，马驹桥学校也越来越扬名在外。"这正印证了常恩元常说的一句话："无处不教育，无处不德育。"

被评为"感动马驹桥人物"的优秀教师杨连云，一个人既要照顾生病的母亲，又要带尚且年幼的孩子。但是在这种艰难的情况下，却在带毕业班的几年里，没有请过一天假，缺过一节课。她的爱岗敬业和不畏艰苦感染了班上的学生，学生们也都克服困难，学习气氛高涨，在中考中取得了优异的成绩。对于她身上表现出的艰苦奋斗，杨连云老师坦言也是受到常恩元做事风格的感染和引导。

马驹桥学校张春静老师为了更好地传授给学生知识和方法，每天工作到深夜，精心准备教案、制作课件，放弃了太多个人休闲娱乐时间，一心扑在教育教学工作上。她的家人见她那么辛苦，心疼地责怪她："哪有老师天天晚上工作到那么晚的？"张春静反驳家人说："那你见过没有寒假暑假，每天工作十几个小时的校长吗？我们就有这样的一位校长。我们的常校长那么辛苦，我们做老师的多用一些心，也是支持他的工作啊！"

马驹桥学校李亚男老师声带患有息肉，声音沙哑到不能说话，但是还是想尽方法尽最大努力辅导学生。回想起那一段"光荣岁月"，她发自内心地感叹："榜样的力量是无穷的。

常校长用他的行动和精神感染着我，给我前进的力量。在常校长的领导下，我的教育激情被点燃，我的理想之路被照亮，干事情有特带劲的感觉，我还有什么理由不努力呢？"

……

这样的案例数不胜数，他们没有不断叮咛学生们要努力要奋斗，但是他们用人格魅力和实际行动为学生树立了榜样，让学生们发自内心地主动进取，真正做到"学高为师，身正示范"。桃李无言芳华展，清风不语花自开。身教就是这样一种静默的力量。

教师们的言行举止不仅能影响到学生学习知识的积极性，还会对学生的世界观和价值观产生深远的影响。常恩元的初中老师汪希辜坚持三年每天带领学生们跑步三千米，这样的坚持就给年少的常恩元埋下了一颗吃苦耐劳、坚持不懈的种子，以至于以后的日子里做什么都能坚持到底。即使到了管理宽松的大学，四年里常恩元也没有逃过一节课，没有缺过一次操。当上体育老师后，他又把这种坚持、勤奋的气质带到自己任教的班上，带领学生奔跑在学校的跑道上，更是奔跑在人生的跑道上。

常恩元每天琢磨最多的问题是：怎样让每一个学生都能成功。他经常向教师们传达这样的思想："有爱才有教育。我们的教学可以有许多次，今年教不好还有明年。但每个学生只有一次机会，家长们也只有一个孩子，他们在这里学不好，就可能再也没有机会了。因此，我们要为每一个孩子负责，要为每一个家庭负责。我们1%的失误，就可能导致一个家庭100%的失败。"他常给教师们讲起这个小故事：

在暴风雨后的一个早晨，一个男人来到海边散步。他一边走,一边欣赏着海边的景色。无意中他发现,在沙滩的浅水洼里,有许多被暴风雨卷上岸来的小鱼。它们被困在浅水洼里,回不了大海,有的在那少得可怜的水里挣扎着,有的从水洼中跳到沙滩上,奄奄一息地等着死去。

被困的小鱼,也许有几百条,甚至几千条。用不了多久,浅水洼里的水就会渗光,这些小鱼也会干死的。

男人继续朝前走着。他忽然看见前面有一个小男孩儿,他走到水洼旁都弯下腰去——他在不停地捡起水洼里的小鱼,用力地把它们扔回大海。

这个男人看了一会儿,忍不住走过去,说:"孩子,水洼里的小鱼成百上千,你救不完的。"

"我知道。"

"哦?那你为什么还在救它们?你这样做有谁会在乎呢?"

"这条小鱼在乎!"男孩儿一边回答,一边捡起一条小鱼扔进大海,"这条在乎,还有这一条,这一条,这一条……"

每一个孩子都是"这一条"小鱼,对于教师,他只不过是众多学子中的一名,一个孩子的好坏可能无关大局,但是对于每个孩子及其家长来说,他就是全部,就是100%。教师们要以行动为导向,用善念对待每个学生,涓滴又何尝不能汇成大海?倘若总在"值不值得""需不需要"的犹豫中延宕,我们往往就错过了让一条小鱼重返大海的机会。

常恩元经常深入课堂听课,召开学生代表座谈会。他能叫得出学校里最调皮的几个孩子的名字,并且常常和他们促膝谈心;他了解特殊家庭孩子的情况,以各种形式给予他们关心和爱护;他常常把学校的特长生聚集起来,亲自给他们鼓劲；他把校长信箱设在学校最显眼的位置，带着尊重和赏识去打开一扇扇通往学生心灵的门……

廉洁自律是常恩元的人生信条。有一位外地的学生家长来北京做生意，需要让孩子在北京上学，因为现实很多因素的限制，入学不是一件容易的事情。当时这位家长找到常恩元，说明了自己的情况。常恩元认为，不管怎样，不能让孩子失学。常恩元帮助这位家长跑完手续，终于使孩子得以入学。这位家长心里对常恩元充满感激，可当他带着礼物表示谢意时，被常恩元婉言谢绝了。这样的事例太多了，不管这个社会充满多少诱惑，他从来都是两袖清风敢问天地良心。在常恩元的一身正气的影响下，学校的老师也是心照不宣地保持着廉洁自律，从不收取家长的礼物和红包。

孔子曰："其身正，不令而行；其身不正，虽令不从。"中国已经逐渐脱离了权威时代，取而代之的是个人意识的觉醒，在这样的背景下，非权力影响因素愈发重要。学生也越来越有追求，尤其是处于性格叛逆期的初中生，如果老师们做不到的事情强制学生去做，只会收到适得其反的效果。而只有教师们用自己的实际行动来感召学生，才能真正调动学生的主观能动性，自发自觉地让自己走向优秀。

诸葛亮七擒孟获，真正实践着"攻心为上，攻城为下"的策略，用宽容的力量感召他不再侵犯；毛泽东的精神魅力，感召着战士们奋勇杀敌。教师没有卓越的声名，没有炙手可热的权势，但是却可以用自己的言行感召学生，影响学生的一生。斯宾塞说，野蛮产生野蛮，仁爱产生仁爱，这就是真理。骄傲跋扈的老师教不出谦逊有礼的学生，对学生冷酷无情的老师只会摧残学生的信心与爱心。一个老师所缺乏的东西，就很难给予学生，一个老师的心灵是一片干涸的沙漠，也很难让学生拥有心灵上的绿洲。老师只有让自己拥有言行合一、身正为范的美好心灵，才能对学生的教育产生"随风潜入夜，润物细无声"的良好效果，不然只能让学生产生逆反心理，与真正的教育意义背道而驰。

有人认为，教师的主要任务就是教会学生知识。实际上，教师真正的职责是用自己的榜样力量教育学生。学生被老师的人格魅力和动人的人性所吸引，又何愁产生不了学习的动力呢？相反，一个品行丑陋，让学生厌恶的老师，又怎能让学生主动学习呢？所以说"皮之不存毛将焉附"，教师榜样的力量是无穷的。

好的教育从某种程度来说是好的师生关系。马克思说，人的本质是一切社会关系的总和。教育也是这样。用任何一种方式疏远了、隔离了人与人的交流，这跟教育是相悖的。十年树木，百年树人。哈佛大学校长德鲁·吉尔平·福斯特说，一所大学的精神所在，是他要特别对历史和未来负责。教育是生命对生命的影响。

教师是学生学习的榜样，教师不仅仅是知识传播者，老师的爱、关心、气质和人格魅力可以替代千言万语，甚至一个眼神，都很重要。学校的教育不能仅仅关注教育价值的理性追求，更要关注精神、信仰、理想、信念，培养学生慈爱悲悯的人文情怀，使学生拥有善良的心灵，注重全面发展，这是教育的重要使命。

成都的武侯祠内还保留着这样一副对联："能攻心则反侧自消，从古知兵非好战。"说的就是带兵打仗要通过将军的人格获得士兵心里的认可，那么就没有反对的人了。这与《道德经》中"用人之道，攻心为上"一脉相承，都是说要想让人心甘情愿追随自己，就要用自己的行为做到"攻心"。

常恩元在任教和当校长的过程中，正是做到"攻"教师和学生的"心"，用自己的人格魅力影响身边的老师，身边的老师又影响身边的学生，身边的学生又影响自己的家庭……正能量传递，直至影响更大范围的人，间接地影响到一个区域，一座城。

第二节 素质评价促进师生了解沟通

常恩元来到马驹桥学校担任校长以后，发现整个学校以学生的学习成绩为导向的现象比较严重，学校评价学生的标准主要是成绩。而成绩中只关注中考学科，不关注历史、地理、生物等非中考学科，这些学科都没有招聘专业的教师，而是中考学科的老师兼任或者中考学科教不好的老师来担任这些学科的教学，更不用说体育、美术等其他学科了。

常恩元决定改变这一状况，不再以成绩为评价学生的唯一标准。他招聘了历史、地理、生物、思品、美术、信息技术等专业的教师来任教相关课程，举办知识竞赛、综合实践等活动，让学生能够发挥自己的特长，找到属于自己的发展方向。他说："学生的一生很长，要帮他们找到今后的道路，而不仅仅局限在他的学习成绩上。"

正是出于对教育这样的赤子之心，对学生前途真正的关注，当2013年教育部提出《教育部关于推进中小学教育质量综合评价改革的意见》，要求做好学生综合素质评价工作，常恩元惊喜地看到新的评价体制中提出了"绿色评价"的概念，就是将评价标准细化，运用能够真正体现素质教育要求、以学生发展为核心的20个关键性指标，科学多元地进行评价。它一改"分数独大"的局面,将道德品质、身心健康、学业发展、社会责任、创新精神和实践能力等并重,真正体现国家提倡的贯彻素质教育的精神。在这种评价体制下,学生们必将挣脱分数的束缚,各展神通,充分发展。

作为一名校长,常恩元更为关注的是新的教育评价体制中的"增值评价"。"增值评价"是指评价学生在经过一段教育过程后的"成长"和"变化",取代原来对学生在某一特定时刻的结果关注。也就是说,"增值评价"以考察评价学生在原有基础上进步的幅度来评价学生的好和坏。由于它面向每个学生,关注每位同学的进步和发展,所以反映了学生努力的真实情况。

于是经过申请,马驹桥学校成为北京市学生综合评价基地校。被批准成为基地校之后,常恩元非常重视,希望通过切实的行动将教育部的号召化为行动。经过多次开会讨论,最终把国家规定与马驹桥学校的实际情况相结合,制定了《马驹桥学校德育行为卡》《马驹桥学校教学行为卡》和《马驹桥学校课堂评价反馈表》。通过运用综合素质评价,让同学们明白每个人都有被人羡慕的优秀品质,别人也会注意到自己的各方面表现,要时刻严于律己,注意自己的形象。老师只是需要在开始时起解释说明作用,同学们一旦进入角色,老师就很轻松起协调、协助作用了。

以下就是素质评价促进师生了解沟通和学生转变的三个真实故事。

第一个小故事是在一次班会上,张老师拿着综合素质评价手册,指导同学们填写"个人自评"、"刚开学的我"和"我的发展目标"。看到大部分同学紧咬笔头、眉头轻皱的样子,张老师慢慢引导同学们:"个人自评呢,包括评价自己的优点和缺点。发现自己的优点可以肯定自己存在的价值，找到缺点可以为自己的进步确定突破口。"

张老师悄悄地走到学生曹明明面前，看到他只写了自己的优点，缺点却避而不谈。张老师笑而不语。

这个曹明明的情况，张老师已经有了基本的了解：入学之初，在中小学班主任工作衔接记录上曹明明被定为"学习后进生"。他是一名留守儿童，父母在外地忙于工作无暇照顾他。没有父母对他学习的监督和对生活的关爱，曹明明像是一匹脱缰的野马，失去了对学习的自制力，各科成绩都很差，课上也偶有纪律方面的问题，刚刚开学两周他又有了连续不完成作业的情况。

张老师此次有意通过综合素质评价分阶段来实现对曹明明的转变。

小组互评时，曹明明很活跃，对别人不论优点还是缺点，都能说上几条。当评价曹明明时，组长读道："他道德优良，积极向上，他乐于助人，对人有礼貌。地理老师曾表扬他课代表工作做得好！"又有同学说："我们组很多发言都是曹明明说的，他平时挺注意认真观察的，还真细心。我们要向他学习，以后写作文肯定不愁写什么了！"……同学七嘴八舌地说着曹明明的优点，大家对曹明明这样较高的评价让张老师对他刮目相看，也更加深了了解。

张老师接着问组长："缺点怎么没写？"旁边有女生马上说，"他不完成作业。""对呀，还有上课的时候有时候会做小动作。"有人提出了另外的一条缺点。曹明明马上低下了头，一阵沉默之后，曹明明小声说："我尽量写完我会的作业。我以后也会注意课堂纪律的……"

小组评价工作结束的时候，张老师从曹明明的目光里看到了坚毅，看到了希望和信心。张老师看到他在"个人评价"里写下了自己的缺点："有时候做不完作业，上课纪律不很好。"同时在"我的发展目标"里写上："我会改掉缺点，以后会好好学习考一个大学，挣钱养家再做一个好人。"

通过班会互评活动，曹明明吸收了老师和同学们的建议，认识到了自身的不足，明确了努力的方向。班会后，张老师发现他有了明显的变化：能够坚持认真完成部分学科的作业了，课间也主动问他人问题，放学后，还和几个好朋友写一会儿作业再回家。期中考试时两科成绩都及格了。

第二个小故事的主人公是曹明慧，她又一次回到了学校，她离开学校整整一年了。

想起一年前自己休学的原因，曹明慧仍然感到心口隐隐作痛。曾经曹明慧以为自己拥有世界上最幸福的家庭，爸爸妈妈恩爱，对自己也都关爱有加。小学时候的曹明慧学习和品德也都是出类拔萃的，是班上的优秀班干部。但是自从两年前曹明慧的父母离异，让她面临跟爸爸还是跟妈妈生活的抉择之后，她的性格就变了，沉默寡言，把自己封闭起来，对任何事情都失去了兴趣，包括学习。曹明慧面临崩溃的边缘，家人只好帮她办理了休学。

曹明慧来到吴老师任教的班里。吴老师对这个特殊家庭的孩子也给予了更多的关注。吴老师发现她依旧每天浑浑噩噩地度过，学习态度虽说较之休学前有所改观，但是依旧不尽如人意。吴老师多次找她谈心，对于她的学习能力给予肯定，鼓励她端正学习态度，但是一直不见起色。

有一天，曹明慧看到自己的综合素质评价手册上英语课代表对自己评价如下："你思维敏捷，常常语出惊人。你也沉默寡言，有着与众不同的性格，给人特立独行的感觉。面

综合素质电子平台学生任务

对难题你从容的表情，让我看到了你隐藏在内心深处的自信。在竞争日益激烈的今天，良好的心态必不可少，但是自身的努力更为重要，与他人合作也是不可或缺的因素，要想取得事业和人生的成功，你还要勇于面对挫折，不断完善自我。"看着这样的充满鼓励的评语，曹明慧心中有感动和温暖洋溢。她一向是一个在乎同学们看法的孩子，以为来到这个班级后一直沉默寡言，非常不合群，同学们会在心中讨厌她，没有想到自己在同学们心中竟然有那么多的优点。

曹明慧发现班上其他同学，也不时地在综合素质评价手册和电子平台上对她进行评价，那些肯定的句子像是一股暖流涌入她干涸已久的心田。一段时间之后，吴老师发现曹明慧在学习态度上明显转变，主动地参与到课堂活动中，学习成绩明显进步。半个学期过去了，曹明慧回到了最佳状态。

学期末的时候，曹明慧取得了良好的成绩，也真正成为一名同学们都喜欢的同学。有一次她跟英语课代表聊天，听到课代表无意间说："吴老师对你可真用心良苦啊，学期初的时候他特意找到我和其他几个班干部，让我们多给你写评语，让我们突出写你的优点，委婉地提出你的缺点。"

曹明慧听了，眼泪不可遏止地流下来。她在学期末的

"学生本人评价"中写道:"时间飞逝,一个学期转眼就过去了,回顾自己在这个学期中的表现,有喜有忧,一切历历在目。老师给予的机会,同学们给予的鼓励,让我看清了前进的方向。下学期我要为了我的未来,冲冲冲!"

第三个小故事是马驹桥学校曹锁老师运用素质评价转变学生的故事。2014年9月,新开学的曹锁老师除了继续担任数学老师,还担任起初二(8)班的班主任。经过观察,曹老师观察到他们班成绩在级部成绩优良,但是班里"差生"也很"稳定",有三个同学初一以来一直排在年级后30名。初二对于学生来说是相当关键的一年,如果这些后进生没有人激发他们的积极性,那他们就可能无缘好高中好大学了。

曹锁老师的想法是"只要我能成功转化一个,他的影响应该比任何说教都管用"。这时,有个长得胖乎乎,看起来很憨厚的男生马上走进了他的视野。他就是数学成绩不错,但是其他成绩落后的张浩然。

恰逢距离2012年学校开始使用北京市中学生综合素质评价电子平台已经两年了,这两年素质评价给教学工作带来了无限的空间,他决定利用它来点亮张浩然积极成长的起航灯。

开学初的电子平台中,张浩然在"刚开学时的我"中写着:"我的英语学习成绩从小学四年级开始就不好了,进入初中以来,我的语文也越来越差,甚至不能及格。但是,我的数学还是很好的,这学期又增加了物理,希望成绩

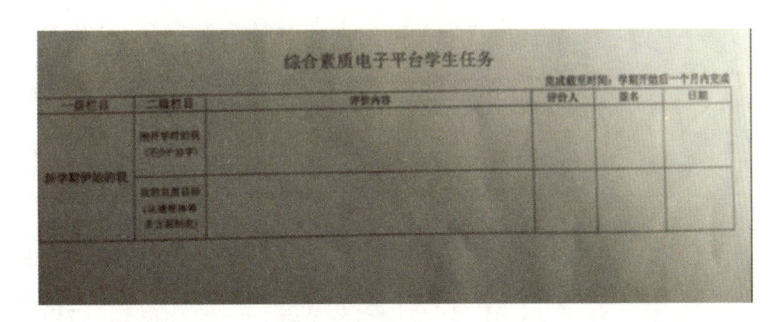

综合素质电子平台学生任务

可以好一点！"在"我的发展目标"中他写着："希望学习能有点进步，能为班里做点力所能及的事！"……各项内容的本人自评中他都给自己打了 B，家长评价也是 B，同学互评也是 B。而班主任评价中，曹老师给他打了 A。

曹老师在张浩然的数学课程评语一栏是这样写的："老师不会忘记你每天对着记分册认真地统计着作业本数量，每天催促着大家及时改正、上交当天的检测小卷，是你的细心、耐心，促进了咱们班同学良好学习习惯的养成！我知道，你是个不怕累，愿意为大家服务的课代表，老师也希望你能在各科学习中继续发扬自己的优点，做一个有自信的好孩子！"

有人说过这样一句话："老师不经意的一句话，可能会创造一个奇迹；老师不经意的一个眼神，也许会扼杀一个人才。老师习以为常的行为，对学生终身的发展也许产生不可估量的影响。"的确如此，就是这简简单单的几句话对于张浩然来说就是化学元素中的催化剂，给了他极大的信心和鼓舞。

就在这个时候，曹老师趁热打铁，找张浩然深入地谈了一次心，透露了想让他当纪律委员的想法。张浩然把头摆得像是拨浪鼓，对曹老师说："老师，谢谢您！可是我学习不好！"曹老师真诚地鼓励他："学习不好，也不能说明你就不能当班干部啊，没看到咱们现在的评价标准都变了吗？你有你的优点啊，你正直、懂礼貌、不怕苦……"

眼泪在张浩然的眼睛里不停地打转，这时，他给曹老师深深地鞠了一躬，说："曹老师，您看着吧，我这个学期，一定让其他科的学习也有进步！"他的拳头攥得紧紧的。

综合素质评价电子平台，搭建了曹锁老师和张浩然之间沟通的桥梁，在一个全班同学都能看得见的平台，曹老师认可了张浩然的优点，让他知道自己在班主任的心中原来并非自己想象的那么不堪，相反，曹老师看到了他身上的闪光点并鼓励他。通过素质评价平台的沟通，曹老师也慢慢地了解了张浩然的成长经历，走进了他的世界，从每天放学陪他读英语单词、跟着他一句句背古诗开始，并坚持了近两个月。

现在的张浩然，脸上露出了久违的笑容，不再低着头、躲着老师走路了，而且来办公室的次数频繁了，不再是挨批评，而是主动找老师问问题、背课文、背英语单词……以前不及格的学科慢慢达到及格，总体成绩在第一学期的期末考试中进步明显，被评为学校"进步之星"。

通过素质评价平台的良好沟通，通过对一个大家眼中后进生的真心鼓励，通过两个月来对他良好学习习惯的培养，张浩然给了自己一份满意的答卷，也给了班上其他后进生强烈的信心。在初二的第二学期，曹老师在班会上提议张浩然同学做班级的纪律委员，全班30名同学竟有25票的高支持率通过。

没有苦口婆心却收效甚微的说教，初二（8）班的"后进生"通过张浩然看到了"没有做不到，就看你想不想做，能不能坚持做"。在他的榜样带动下，班级的各项工作蒸蒸日上，每个同学都在默默地努力，为班级争取各种荣誉，也为了自己能在同学中树立良好的形象，争取在综合素质评价的互评会上得到同学的认可和尊重。正是在这种积极的氛围下，初二（8）班在各项工作中都取得了优异的成绩，被评为通州区红旗团支部。

这三个故事都是通过综合素质评价的实施，老师对学生积极评价，最终扭转乾坤，让学生获得巨大进步的典型案例。

常恩元说："我们教育工作者需要思考：教育教学的终极目标是什么？是让学生德、智、体、美、劳全面发展，让学生终身发展。我相信随着学生综合素质评价体系越来越科学、越来越完善，初中学生的学习生活一定会因综合素质评价而更加精彩。"

事实证明，实施综合素质评价，评价方法更加多样了。分数定乾坤的局面改变了，评价方法的多样化，在很大程度上调动了学生的热情与激情，使学生相互帮助、相互监督、相互提高。学生自评，学生互评，教师评价，家长评价，能够使学生更全面、更客观地认识自己，评价自己。这种评价更容易让学生看到自己与别人的差距，更有助于教师、家长全面了解学生，在很大程度上，给了学生向上的动力。克莱尔麦·克福尔在《摆渡人》中说："每一个灵魂都是独特的，都有独自的美德和过错。"综合素质评价的实施，正是挖掘了每一个学生生命的独特之处，让每一个世俗眼中的"差生"的"美德"彰显在大家的评价中，也让每个学生看到自己的"过错"，从而对学生起到疗愈心灵的作用。

实施综合素质评价，搭建了学校与家长沟通合作的桥梁。综合素质评价的实施为家长了解学生在学校的真实情况提供了机会，为学生和家长之间交流搭建了一个平台，有效地促进了家长与学生之间的亲情交流。家长在教育孩子问题上，从苦于无用武之地到因材施教，家长和教师的关系也变得更融洽与和谐了。

实施综合素质评价，真正实现了学生全面可持续发展目标。随着综合素质评价的实施，学校开展了越来越丰富的教育活动，使学生在活动中受益，例如敬老爱老活动、传统节日活动。在活动中，学生的品德素质整体提升。综合素质评价电子平台，记录着学生的成长过程，在电子平台上，孩子可以随时看到自己初一以来的发展目标等内容。

素质评价的种种好处，通过上面的三个故事足可见一斑。在这三个故事中我们可以看到：每一个学生都是好学生，关键是看教师如何评价学生。有了现在的素质综合评价电子平台，小组合作学习价值得以真正实现，初中学生的学习生活也会变得更加丰富多彩。学校的教师们在常恩元的指导下，也都用心观察学生的日常行为，用笔记录其生活的点点滴滴，用眼睛拍摄其成长的每一个瞬间，他们全面关注学生的成长，全面评价一个学生。

第三节 爱心温暖转变学生润物无声

2009年的春节到了。

这天是大年除夕，家家户户都是一片喜气洋洋的欢乐气息。灰白色的天空中时时发出各色的光芒，接着一串串脆响，是京郊的人们为了表达喜悦放的爆竹。空气里到处散满了幽微的火药香，处处都传来人们互相拜年祝福的声音。

可是在这一片热闹的气氛里，有个小女孩望了望冷冷清清的屋子，看了下由于身体不好，根本无心准备过年的孙奶奶，轻轻地叹了一口气。"热闹是他们的，我什么也没有。"朱自清《荷塘月色》里的这个句子此刻就挂在小女孩的叹息声里。"这个春节，我注定没有新衣、没有好吃的，也没有人关心吧。"小小年纪的她竟感到一种深深的孤独从内心最深处升腾开来。

她想起来自己从小没有见过爸爸妈妈，被人收养，而养父和伯父都是重病缠身的70多岁的老人，她每天除了上学之外，还要照顾这两位生活不能自理的老人。就在她升入初中一年级那年，她的养父和伯父相继去世，她彻底成了一个孤儿，只能在邻居孙奶奶家暂时生活。

"杨海军！"有人"吱呀"一声推开了孙奶奶家的大门，喊着她的名字。她赶紧站起来，走向门口。

杨海军怎么也没有想到，进来的是她学校的校长常恩元。常恩元来到南刘中学后，专门找班主任了解学生情况。当他了解到杨海军的情况后，在第一时间联系乡镇和区里有关部门，为杨海军申请补助，并在学校内部为她专门成立爱心基金，组织老师们为她捐款和捐衣物。常恩元不但捐款金额最高，还给她买了书包衣物。常恩元还经常嘱咐杨海军的班主任李冬梅老师登门探望，帮她解决困难。

没有想到，在这个家家团聚的除夕，穿过凛冽的寒风，常校长竟然亲自来看望她了。杨海军看到常恩元冻得双颊红红的，进门第一句话却问她冷不冷，一股暖流溢满杨海军的身体和心灵。

常恩元又过去慰问了孙奶奶，拿出来很多年货放在桌子上。又拿出一个鼓鼓的袋子递给杨海军说："这都是我女儿穿过的衣服，都很干净，你放心穿。"

杨海军看着那些衣服，明明有好几件还带着吊牌，崭新崭新的。她知道，那是常恩元专门给自己买的新衣。她的泪水流了下来，心中的孤独

常恩元带领教师到杨海军家里进行家访

被一种向上的力量充盈着，阳光驱散了潮湿。

后来，在常恩元的奔走和帮助下，杨海军得到了多方捐助，她的情况还被北京某小学的学生家长看到，并主动联系到孙奶奶和杨海军的班主任，提出她和家人都被杨海军的故事所感动，愿意资助杨海军完成学业。杨海军在被爱心包围的气氛中，也感受到春雨般爱的滋润，变得开朗、活泼了很多，学习热情也日益高涨。

如今杨海军已经是首都师范大学幼教专业的学生，是一个美丽善良的姑娘。她的理想是做一名老师，像常恩元以及所有曾经关心帮助过她的老师一样，去关爱和影响更多的孩子。

回想起难忘的初中岁月，杨海军印象最深的就是常恩元校长对自己的关心，除了无私资助自己的事情，还有两件事让杨海军印象深刻。

刚入初一，杨海军和同学们还不知道哪个是校长。他们七嘴八舌地议论："小学的时候，我就听说初中的校长都很凶的，咱们校长嘛，肯定是表情最严肃、最不容易笑的那个。""校长是一校之长，应该最有钱吧，你找穿着最讲究的那个就对了！""好了，好了，一会儿就是全校大会，咱们不很快就知道谁是常校长了吗？"

全校大会的时候，杨海军和同学们

常恩元带领师生们为杨海军捐款

穿着朴素的常恩元在学校大会上发言

站在台下，往台上好奇地扫来扫去，寻找他们想象中那个不苟言笑、讲究穿着的校长。但是事实却让每个人大跌眼镜：他们的常校长却是个穿着再普通不过的灰色T恤衫，金属框眼镜，两鬓微白，脸上始终带着和蔼笑容，让人感到亲切无比的那个人！7年后，杨海军谈起常恩元，总结道："常校长是最不像校长的校长！"

后来学校为了提高学生们的成绩，成立了学习小组，每天放学后可以去老师们的办公室答疑解惑。那时候常恩元就经常来办公室，跟学生们聊天、谈心、开玩笑，完全没有一点架子。同学们都说常校长首先是他们的朋友、老师，最后才是一位校长。

还有一件事，也给杨海军带来了深远的影响。那时候常恩元为了杜绝同学之间互相抄作业的行为，每天很早就来到学校各个教室巡逻，有时候太早了教室还没有人，他就去学校门口站着迎接学生和老师到校，很多时候甚至不回家住在学校里，真正是以校为家。

那是冬天，天特别冷，杨海军快要走到学校门口的时候，没看到路边有垃圾桶，就把早餐袋子悄悄放在了路边的树旁。"杨海军，过来！"突然有声音从校园门口传来，不严厉，却分外威严。

只见雾气中，常校长站在门口招呼自己过去。杨海军走过去，准备接受一场暴风骤雨般的批评，没想到，常校长只是跟她说："做任何事情之前要想一想能不能对得起胸前的团徽。去把袋子捡回来扔到学校的垃圾桶里吧！"

没有想象中的责骂，只有那么一句话，却深深印在杨海军的脑海中，也印刻在她今后的行动里，哪怕一件细小的事情，也体现一个人的素质，也要对得起自己的良心。

身为一名校长，常恩元经常问自己这样一个问题：自己心目中理想的老师应该具备的最重要的条件是什么？是优美的语言？是广博的知识？还是丰富的教学经验？经过多年的实践和观察，常恩元越来越认同，作为一名优秀的人民教师最重要的是要有爱心。

常恩元认为，教书育人是爱的事业，教师的爱与众不同，它高于母爱，大于友爱，胜于情爱。母爱容易出现溺宠，友爱重在礼尚往来，情爱少了几分严谨。而师爱是严与爱的巧妙结合，是理智的科学的爱，是主动积极的爱。精诚所致，金石为开。做一名人民教师首先就要有一颗爱心，以德育德，以行导行，以智启智，以性养性，以情动情。

陶行知先生说："没有爱就没有教育。"对于这句话，常恩元非常认可。他说："热爱学生，不仅是一名教师人品、学识、情感与亲和力的展现，实际上更多的是倾注了我们教师对祖国、对人类、对未来的热爱。因为有爱，我们才有耐心；因为有爱，我们才会关心；因为有爱，我们才和同学贴心。爱学生成长过程中的每一个微小的'闪光点'，实际上是我们教师最大的乐趣。"

在常恩元的爱心感染下，他所担任校长的学校里，教师以心换心成为教育的主旋律。他们深切懂得，一个和悦的眼神，一句关心的话语，一个轻柔的抚摸，一份充满爱心的评价，一个鼓励的笑脸都会在学生的心田上注入股股暖流。另外，上一节讲到的综合素质评价体系的合理利用也是用爱心管理班级的平台，二者融为一体实施教育，以情感人，以情动人，言必含情，这样师生才能共同创造美好的明天。

范东清老师，是马驹桥学校优秀的班主任，这些年的班主任工作让她深深懂得，一个称职的班主任应该得到学生这样的评价：慈爱的母亲、严厉的父亲、真心的朋友、学习的榜样。从本质上说，"教育就是以心灵感应心灵的过程。"而得到这些评价的唯一途径是，用爱和学生进行心与心的交流。

范东清老师在几年的班主任生涯中，深刻体会到初中生教育越来越难，班主任的工作也要与时俱进。对于一些平常人心中所谓的"差生"，她没有表现出厌烦，而是经常想"假如他是我的孩子"。这种情感体验使他对学生少了埋怨，多了理解；少了指责，多了尊重，并努力创设宽松和谐、积极向上的氛围，使他们成功转变。

2013年9月，范东清老师接任初二（5）班班主任。接手新的班级后，她结合马驹桥学校《德育行为卡》的使用规范，组织全班学生参与制定班级的《班级操行管理细则》和《每日自评表》。学生学校行为管理的各项具体的量化标准及指标，具有较强的操作性，便于学生自我监督、自我评判，而且对所有学生"一视同仁"，公平对待。

实行几天后范东清老师发现一名叫邢佳的男孩，虽然聪明，但上课犯困，经常迟到，学习常常走神，还经常打架、去网吧。他的《每日自评表》中的评价记录也很差。通过多方了解，范东清老师才知道，家里在这个镇上就他一个人，家人给他租了一间房子，生活上没人照顾，妈妈最多每周打个电话，定期寄点钱给他。了解到这些，范东清老师的眼睛湿润了：他还是个孩子啊！没有家人关爱，不能再没有老师的关爱，没有了家庭的温暖，应该得到师生们的关怀。于是，范东清老师有时领他到家里吃饭，常和他聊天，拉近师生关系，消除了他的心理障碍。慢慢地，邢佳向真心关爱自己的范老师打开了心灵的大门。他大胆地向范老师诉说了家里的情况和学习的无助。范东清老师了解之后，就经常利用班会时间给他树立正面形象，放学后帮他补课。他的每一点进步范老师都记录在他的《德育行为卡》中，并时常在他的《每日自评表》中画上一个鼓励的笑脸。经过师生的共同努力，邢佳的学习成绩进步突出，再也没有打过架，没有去过网吧。后来他转学去了天津妈妈身边，并且考上了一所当地不错的高中。

在邢佳转变过程中范老师感悟到：了解学生心理，用爱走进学生的内心。没有爱的人生是不完美的，只有爱学生的老师才是称职的老师，才能赢得学生的爱，得到学生的信任，才能和学生站在同一起跑线上，和学生一起成长、一起进步。在学生情绪低落的时候，老师如果伸出援助之手，学生一定会心存感激，从而在以后的日子里努力表现加以回报。幸福不是由你获得什么决定，而是取决于发现美、感知美的内心。班里一名学生的教育，就让范东清老师感到了更多的幸福。

2011年范东清任初二（5）班班主任，班上转来了一位被一所不错的中学劝退的学生李雨，这应该是李雨最失意、最不开心、最垂头丧气的时候。他就那样带着一身的散漫和不羁走进了这个新班级。经过多方了解，范东清老师知道了曾经的他是一个多么让老师头疼的学生。曾经也有过辉煌的他，由于家里的溺爱和疏于管教而早恋、打架、顶撞老师、无心学习，是个问题严重的学生。通过观察，范老师发现他不愿和这个班里的学生交流。于是范老师就主动找他谈心，聊起他曾经的辉煌，曾经的失意，曾经的问题；也聊起这里的开始和希望，聊起老师对他的期待。那一刻李雨有了被重视的感觉，也有了从头来过的决心。

为了更好地对李雨进行教育，范东清老师增加了每周思想交流记录，把他们彼此想说的话写在一个本子上。范老师把这个本子叫做心与心的对话。结合马驹桥学校"忠孝诚信礼义廉耻"的德育目标，范老师在他们的日常交流中进行渗透和引导，每次给他写《德育行为卡》的评语都十分用心地肯定他的每一个改变和进步。在范东清老师的不断激励下，李雨终于找到了方向，他的斗志再次被唤醒，开始坚持不懈地努力学习。

升到初三后，李雨的学习成绩直线提高，同学们还选举李雨担任班级的班长，让他为班级文化建设出谋划策。

经过一年的不懈努力，李雨考上了通州区的重点高中。就在他拿到录取通知书的那一天，他打电话告诉范东清老师，"老师，我一辈子都忘不了您，没有您就没有我的今天。"范老师接到李雨这样的感恩电话，也是开心地热泪盈眶。那一刻情感这根纽带紧紧地把老师和学生联系在了一起。

在马驹桥学校，像范东清老师一样对学生富有爱心的老师真的数不胜数。果亚军老师作为一名班主任，就深深地感受到在开展教育工作的过程中，把对学生的爱充分融入到每个教育细节中，对提升教育质量起着至关重要的作用。特别是对于那些在学习、思想、行为等方面存在一定偏差的学生，他们往往被忽视、被冷落。殊不知，学生看起来最不值得爱的时候，恰恰是学生最需要爱的时候。错过学生的一个教育细节，也许就错过了学生的一辈子。下面的这个故事，正是果亚军老师从细节入手，把爱心融入在细微之处，最终帮助学生转变的例子。

初一新生刚刚入学后，果亚军老师班里有一名叫小井的学生，上课总是提不起精神，注意力难以集中，不但自己走神搞小动作，而且还影响其他同学学习。下课时常和同学追逐打闹，喜欢动手动脚。老师留的家庭作业，他很少认真完成……各科老师和其他学生对他的负面反映也比较多。

果亚军老师决定找小井好好聊一聊，了解一下他的情况。在第一次找他谈话前，果老师从侧面了解了他的家庭状况：小井的父母在外做生意，现在与奶奶一起生活，父母忙于工作很少关心孩子的生活学习，奶奶年纪大了，只能照顾到孩子的生活起居，谈不上教育孩子，他从小学起就被认为是"问题学生"。

对小井的基本情况了解后，果亚军找他进行了单独谈话。谈话中，果老师尽量尝试着去理解他，让他感觉到温暖。与此同时果老师明确表示希望他遵守纪律，认真学习，按时完成作业，一点点改掉不好的习惯，争取进步，做一个惹人喜欢的好孩子。小井表示会按照老师的要求去做。这次谈话似乎发挥了作用，谈完话的两天时间里小井在用心地改变着自己。可是两天后，据同学和老师反映，他又像以前一样了。那时果亚军老师感到很受挫，也曾想中途放弃，顺其自然，但又觉得身为一名教师不能因一点困难就动摇对学生的教育。冰冻三尺非一日之寒，果老师认识到解决他的问题急不得，需要从细节入手，施以爱心、耐心和细心。

为了使接下来的工作更具可操作性，果亚军老师计划先让小井充分认识到自己的问题，建立起符合他实际情况的目标。在第二次谈话中,果老师了解到他心里十分讨厌小学时的一名老师,而且也就是从那时起,他在学校里的不良表现才开始逐渐增多。那位老师在他犯错误时,只是简单地进行批评教育,并没有顾及到他的感受,以至这些批评教育非但没有起到效果,反而对他的问题起到了恶化的作用。果老师突然意识到问题的突破口打开了,在这次谈话中他并没有急于指出小井的不足和下一步该怎么做,而是充分地理解他的感受,引导他把内心的感受说出来,并寻找到他身上的闪光点,给予充分的肯定和鼓励。这使小井能够感受到老师在关心他,慢慢地与果老师建立起了信任的关系。随后师生俩一起讨论了小井身上存在的问题,今后的努力方向和发展目标。

为了巩固谈话效果,果亚军老师组织几个责任心强、学习成绩好、乐于助人、耐心细致的同学建立起了成长小组,特意安排小井进入小组,目的是利用集体的力量帮助他转化。事前,果老师对他所在小组的同学进行了逐一谈话,告诉大家不要歧视他,要尽量耐心地帮助他进步。小组同学充分利用课堂和课余时间帮助他,和他一起讨论,带他一起活动,跟他一起聊天,培养了他的学习兴趣,增强了他的团队意识,拉近了他与同学间的距离,大大地减少了他想犯错误的想法。在此过程中,小井出现了一些不太配合的表现,让小组中的个别同学产生了厌烦的情绪,果老师及时地进行谈话疏导,讲清道理。后来,在小井取得进步时,除了表扬他,果老师还鼓励了小组的其他同学。

这样,半个学期下来,在果亚军老师和同学们的帮助和带动下,小井同学各方面都取得了不小的进步:学习上起色明显,纪律上的问题越来越少,甚至成为了班级中值日最认真的学生。有一次果老师找小井谈话时,他说:"老师,我觉得老师和同学都越来越喜欢我了,我也很愿意和他们在一起。"果老师欣慰地感觉到小井真正地获得了自信和快乐,改变已经真真切切地在他身上发生了。

从以上的故事中,我们可以看到,教育是心灵的艺术。教育学生,首先要在师生之间建立一座心灵相通的爱心桥梁。教育的对象是活生生的人,教育的过程不仅仅是一种技巧的施展,而是充满了情感的心灵交融。心理学家认为"爱是教育好学生的前提",果亚军对于小井这样的学生,以关爱之心触动了他的心弦,用实际行动使他感受到关心和师爱,再加上晓之以理、动之以情的讲解,以及注重发挥周围同学的积极作用,促使他主动地认识并改正自身存在的问题。

在马驹桥学校,爱心教育的案例俯仰皆是,作为从马驹桥学校毕业又重回马驹桥学校当老师的韩春来说,通过爱心教育促进学生积极转化的事例也是让她深有感触。

韩春刚接手初二(6)班时,学生李文就让她未见其人先闻其声。熟悉班级情况的老师和同学们纷纷向她提及班内的一名女生的种种"劣迹":经常与年级里几个不踏实学习的女生混在一起,下课就琢磨怎么对付老师,整个班级被搞得乌烟瘴气。这名女生就是李文。了解了这些之后,韩春从多方面去关注她的情况,希望从她的身上找到切入点。

经过了解,韩春得知,李文很讲义气,还好面子。几个女生和她关系很"铁",称她"老大"。正是这一点也经常让她犯错误。平时她表现得很霸道,张口骂人,出手就打人。在学习上,表现为消极悲观,一副无所谓的架势,而且上课经常走神,不愿学习。在交友方面,与问题生接触过密,跟班里的同学很少沟通,并经常与校外游荡青少年接触。家庭方面,李文的爸爸经常酗酒,喝多了,稍不顺心就对她的妈妈拳打脚踢，对她也一向置之不理。爱的缺乏使她产生了一系列的心理问题：她慢慢形成了很强的男孩子气，对很多事情变得很冷淡，在情感上，她极度缺乏自信心，想到自己这样的家庭，再看看其他人的家庭，她认为许多方面都不如别人。

了解了李文的基本情况后，韩春认为，爱是潜伏在点点滴滴、润雨无声的相信与肯定中。对于这样有严重逆反心理的学生，教师更要多一份关注，多一份目光。韩春决定首先与她进行沟通交流，建立良好的信任关系，以真诚的态度去接纳她，并及时给予她充分的关心和照顾，引导其将内心的情绪和想法倾吐出来。经过韩春老师的多次耐心沟通，李文慢慢地对老师敞开心扉，平日的行为也在一点一滴地发生着改变。

一年一度的运动会马上就要开始了，同学们都在为运动会积极地准备着，李文也不例外。那天入场式时韩春意外地发现班里出现了一条横幅"二6必胜"，经询问是李文自己花钱给班里制作的。正在韩春感慨于李文的出色表现时，班里一个学生急忙地跑过来，告诉韩春，李文和别的班的同学打起来了。韩春立刻紧张起来，找到她们，看到李文正拽着对方头发，骂着一些脏话。韩春立刻喝令她住手，问明情况。原来是因为在赛跑中，那个邻跑道的学生绊了她一下，她摔倒了，本来有把握的名次就这么丢了，所以她很气恼，就找这个女生要撒撒气。韩春告诉她旁边的女生不是有意地绊倒她，什么事情都会有意外发生。听了韩春的话，她不服地反驳道："我本来能给班里拿个第一的，这下全完了。"韩春听了，心里涌现出小小的感动：原来她还是在为班里的荣誉着想啊！在韩春耐心地劝说下，对方学生就不小心绊倒李文给她道了歉，李文为她的冒失向对方道了歉。

邻道同学这一绊，李文伤得不轻。接连几天，韩春每天都关注她的伤口，嘱咐她不要运动，甚至给她带来芦荟胶。李文调皮地对韩春说："您比我妈还关心我呢！"这时韩春老师意识到自己点点滴滴的爱已经渗透在李文干涸已久的心灵里。

鉴于李文对班集体的责任感，韩春交给她一个任务——检查班内的文明礼仪情况。很快奇迹出现了，那几个问题女生的耳朵上的耳钉不见了，长长的刘海剪短了，改了的锥腿裤没人穿了。而且班内骂人的现象没有了，就连下课打闹的也少了。看来李文在班里的影响力还真不小呢！

韩春除了平时在生活中经常对李文嘘寒问暖、关怀备至，在学习上也是对她不厌其烦、耐心启发。韩春告诉李文，任何困难都是把双刃剑，如果你把这个坎迈过去了，你会比别人更强大。慢慢地李文在韩春老师的引导下重拾自信。

如今的李文做事能克制自己不违反纪律，周围的人渐渐改变了对她的态度，她在班里越来越合群，朋友也越来越多。生活中，她的朋友越来越多，在班里越来越合群。她周围的人渐渐改变了对她的态度。韩春还发动班上的干部对她进行一对一的帮助，李文的学习比以往认真了很多，上课能主动举手回答问题，成绩有了很大进步。她的目标是：考上永乐店高中，和同龄人一样考上大学。看到李文的态度一天天在转变，听到其他老师对她的频频表扬，韩春觉得自己也像她一样收获着成功。

以上从马驹桥学校的班主任管理案例中随手撷取的小案例，让我们切实感受到爱心对于学生的深远意义。正如常恩元常常对教师们说的那样：作为一名初中教师，一名班主任，要善于用爱心来对待学生、用诚心来打动学生、用热心去帮助学生、用微笑去面对学生、用自己的人格去影响学生。只要我们真诚地捧着一颗"爱心",真心地对待每一位学生,就一定可以把那些极小的甚至是烦琐的班级小事干得有滋有味、有声有色、从从容容、快快乐乐,也一定能在平凡琐碎中体味到特有的快乐和幸福!

教育家苏霍姆林斯基说,我们"应当了解孩子的长处和弱点。理解他的思想和内心感受,小心翼翼地去接触他的心灵"。常恩元始终坚信,作为一名教育工作者,不能把精力只聚焦在学生的成绩上。教育的最高境界是对学生心的教育,最持久的是对学生德的教育。而管理的最高境界是实现"无痕"的管理。无论管理细则制定得多么全面、科学、缜密,最终,不应该仅仅体现在可视的文本之中,而应融于学生内心深处的无形的行动指南中。马驹桥学校以教师的爱心为载体,以《德育行为卡》和《综合素质评价平台》为媒介,搭建了一个符合学生的成长规律的评价方式,也为班级管理提供了很好的策略参考。

从以上的管理案例中可见,爱就是教育,班主任只有用自己的爱、奉献与耐心,才能与学生产生心灵的碰撞。教育里不能没有爱心,没有爱心的教育就如同池塘里没有水一样不能称其为教育。班主任如能用真诚的情感去热爱学生、关心学生,就会受到学生的爱戴,就能沟通师生之间的心灵,学生就会亲近班主任,把班主任当做可以依赖的人,从而在师生之间架起一座信任的桥梁。这样,学生也乐意和班主任推心置腹地谈思想、学习和生活,师生的心就会往一块儿想,劲就会往一处使,从而形成一个有凝聚力和向心力的班集体。

温家宝对于教育的众多见解中,也是强调了爱心的核心地位。"没有爱就没有教育";"教师的日常工作既平凡又不平凡,教师不是雕塑家,却塑造着世界上最珍贵的艺术品";"教育是心灵与心灵的沟通,灵魂与灵魂的交融,人格与人格的对话"。常恩元正是这样,用自己满腔的爱践行着自己塑造心灵的神圣职责。因为有爱,常恩元披星戴月,两袖清风;因为有爱,常恩元把教育之累品成一杯清茶,清香淡雅,乐在其中。他对于师生的爱像一股潺潺流动的清泉轻轻洗涤师生的心灵,让师生的灵魂被唤醒,从而遇到更美好的自己。

2016年12月8日,首届北京城市副中心美术教学高端论坛在马驹桥学校隆重举行。400多人济济一堂,共享这美术教学史上的盛宴。

走进综合楼,首先映入眼帘的是"马驹桥学校师生作品美术展",与会的专家和老师们都被展出的一幅幅师生美术作品吸引而驻足观赏。图画是用精美的相框裱装起来的,右下角是作者的班级和姓名,每一幅都栩栩如生,引得观者阵阵赞叹。

那幅《生命无国界——白求恩》里的每个人物表情生动,如在眼前。白求恩专注地在弯腰进行治疗,他的眼神笃定自信而又充满了对病人的怜惜,旁边的助手一个个紧张地做着协助工作,就连右上角挂着的罩灯也是形象逼真。而旁边那幅《秋天的公园》则让观者心情一下子放松下来,仿佛沐浴在秋天的暖阳里,踏着公园里红红绿绿的落叶惬意地散步。

而那幅小孩子吃螃蟹的图片则活灵活现，充满着童趣，孩童的眉眼里都是笑着的，那发自内心的开心感染着画幅旁边的每一个人。小作者也一笔一笔勾画得非常仔细，连孩童手中的螃蟹的眼睛都画得饱满生动……

2016年9月5日的时候，马驹桥师生美术展已经举办过一次，活动以"美在我身边"为主题，分为平面、立体作品两部分。其中，平面作品包括：学生国画、刮画、素描、色彩、书法等作品，教师国画、油画作品。立体作品分为四个主题：非洲美术、欧洲美术、美洲美术、亚洲中国美术，作品形式有手绘T恤、包、手绘面具、马勺、立体纸浆瓶子、纸浆盘、手绘图腾柱等。那次活动是学校落实《学校艺术教育工作规程》，推进学校艺术教育活动的深入开展的重要举措，有利于激发学生的艺术兴趣与爱好，让学生在参与中体验美、感悟美、鉴赏美，展示学校师生的风采，塑造良好的校风，实现学生主动发展。

在上次师生美术展的筹备过程中，对美术有天赋的

马驹桥学校师生美术作品展

学生拥有了一个展示自己才华的舞台。暑假期间他们每天很早就来到学校画画，专注起来连水都忘记喝。画展活动的一周里，有作品掉落下来时，学生们也展示出极高的素质，路过的都小心翼翼地捡起来，仔细地重新粘贴上。很多平日默默无闻的学生在这次活动中由于展示出自己的美术才华而被老师和同学们刮目相看，学生本身的自信心也得到空前的提升，这份自信和自豪又带动了学生对其他学科学习的积极性，充分表现出马驹桥学校给学生机会展示体育、美术、音乐等方面的才能对于每一个学生是多么重要！

观看完画展，移步到阶梯教室，便是主论坛的会场。出席论坛的有首都师范大学教授尹少淳、杨广馨等10位专家。同时出席会议的还有通州区教委袁静华副主任，体美科刘万松科长，研修中心体美部张金玲主任，美术教研员李永亮老师、孟庆臣老师，马驹桥学校校长常恩元。论坛的发言精彩纷呈，赢得阵阵掌声。

一幅每个人耳熟能详的铁人王进喜的照片在投影仪上投放出来之后，尹教授问大家能从中得到哪些信息。每个人都能尽量说出一二，但是当尹教授最终告诉大家，当年的日本人就是通过这幅画破解出众多机密信

首届北京城市副中心美术教学高端论坛主论坛会场

精彩纷呈的主论坛

息，并根据图像的识读迅速设计出适合大庆油田开采用的石油设备时，与会人员不由得大吃一惊。这些信息他们通过这么一幅普普通通的照片是如何识读出来的呢？根据王进喜的衣着判断，只有在北纬46度至48度的区域内，冬季才有可能穿这样的衣服，因此推断大庆油田位于齐齐哈尔与哈尔滨之间；通过照片中王进喜所握的手柄的架势，推断出油井的直径；从王进喜所站的钻井与背后的油田间的距离和井架高度，推断出油田的大致储量和产量。所以，当我国政府向世界各国征求开采大庆油田的设计方案时，日本人凭借最合适的石油设备一举中标。通过生动有趣的讲解，尹教授庖丁解牛般阐述了美术学科核心素养，必将对当下美术教学即践行核心素养起到尤为重要的指导作用。

整个主论坛精彩纷呈，而各个分论坛又呈现出不同的精彩。王茜老师正在教授画梅花的课程，她给同

刘雪强讲解画松树

学们播放了一段《红梅赞》的视频，并通过引导同学们回答，让同学们体悟到梅花的精神品质。之后让同学们咏诵王安石的《咏梅》，引导学生进一步体会梅花的品格。接下来引导学生分层欣赏王冕的《墨梅图》，让学生体会出梅花"只留清气满乾坤"的风韵。这时候学生对于梅花表现出强烈的兴趣，再一步步通过现场演练教授学生学画梅花，最终鼓励学生大胆创造，并让他们在讲台大胆展示自己的作品，让他们体验出成就感。

而另一分会场的刘雪强老师讲解画松树，同样高潮迭起，设置情景导入课程后，分步骤让学生和自己一起在讲台上演示，引导学生互评互选，真正把对于松树的美学鉴赏与学画松树的实际技能相结合。

课程结束后段鹏、杨广馨等美术学科专家对于课堂的点评，更是把论坛推向了高潮。段鹏根据新的美术课程标准，解读了美术核心素养的基本要求以及课程质量标准，对教师的课堂给予充分肯定的同时，也提出了中肯的建议。他建议课堂与学生的生活经验发生链接，让学生在体验和应用中学到知识和技能。例如，课堂开始前，鉴赏课就可以预设一个情境：假如你是美术馆的馆长，你该如何向游客介绍我们的画？或者学画画的课程，就可以预设出学生的朋友要过生日了，要亲手画一幅梅花图送给她，等等，让学生增强解决实际问题的能力。杨广馨则提出要提高学科素养，就一定要改变教师"一言堂"的现状，改预设课程为根据课堂上学生随时提出的问题生成课堂，真正以学生为中心，让课堂成为一汪活水。这也对教师的核心素质提出了更高的要求。

此次活动将有力地促进马驹桥学校乃至全区美术教学水平的提高，为不断提高教师和学生的美术核心素养打下坚实的基础。首次美术高端论坛在马驹桥学校举行绝非偶然，这与常恩元一向重视学生德智体美劳等综合素质的培养，学校在德育、体育、美术、音乐等方面都做出了突出的成绩是分不开的。

常恩元非常重视德育教育，但是他认为，德育不是板起脸孔训人，更不是背诵一下社会主义价值观和校规校纪，真正的德育是让学生通过自己的体验，让美好的情感和素养深入到学生的心中。因此常恩元校长倡导"主体参与——自我体验型"的德育观，就是让学生在实践中以"身"体之，以"心"验之，以生活实践为基础的一种道德教育形式。学校组织和引导学生在亲身实践中，把做人做事的基本道理内化为健康的心理品格，转化为良好的行为习惯的过程。它强调学生要回归生活，亲自参与，在体验中感悟，在感悟中内化，提高思想认识，促进道德行为的成长。

在德育教育实践中，常恩元发现很多反复叮嘱的纪律规范和道德标准，学生听到的记不住，看到的容易忘，只有亲身体验的才刻骨铭心。麦克菲尔曾说过："个体体验是一个中介，通过这个中介，道德才能被体察和领悟。"人对道德价值的学习以情感体验为重要的学习方式，所以情感是不能命令的。它需要借助教师的引发、启动、传感，靠主体的自主感受和体验，才能促使学生真情实感的萌生和发展。如果在教育中不重视体验，在认知过程中不染上相应的情绪色彩、道德知识、道德观点，对学生来说就会变得枯燥，情感得不到激化，认识得不到深化，心弦无法拨动。只有在切身实践中，学生才更能学会反省，激励道德情感，强化道德意识，增强道德责任感。

常恩元注重将教育活动开放化作为切入点对学生进行德

育教育，通过引导班主任开展主题活动来促使学生树立远大的理想，形成正确的人生观。

2015年，马驹桥学校开展了"学会做人"主题教育活动，常恩元带领各个班级召开了"善待生命，珍惜人生"的主题班会。班会上同学们结合自己的成长历程，一方面勇敢地解剖自己：爱打游戏机的同学痛述自己因沉迷游戏而耽误学习的事实，有吸烟史的同学追述自己因吸烟成瘾而贻害自身的过往，曾逃过学的孩子更是痛悔自己那段因逃学而惨遭磨难的经历；另一方面同学们也为小周同学在网页设计方面所取得的成绩而喝彩，为小曹同学在作文大赛上获奖而叫绝，为更多的同学的进步而感叹。同学们热烈地畅谈理想，畅想未来，深刻领悟到：生命的真谛在于奉献，人生的可贵在于奋斗。

根据很多班的班主任反映，班会后，同学们似乎长大了许多，他们身上的坏毛病不见了，一向懈怠松散的同学守纪了，珍惜时间、勤奋学习的学生更多了。这不得不归功于常恩元的正确引导，学生的自我教育。

为了对学生进行诚信教育，常恩元又带领马驹桥学校的班主任开展了"寻找打开诚信之门的金钥匙"的主题教育活动。各班班主任也积极引导学生加入到活动当中。针对班内有些学生把不分是非、互相利用、互相包庇的"哥们义气"当做恪守诚信这一错误行为，班主任们向学生阐明什么是诚信，为什么要讲诚信，怎样讲诚信。有老师亲手在黑板两侧写出一条标语："诚实贵于珠宝，守信乃我之珍。"希望学生们都以此为准则，做诚信的使者。学生们寻找到了自己身边许多讲诚信同学的典型事例，他们把这些典型事例写成表扬稿送到校广播站去宣传，起到了用个体行为激励群体讲诚信的作用。马驹桥学校的学生讲诚信已蔚然成风。这些教育实践活动由于紧紧抓住了青春期学生的人格特点,所以学生们在参与活动时热情极为高涨,他们在活动中不但学会了自我教育,而且人格素质也提升到了一个新的境界。

传统的德育以灌输为主,而初中生已开始具有较成熟的思想,老师的说教已不能引起有些学生的注意,有时还会引起一些学生的反感。学生既不是装知识的容器,也不是盛美德的口袋,学生是有思想有感情的人,是精神主体,是道德主体。常恩元将教育活动开放化作为切入点对学生进行德育教育,其意图就在于吸纳新的时代精神,发展学生的思维判断能力、道德选择能力以及创新能力。

常恩元以培养学生高尚的道德品质为目标,以社会实践活动为载体,实行开放的德育。他平时提倡学生收听新闻,阅读报刊,关心国家大事、社会热点问题,以提高学生的思想觉悟和辨别是非的能力;假期引导学生贴近现实生活,通过社会调查活动让学生了解社会、了解国情,从而逐步学会判断、选择和创造。

仅以社会调查为例,几年来马驹桥学校的学生调查的内容涉及社会的诸多方面,有马驹桥的历史由来、新农村建设、家庭教育投资、凉水河治理、马驹桥的交通等。学生们写出的调查报告有理有据,生动具体。这项活动一方面给了学生以独立观察和思考的空间,培养了学生的自主判断能力以及社会交际能力,另一方面,还将作文教学与做人教育融为一体,提高了德育的实效性,增长了学生多方面的能力。

实践使常恩元体会到:有目的、有计划地开展"系列教育活动",既有利于开发学生的智力,发展学生的个性,使之形成良好的品德;又可以把同学的心连接起来,使学校和班级保持稳定、和谐、活跃的气氛;还可以为学生指点生活的航程，把他们引上健康发展的道路。

常恩元提倡"主体参与——自我体验型"德育模式。每年他都让学生去天安门参加升国旗仪式，正是"主体参与——自我体验型"德育模式的一个具体体现。学生们从幼儿园开始，就背诵"爱祖国、爱人民"，小学和中学的道德守则和行为规范上第一条也永远是有关热爱祖国、热爱人民的教导。但是对于大部分同学来说，这些话就像念顺口溜一样，从嘴角滑过，却从内心飘走。通过让学生们身临现场去天安门观看升国旗，或者让同学们去电影院观看爱国主义影片，这种自我体验到的爱国主义情感就会真正走进他们内心，而不仅仅让爱国成为一句口号。

常恩元经常跟班主任们说："刚刚步入青年行列的中学生在面对生活、学习上的一些问题时，虽然已有一些自己的独特见解和作出独立判断的渴望，但在更多的时候，他们仍需要老师给予及时的帮助。此时，如果班主任掉以轻心，他们就会盲目地追求不健康的生活方式，过多地追求物质享受，造成学习上的懈怠。"

除了重视学生的德育工作，常恩元还注重每个学生在美术、音乐、武术等各个方面的特长和个性发展。他号召全校教师克服功利思想，从学生的长远发展为出发点，让每个孩子都能找到适合自己的优势和特长，让他们都能在学校获得自信，而不像传统教育那样仅仅是关注学生的学习成绩。让孩子德智体美劳全面发展是常恩元的教育目标。为了实现这一目标，常恩元大力引进北京市初中学生综合素质评价电子平台，来综合评价和大力鼓励每个学生全面发展。

综合素质评价是一种多元化立体式的评价，是促进学生发展的重要手段。初中学生综合素质评价电子平台的使用，对于初中生德智体美劳综合素质评价工作的顺利进行，起到了积极的推动作用。

新学期伊始，在果亚军老师所负责的班级里，有一名叫小秦的女生，在她文静外表的背后总是给人一种郁郁寡欢的感觉。小秦课间经常一个人独处，很少和其他同学一起玩。在课堂上，她表现得也不积极，几乎从未主动回答过问题。在课堂上偶尔还有一些小动作，学习动力明显不足。按时完成作业对她来说似乎也是一件很困难的事情，即便完成了，作业的质量也不高。

基于以往的工作经验，果亚军老师清楚地意识到，如果不及时采取有效的教育措施，这名学生不但不能很好地进行学习生活，而且很有可能出现严重的心理问题，以致耽误了孩子。

有一天，果亚军老师发现小秦笔记本第一页，画着一个流着眼泪的小女孩，并在图画旁边用清秀的笔体写着"流泪的女孩，孤独的女孩"。这幅画画得栩栩如生，展现了小秦具有很好的美术天赋。

果亚军老师又查看了"电子平台"，发现小秦同学在"刚开学时的我"栏目中写道："有些孤僻，不是和同学很合得来，学习兴趣没有那么高，时好时坏，但我会争取！争取在学习上，与同学的交往上更进一步！"她在"我的发展目标"栏目中写道："我争取在绘画上更上一层楼，在学习上也要更加努力，争取给老师留下个好印象！"她在"个性发展"栏目的"自我评价"中写道："画画是我的最爱，每当拿起画笔都会让我感觉到特别的自信，看到自己的绘画作品觉得很骄傲。"在她"特长与成果展示"栏目内，果亚军老师惊喜地发现了小秦在小学时，曾获得过通州区绘画比赛二等奖这一增强该生自信心的重要信息。

发现了学生的优势和兴趣点，果亚军老师对小秦下一步的教育满怀信心。因为常恩元曾经在班主任会议上说过："班主任要善于发现每个孩子的闪光点，并以此激励孩子们的自信心，并让这份自信心蔓延到学习和生活等各项活动中。"这些教导让果老师对下一步怎么转变小秦同学充满信心。果亚军老师决定从发挥其绘画特长入手，逐步帮助她找到自信，培养她处理人际关系的能力，进而激发她的学习动力。

果亚军老师采取谈话的方式和小秦沟通，了解她的家庭、学习和生活情况，尝试与她建立良好的师生关系，让她清晰地感觉到老师对她的关心，拉近他们的心理距离。在一次谈话中，小秦说："我从来没有感到过这么被人理解和关心，和您在一起总是感觉很安全、很温暖，而且我觉得自己从来没有被忽视，很愿意和您在一起。"

在进行了前期的铺垫工作后，果亚军老师建议她发挥自己的绘画特长，并安排她进入板报小组，参与各类板报的设计、绘制和管理活动。起初，他们谈了一些关于她在绘画方面的表现，着重突出了这方面积极的内心体验。然后，他们一起讨论了在进入板报小组后的一些设想。在这个过程中，果老师尽量让小秦多谈她的想法，并不断地启发她大胆地发挥想象，不要有任何顾虑。最后，他们又一起分析了哪些是短期内可以实施的，哪些是需要等到条件具备了再进行的。

为确保万无一失，在小秦参与板报小组活动的过程中，每次果亚军老师都会对她的板报设计方案进行把关，然后鼓励她勇敢地把自己设计的方案介绍给其他同学，并在每次介绍完方案后都和她交流一下感受，让她真实地体会到自己也是集体中的一员。通过这样的安排，进一步增加了小秦的安全感，提升了她在集体中的归属感,小秦对此也非常乐于接受。她曾经说过:"我觉得和老师、同学一起讨论板报设计方案时非常开心,大家能够认真地听我讲,我感觉很有成就感。"

自从小秦进入板报小组后,在老师和同学的鼓励和帮助下,她的特长得到了发挥,班级的板报质量也有了大幅的提升,在全校的板报评比活动中,果老师班的板报始终名列前茅。果老师及时抓住这些契机,经常性地组织同学们开展互评活动,引导大家相互表扬和挖掘闪光点。特别是对于小秦同学的特长、优点和为班级荣誉所作出的贡献,给予充分地肯定,这极大地激发了小秦的成就感和自我认同感。

就这样,进入板报小组一段时间后,小秦同学明显变得比以前开朗了,同学之间的沟通逐渐融洽起来,别人对她的了解也越来越多,经常会有同学称赞她的画画得好,她还与同班的小琪成为了非常要好的朋友。小秦同学对学习也越来越有信心,课堂上能够主动地回答问题,作业质量得到了不断提高。

在此过程中,为了能够让小秦感受到自己的变化,果亚军老师和她约定,要她经常关注"综合素质评价电子平台",既要把自己的变化和体会及时记录在电子平台上,又要注意别人对自己的评价。

在学期末,小秦的变化在电子平台上也体现了出来。例如:在"合作与交流"栏目的"同学评价"中,有同学为她这样写道:"你是一个开朗可爱的女孩,我很喜欢你,尤其是你的性格,很大方。你的画,更是让我对你刮目相看,画的逼真还特别具有想象力,真的很美!"

小秦同学则在"审美与表现"栏目的"自我评价"中写道:"我擅长美术,多次受到老师与同学的赞赏,自己变得越来越自信。"她在"个性发展"栏目的"自我评价"中写道:"在上色方面有很大进步,使我的画更加丰富。"

在"电子平台"记录中的诸多变化和日常行为观察表明,小秦变得越来越开朗,越来越自信了。为了巩固效果,每当发现她出现了积极的变化以后,果亚军老师都会及时地找她谈心。结合"电子平台"中所显示的内容,与她一起回顾自身的变化历程,并详细地讨论了引起这些变化的原因,以及下一步如何巩固所取得的成绩等。重点向她讲解了在今后的学习和生活中,如何更加积极、正确地使用"电子平台"来客观、全面地认识自己。

通过发生在小秦身上的事情,果亚军老师深刻体会到促进学生德智体美劳全面发展,通过电子平台和多加观察找到每个学生的闪光点,有助于教师多角度地认识学生,了解学生学习、品德和纪律之外的更多内容,确实起到了激励和促进学生全面、健康发展的作用,所以学校和教师要鼓励学生重视培养自己的一种特长。

练习跆拳道等体育项目可以健体防身,学习书画、器乐、舞蹈、棋类等可以让孩子的课余生活更加丰富,达到陶冶情操、磨炼品格的目的。具有一项特长既可以让孩子多一种排遣情绪的方式,还可以让孩子进入社会后多一样生存和发展的本领。在小秦的案例中,正是果老师发现了、使用了和发展了她具有绘画方面的这一特长,从而给接下来的教育工作创造了条件,为小秦的改变奠定了基础。所以,常恩元一直倡导的鼓励学生重视培养自己的一种特长的理念是十分必要的。

例子中是关于发现学生的美术天赋,从而激发她的自信心,体育、音乐等特长也是同样的道理。马驹桥学校对于学生体育和身体素质的重视在前面的章节中已经描述。对于学生的身体素质，常恩元在一篇名为《拯救孩子、拯救未来》的文章中大声疾呼："青少年体质危机，事关国民素质，事关国家安全，事关民族复兴。少年强则中国强，要强国需强志，要强志需强身，我们的孩子只有拥有强健的体魄，坚强的意志，才能迎接前进路上的各种挑战。拯救孩子就是拯救未来，让我们全社会都来关心和支持学校的体育工作，落实相关文件，改进用人机制和升学考试制度，加大资金投入，补充师资，抓好学校体育教学，积极开展形式多样的体育活动，培养学生的体育兴趣，养成体育锻炼的习惯，引导青少年德智体美的全面发展，为中华民族的伟大复兴提供人才支持。"

第六章

课堂铸梦

好的课堂是学生成长的礼物

第一节 班级管理促进优秀班风

"寻找梦想,实现梦想!耶!"
"小龙、小龙,龙腾虎跃!"
"超级上帝,舍我其谁!"

课间十分钟,初一(8)班的同学们没有打打闹闹,而是六七个同学聚在一起,击掌加油,像是一场足球赛的中场休息时队员之间的互相鼓励。

六个小组的人击掌鼓劲后,聚在一起讨论之前的不足以及下一步改进的方向。他们班级的墙壁上,还贴着六个小组的组报。组报上是小组成员共同制定的组名、组训,组报的设计、图文也是小组成员各显神通一起努力的成果。

没错,这就是初一(8)班班主任赵晓君班级管理的举措之一。她把班级34名同学,按照学习成绩、男女比例、性格特点等,分为六个学习小组,并将其再一对一学师学友结对子。在日常的小组活动中,为学生提供了一个相互学习、取人之长、补己之短、共同提

班级墙壁上张贴着各组的组报

高的平台。

这一年，赵晓君老师担任初一（8）班的班主任，又恰逢马驹桥学校开始实施《教学行为卡》和《德育行为卡》的班级"双卡"管理制，她想借此契机潜心研究一下这"双卡"的用法，让它帮自己更好地开展班级德育工作，从而创新班级管理模式，促进好班风的形成。

在每个学生每周、每科学习情况的记录工作方面，考虑到这项工作涉及12个科目，项目较多，出于公平起见和避免一人记录的工作量过大问题，赵晓君老师与同学们一起制定了《初一（8）班学科加减分准则》。她还设计了《初一（8）班学科加减分表》。班级的12科课代表每天认真记录本节课的加减分情况，学习委员每周末进行统分并于下周班会进行反馈。久而久之，课代表们熟悉了加减分规则，不仅不会对他们造成负担，反而促进了学生相互监督、互帮互助、积极思考、有独到见解、勇于争先等良好的学习氛围。

赵晓君老师还利用《教学行为卡》的明星档案，进行了每月一次的阶段性激励表彰，对孩子们的进步予以充分肯定。

每月明星档案包括明星小组、明星小组长、明星对子组、课堂明星、各科学习明星、进步之星。其中，明星小组、明星对子组以《教学行为卡》每组平均分（因每组人数不同，故不能取总分）为评选称号，最高一组当选，其组长荣获明星小组长称号；课堂明

	初一（8）班学科加减分准则	
课堂表现	1.一周课堂上无纪律问题	+2分
	课堂有纪律问题，老师点名批评一次	-2分
	2.一周课堂无忘带学习用具	+2分
	课堂每有一次忘带学习用具情况	-2分
	3.每节课积极主动回答问题。由任课教师视情况	+1至2分
	4.对本节课深入思考，提出有价值问题。由任课教师视情况	+1至2分
课后作业	1.每周每科按时按质按量上交的同学	+2分
	没出现一次未按时完成作业	-2分
	2.作业完成好的或进步较大的。由任课教师视情况	+1至2分
	3.被发现抄袭作业	-5分
	举报抄袭作业，经核实，举报人	+5分
	4.帮助同学讲题，得到对方认可	+1至2分
学习成果	1.课堂检测成绩好或进步明显	+1至2分
	2.期中、期末、月考取得"年级十佳"、"年级学科状元"或较自己年级排名进步50名	+10分
	3.期中、期末、月考在年级排名20至50名或较自己年级进步30名	+5分
其他		

班级学科加减法准则

初一（8）班 值日表	生活委员：李伊蕊	A组组长：张梦圆	B组组长：张耀耀		
内容 组别	控黑板、整理黑板槽、窗台及上午放学教室关灯、电扇、门窗（各组2人分上下午）	教室前执勤及教室前面楼道的卫生保洁、纪律监督（各组2人分上下午）	楼内责任区执勤及责任区楼道的卫生保洁、纪律监督（各组2人分上下午）	自行车码放及自行车棚卫生（各组2人）	
A组	上午：于平欣 下午：夏天培	上午：李伊蕊 下午：罗静	上午：张凯凯 下午：王子馨	单郁阔 钱逸潇	
B组	上午：黄淼 下午：张凯玥	上午：赵悦 下午：陈宏桐	上午：刘蓝 下午：祝泽羽	严华园 高石颜	
内容 组别	打扫卫生区 （各组5人）	拖教室地面、教室外墙保洁及教室晚放学关灯、电扇、窗帘（各组2人）	扫教室地面及教室内保洁（各组2人）	讲桌、讲台、黑板门窗注（尤其玻璃）、卫生角、关灯	
A组	岳倩婧 刘海王 赵从伟 王 瀚 薛垦健	张梦圆 李 行	刘少杰 曾宪斌	生活委员及组长	
B组	韩郁怡 李 迪 李燕珑 钟伟蕃 王健樾	张耀耀 陈 辉	杨 洋 侯明泮		

利用《德育行为卡》记录学生在德育方面的表现

星以"课堂表现"月总分为评选依据进行推选；进步之星以每个学生本月与上月积分差为依据推选；各科学习明星以学生《教学行为卡》各学科的月总分为依据；这样评选出来的结果大家心服口服，没有任何异议。

赵晓君老师还充分利用《德育行为卡》记录学生在德育方面的表现。德育考评包括值日卫生＋仪容仪表＋生活习惯＋行为举止。

值日卫生方面，赵晓君老师试行责任到人模式，开学不久她根据学生家距学校的远近、男女比例、学生体力等制定了《初一（8）班值日表》。在开学第一周，赵晓君老师带着每个学生认清责任，并告知清理标准。之后她就起着一个抽查的角色。至于表扬和提示不足，全权由生活委员和值周组长第一时间通过黑板反馈给全班并找相关责任人及时补救。

仪容仪表＋生活习惯＋行为举止，这三方面同样也囊括着大量细致的工作。赵晓君老师要求本班的5名班委分别记录周一至周五的情况，同样在每周一的班会进行总结反馈。这样每个班委既不会感觉工作量过大，又使得对同学们的评价更加公平公正。

赵晓君老师通过"双卡"的班级管理模式，取得了事半功倍的效果：首先是引导学生实现自我认识、自我教育，促进学生在原有基础上全面、和谐、可持续发展。对于学生，一方面本班的"双卡"分别由班级的 12 名课代表、2 名值日组长和 5 名班委分项记录，这样不仅保证了评价的公平性，也增强了同学们的主人翁精神。另一方面，"双卡"的数据让学生们更清楚地认识自己，帮助他们进步。

其次，利用"双卡"使家长更客观、全面地看到学生的在校表现，为学生发展提供支持。面对家长，赵晓君老师不再滔滔不绝地说个不停，而是让《教学行为卡》和《德育行为卡》去"说话"。每当有家长来访时，她会把"双卡"放在家长面前：优生家长一目了然自己孩子的优点，看到的是学生实实在在每天进步的足迹；后进生家长也更能一目了然孩子与别人的不足，有改进的方向。

另外，利用"双卡"使班主任更科学地引导和帮助学生发展。一方面，利用"双卡"开展班级管理，节约了赵晓君老师很多时间，让她能有更多精力走进学生们的内心。她课间进班看到越来越多的学生在帮别人讲题，看到越来越多的学生举起手来表达自己的见解。每周一的班会由用大量的时间说学生上课存在的问题，变为表扬学生们的进步。另一方面，"双卡"让赵晓君老师更全面地了解学生。在过去的一个多学期里，作为班主任，每周她不再用追着其他 11 位老师去收集反馈，只要翻阅此卡便可轻轻松松且全面客观地了解每一位学生的情况。对于学生，只要翻阅此卡便可及时客观地回顾自己一周的学习情况。

不断学习、反思、创新出更为科学的班级管理模式，促进着学生全面、和谐、可持续地发展，也让赵晓君老师更客观全面地了解班级的每一名学生，丰富自己的班级管理方法，践行着一名普通教师的自我完善。

赵晓君老师创新的管理班级模式，得到了常恩元的大力支持和夸赞，他说："班级是学校的基层单位，班级德育管理是学校管理工作中的重要环节，它关系到学校的全局工作，直接影响全校的校风校貌及教育教学质量的提高。而对于初一新生及新班级的建设而言，好习惯的形成更为关键，它会影响每一名学生和班级三年的发展。好的个人习惯和班级氛围的形成会促使班级积极健康快速地发展，随之纷繁复杂的班主任工作也会越做越轻松。"

除了班级管理模式的创新，班级文化的塑造也是必不可少的一环。丰富多彩的班级文化不但能调动学生的学习积极性和创造力，更重要的是能使学生形成良好的品德，塑造积极向上的精神面貌。对中学生的学习、成长和成材有着不可估量的作用，因此，班主任要重视班级文化建设，以良好的文化氛围，陶冶学生的情操，构建学生健康的人格，全面提高学生的素质。对于如何建设蓬勃向上的班级文化，王维君老师有着他独特的一套经验。

首先，王维君老师注重加强班级物质文化的建设。他说："教室是学生在学校学习、生活的主要场所，一个整洁、明亮、美观的教室环境能给学生创造一个良好的学习氛围，有助于培养学生正确的审美观，养成文明的行为习惯，陶冶学生的情操，激发学生热爱班集体的情感，增强班级的凝聚力、向心力。"

因此作为班主任，王维君老师在班级文化建设中首先从教室的环境布置、桌椅的摆放、黑板报的利用、墙面的布置以及班级卫生状况等方面入手。他认为这些是班级文化建设的"硬件"，是一种显性的文化。前苏联著名教育家苏霍姆林斯基曾经说："无论是种植花草树木，还是悬挂图片标语，或是利用墙报，我们都将从审美的高度深入规划，以便挖掘其潜移默化的育人功能，并最终连学校的墙壁也在说话。"因此班级文化建设首先要抓好教室的环境布置。

2009年9月，王维君老师任初一（2）班班主任。开学后，他发现教室的墙壁很脏，一进教室就给人一种压抑的感觉。这样的环境对学生的学习是没有好处的。于是王维君老师利用班会课组织学生对教室的墙壁进行清刷，除去墙面上的脏物，清掉地面上的污点，然后按一定的标准让他们摆好桌椅，派专人负责，尽量做到统一、整齐。整理后的教室焕然一新，给人一种清新的感觉。心理学的研究表明，过分拥挤、杂乱会给人的生理和心理造成损害，学生就会表现得易暴躁、情绪不稳定。另外，不同的座位安排会让学生感受到受教师关注程度的不同，一直处于被教师忽略的位置上的学生易产生孤僻、自卑等情绪，这对学生人格的健康发展是不利的。

利用墙体宣传，在教室侧面的墙壁上，王维君老师组织学生有条理地贴上名言警句、学生的书法或美术作品，给人以美的享受。这样既可以起到对学生的教育作用，也可以给有特长的学生提供一个充分展示自己的舞台。在教室里还根据学生的喜好，摆放吊兰、月季花等绿色植物，既可以调节教室的气氛，使教室绿意盎然，使学生在繁忙的学习中能够因眼前的一抹绿色而缓解压力，又可以通过由学生专人负责，从中培养学生的责任意识，保护环境的意识，关爱生命的意识。这也可以说是一种班级文化的内涵。实践证明整洁美观、充满班级文化特色的班级物质文化，能够起到那些枯燥单调的说教所无法奏效的教育影响力和感染力。

其次，王维君老师注重加强班级制度建设。建立良好的班集体必然需要有相应的班纪班规来约束学生的行为，所以必须要建立健全班级制度。班级制度是由班级全体成员共同认可并遵守的班级规章制度、公约、行为准则等形成的文化形态，是班级文化建设的保障，班级文化制度起着观念的导向作用。班级管理的重点是纪律。前苏联杰出的教育家、作家马卡连柯认为："纪律是集体的面貌、集体的声音、集体的动作、集体的表情、集体的信念。"所以，在建设班集体之初，班主任应该与全班同学共同制定规范的班级纪律和班级的管理制度，这有利于形成学生良好的行为习惯，学生个性的成长正是在班级中各种规范的影响下不断完善和成熟的。班级制度文化建设是班级的准绳，对于一个班级的秩序化、法制化具有重要的作用。

  班级制度的制定既要体现班级的特点，又要符合学校的整体要求，要与学校的整体制度一致，不能冲突，还要有班级的特色。班级制度的建设，为学生提供了评定品格行为的内在尺度，从而，使每个学生时时都在一定的准则规范下自觉地约束自己的言行，使之朝着符合班级群体利益，符合教育培养目标的方向发展。因此，初一（2）班的制度建设根据校纪校规，根据班级的实际情况，经过大家的讨论之后主要是制定和实施了学习、纪律、卫生、班风四大标准，并且辅之以学校的品德考核暨纪律量化标准，使对学生日常行为规范评价规范化、具体化和制度化。有了制度作保障，班级的各方面都有了很大的进步。培养了学生的法制意识和法治精神，养成遵纪守法的自觉性。

  另外，王维君老师注重加强课余文化建设。学生在校的学习生活是紧张的，为了增加学生活泼、愉快的校园生活，减轻学生学习上的压力，降低心理冲突强度，他经常组织学生开展丰富多彩的文体活动。为每一个学生提供思考、创造、表现及享受成功的机会，从而发展学生个性，培养学生才能。

如定期召开主题班会，组织知识竞赛、辩论赛、摘抄比赛、自制手抄本、书法比赛、即兴写作，名著阅读与积累比赛、社区文化集结、体育比赛等，并且这些活动都让学生自己组织、自己管理、自己发展，王维君老师在其中只是帮助指导。通过这些丰富多彩的活动，培养了学生的创造能力。

在活动的设计中，王维君老师还有意识地与班级管理挂钩，引进激励机制，充分激发学生的竞争活力。他重视每位学生的进步，善于发现学生的长项，抓住每一个教育良机，适时表扬、鼓励，体贴后进生，培养他们的自信心、自尊心、自强心，使学生感受到平等、民主的气氛。把学生活泼好动的天性，引导到健康愉悦的活动中来。这种做法陶冶了学生的情操，培养了学生开拓、进取、勇于克服困难等健康的心理素质和竞争意识；磨炼了学生的意志，增强了学生的体质，发展了学生的特长。同时，也释放了学生身心的"多余能量"，缓解了紧张学习的心理。

总之，要使班级积极活泼、和谐健康地发展，除正面教育、积极灌输外，班主任还必须充分挖掘和利用班级文化的潜移默化作用，高度重视班级文化建设，使学生在良好班级文化氛围的熏陶下快乐健康地成长。

以上两位老师班级管理的方法共同点就是"把班级还给学生"，让他们参与到班级管理中来，形成人人管理、人人有责的平等氛围，小组模式又让班级处于相互合作、相互竞争的氛围中，让学生们拥有自我管理、自我教育的机会，让每个学生都真正成为班级的主人翁。正如苏霍姆林斯基说的那样："只有能够激发学生去进行自我教育的教育，才是真正的教育。"

第二节　高效课堂践行少教多学

师：同学们，我们先来看一下多媒体上的视频短片。（视频展示雷电天气的情形）

师：在这样一个狂风暴雨、闪电交加的天气里，同学们喜欢待在什么地方呢？

生：待在家里。

师：为什么喜欢待在家里，而不是外面？

生：家里安全温暖，外面寒冷危险。

师：（用多媒体展示暴风雨天气里浊浪淘天的大海）但是有一种鸟却不畏暴风雨，勇敢地在恶劣天气里，在惊涛骇浪的海面上轻盈欢快地舞蹈。大家告诉老师这种鸟是什么名字？

生：海燕！

师：（多媒体展示海燕画面和课文标题）今天我们一起来欣赏高尔基笔下的《海燕》。

师：同学们先别看课本，请同学们安静地闭上眼认真听老师朗读课文，听完后说说文章在你的头脑中展现出的画面。

师：（带感情朗读）同学们，刚刚我读课文的时候语调上有什么明显变化吗？

生：平缓到激昂。

师：那么我为什么这样读呢？

生：暴风雨逐渐临近，越来越紧张，越来越急迫。

师：同学们说得很好，现在请大家说说文章在你的头脑中展现出的画面。

生1：海燕勇敢地穿梭在狂风暴雨的天气里。

生2：海鸭、海鸥、企鹅在惊恐地躲避暴风雨。

生3：在电闪雷鸣的环境中，一只轻盈的海燕在海浪中穿梭、飞翔。

生4：在水天交接处，一只海燕在惊涛骇浪中自由自在地飞行。

师：很好，同学们脑海中的画面都很清晰，那同学们自己有感情地朗读一下课文，一会儿我请几个同学读一读你们喜欢的片段。（学生朗读）

师：同学们刚才读得很有激情，相信你们也都有自己所喜欢的片段，现在请同学们挑选自己所喜欢的片段读给大家听听。

生1：我选择第九段。（学生朗读）

师：你为什么喜欢这一段？

生1：因为这一段表现出了海燕勇敢、乐观的精神。

师：怎么看得出来呢？

生1：在如此恶劣的环境中"它因为欢乐而号叫"。

……

以上的片段是马驹桥学校优秀语文老师高美玲课堂讲课中截取的一个片段。从这个片段中我们可以看出，马驹桥的老师们在新课改背景下主动改变教师角色，变封闭式教学为开放式教学。

开放式教学营造高效课堂的理念是常恩元在多年之前就一直倡导的。常恩元的教学理念与新课标的核心理念不谋而合：一切为了学生的发展；改变课程过于注重知识传授的倾向，强调引导学生养成积极主动的学习态度，使学生在获得基础知识和基本技能的同时，更学会学习并形成正确价值观；改变课程实施过于强调学生接受学的现状，倡导学生主动参与、乐于探索、勤于动手，培养学生搜集信息和处理信息的能力，获取新知识的能力以及分析和解决问题的能力；在测试上也由过去重书本知识的检测转向开放性测试，并注重各学科知识的整合。

这些改变都要求教师这个学习过程的组织者要改变自身的角色：教师不仅是文化知识的传授者，更是学生学习的引导者、启发者，是师生互动教学活动的参与者，是学生学习能力的培养者。

教师角色的转变主要表现在改变常规的教学框架上。在课堂教学中，知识大体分为三方面：A. 书本知识；B. 教师个人知识；C. 师生互动产生的新知识。传统的教学框架是：ABC，即强调书本知识的记忆与内化；新课标教学框架应是：CAB，即注重学生创新品质的发展。这一框架的改变，把教师从讲台拉到了学生之中，把课堂的重点由讲解知识变成了调动、组织、帮助学生互动参与的解疑过程。

另外，要改变常规的课堂教学活动方式。传统的课堂活动方式以知识传授为重点，教师主要将知识、技能分解并从部分到整体，有组织地加以呈现，使学生通过倾听、练习和背诵，再现知识。新的课堂活动方式则以学生的发展为中心，通过相互矛盾的事物引起学生认识的不平

常校长在认真听教师"说课"，为打造高效课堂提出建议

衡，引导学生完成解决问题的活动，检测他们发现后的反思，教师引发并适应学生的观念，参与学生开放式的探究，引导学生掌握真正的研究方法和步骤。

教师应注重创设丰富的教学情境，激发学生的学习动机，培养学生的学习兴趣，充分调动学生的学习积极性。教师应创造一个宽松的课堂氛围，注重培养学生与他人合作的精神，开展探究性学习。为了能够发挥学生的个人所长，高美玲老师在学期之初就把学生编成平均水平相当的学习小组，并在课上课下都努力为学生创造合作学习的条件，鼓励学生加强探讨，久而久之，这种小组学习的方式使学生之间形成了积极的相互促进的关系。教师应该为学生创造好的学习氛围，给学生心理上的安全感，鼓励学生大胆质疑，提高学生学习的主动性。同时，教师要做好评价，提升学生的参与热情。教师应该成为课堂学习的参与者，与学生一起寻找答案，从而使课堂形成和谐的互动过程。例如，高美玲老师讲解一些自读篇目时，经常先让学生自学质疑，然后抓住几个有价值的问题与学生一起商讨，她发现学生在这种平等的氛围中，表现欲望非常强烈。

还有要改变常规的知识建构过程。现代教育心理学研究表明，学生的学习是一个主动的知识建构过程，教师应该充分重视学生的主体地位。古人云："授之以鱼不如授之以渔。"美国教育家布鲁纳也提出"教学生任何科目，绝不是对学生的心灵灌输固定的知识，而是启发学生主动去思维，教他们如何像历史学家研究分析史料那样，从求知过程中组织属于他们的知识"。这些理论无不在强调，在课程改革的新形势下，教师一定要注重能力的形成过程是否符合学生的实际，要努力培养学生把握知识的规律和方法，变关心学生学会了没有为关心学生会学了没有。

"以学论教，教为了促进学"是新课程改革提出的响亮口号，那么，身处新形势下的教育工作者就应该由驾驭课堂走向驾驭学生，由原来的"四统一"（统一教材、统一进度、统一资料、统一考试）下的教书匠转向科研创新型教师。

每个孩子都有不同，我们欣赏；每个细节都是教育，我们珍视；每株草木都有情感，我们分享；每个过程都有经验，我们成长！

早在南刘中学任校长的时候，常恩元就强调高效课堂的理念。后来在常恩元的带领下，南刘中学办学条件的不断改善，各种学习培训活动热火朝天地开展，为改进课堂教学、提高课堂教学的有效性奠定了坚实的思想基础和方法基础。围绕有效教学，常恩元带领领导班子们为教师编发了相关的学习资料，并以同伴研修的方式举办"提高课堂教学有效性"系列讲座。组织教师进行课堂教学的反思，认真查找影响课堂教学有效性的干扰因素，并进行深入的分析与研究，寻找改进的突破点和措施。

张立明老师从精心设计课堂提问入手，提高课堂教学的有效性；屈志老师从激发兴趣入手，提高课堂教学的有效性；贾娜老师从信息技术与学科教学整合入手，提高课堂教学的有效性；许丽娟老师从教师观念、教学行为的改进入手，提高课堂教学的有效性；李娟老师从细化教学环节入手，提高课堂教学的有效性……这些研究是教师深入思考与探索的结果。

新课程标准实施以来，"少教多学"这一教学理念逐渐被广大教育者所接受。这一理念的提出进一步推动了教学方式的改变，转变了之前教师灌输者的角色，而成为一个合作者，更好地激发了课堂教学的活力，有力地提高了课堂教学的有效性。

"少教多学"教学的模式改变了以往传统的"多教少学"的教学模式，在进行课堂教学的过程中，重视学生的主体地位，使学生成为学习的主人。这种教学模式将教育的本质进行了还原，并且能够有效地提高学生和教师的素质，为学校的发展带来了全新的挑战和契机。

以语文中的阅读教学为例，如何正确认识阅读教学的目的和任务以及运用什么样的教学方法能够有效地提高阅读教学效率，一直是马驹桥学校的语文教师们阅读教学研究的问题。语文老师孙婧对此有自己宝贵的经验。

孙婧老师根据自己长期的教学实践，深刻认识到，长期以来，阅读教学最大的失误是教师在课堂上无休无止地分析讲解，使学生没有机会去思考与感悟，以讲代读、以练代读的阅读教学模式极大地剥夺了学生自己品味作品的权利和机会，使学生的主体性丧失，语文的特性已不复存在，舍本逐末，因此也就产生了阅读教学高耗低效的结果。

近年来，随着课程改革步伐的大力推进，教师们注意把学习的主动权还给学生，努力为学生营造自主探究的氛围，让学生在主动探究中获得知识、发展思维、培养能力。但是，语文课堂上轰轰烈烈的表面现象并不应掩盖我们对语文教学的深入思考，在一些课堂上我们看到阅读教学走入了误区。纵观当前的语文课堂教学，虽然在形式上日益灵活多样，教学方式不断更新，然而，真正地促进学生的语言表达能力、有实效性的课堂教学并不多见。不少的课堂教学实际上是将一篇课文演绎成一个展示教师才华的课堂表演剧，这需要大家深思。

《语文课程标准》中指出：阅读教学是学生、教师、文本之间对话的过程。这种师生间的对话是民主的、平等的、互动的,具有建构意义的功能。这种对话式的教学与长期以来形成的那种牵引式、灌输式教学是截然不同的,其根本区别就在于:前者强调的是知识的建构;后者强调的是知识的传授。那么,应如何在阅读教学中实施这种对话式的教学呢?而"少教多学"教育理念即是实现阅读有效教学不可或缺的教育教学策略,能够真正实现"以教师为主导,以学生为主体"的教学思想,并把学习的主动权移交给学生,培养学生的独立阅读能力以及独立思考与感悟的能力。

"少教多学"即将学习的时间和空间留给学生,"老师精讲,学生多学。""少教"并不是老师不教,而是要"教"得恰到好处,"教"到点子上;"多学"并不是无序地学、无限制地延长时间学,而是"主动地学、有兴趣地学,高效率地学"。在课堂教学中,将重点放在提高教师和学生之间对话的质量上,使学生更加致力于学习,以达到理想的教育效果。

"少教多学"作为一种策略和方法被运用于课堂教学,对教师提出了新的要求和原则,作为新课改下的教育工作者,都要重新审视自己的教学方法,以新课改的要求为切入点,从学生的实际学情出发,以科学的学习方法为指导,更好地提高语文课堂阅读教学的效率,力争实现高效的课堂阅读教学。那么在语文阅读教学中如何利用"少教多学"的教育理念,让枯燥无味的阅读教学变得生动有趣?孙婧老师总结的阅读教学"少教多学"的基本环节大致如下。

首先是课前自主预习环节。皮亚杰认为:当一个人对新的学习有所准备时,那是因为他的能力和兴趣已发展到把新的学习当成他前进的下一步骤。预习环节是学生课前的一种主动的认知活动,是自觉运用所学知识和能力对阅读内容预先进行了解、质疑、思考的一个初步求知的过程。学生坚持课前预习，并养成良好的预习习惯，将有利于提高听课效率和自主学习能力，有利于增强学习的自觉性和主动性，主动参与学习，有利于培养创新精神和实践能力。教师只有让学生通过充分预习，把握了课文的重点、难点、疑点后进行课堂教学，学生才会乐此不疲，教师才能驾轻就熟，发挥极致。学生通过预习"多学"，教师才能"少教"。

在整个预习过程中，教师对预习的指导十分重要。学生课前如何做到有效预习，作为教师必须要对教材、教法、学情有个透彻的了解，预习的指导遵循从指导预习到独立预习的原则。教师应传授预习方法，让学生会学，比如：圈出重点语句，表述本节课主要学习哪些内容，说出预习中遇到的问题，针对课文内容提出两个有价值的问题参与课堂的讨论等。教会学生预习的方法，教师还必须认真检查预习情况以及预习辅导，否则会使学生自学积极性减退，因而要积极对学生进行辅导，启发他们的思路，使他们逐步走向自学之路。

预习不仅要有口头预习作业，也要有一定的书面预习作业，课外完成的预习作业，教师必须进行有效的检查与评价，为学生创造一个表现自我、展示个性、体验自己劳动成果的舞台，让学生的学习成果得以展现。比如朱自清《背影》中"我"流了几次泪，又为何流泪？这个问题如果不预习、不动脑是不可能说出什么理由的。

其次，语文学科在运用互动小组合作学习方式上有一定的优势，因为小组成员间交流话题较为宽泛。在互动合作小组中，每个人都有机会发表自己的观点与看法，倾听他人的意见，使学生有机会形成良好的对话过程，当学生们在一起合作融洽、表现出色时，他们学到的就会更多，学得也就更加快乐，由此可以实现认知、情感与技能教学目标的均衡发展。

在"少教多学"的课堂合作方面，分配小组力求达到平衡性，一般将学生性格、性别、成绩、能力、思维方式等方面达到"组内异质"，选拔学习小组长，小组合作人员也可随情况调整。教师应该针对不同的组，分配不同的任务和学习目标，组内互动。小组内的任务分配后，加强成员间的讨论交流，锻炼学生的表达能力，从而达到优化整合学习资源，提高学习效率。

互动合作学习的目的是让每个学生主动参与学习，体验学习过程，品味成功的喜悦。因此，建立促进学生小组集体的评价机制是保证合作学习能否取得良好效果的关键。一般可采取组内自评、组间互评、教师评价等方式，评价的内容可根据学生对不同学习阶段的不同要求而加以调整。评价的标准应立足学生的个体差异，尤其是对学困生、后进生的标准适当降低一些。当然，评价的方式可以是灵活多样的。所以，评价的过程也是对学生"多学"过程的一种检测和考核，这样，有利于"少教多学"的推进。

另外，交流也是相当重要的。魏书生老师说：在每一堂课上，让所有的学生都发展起来，有事可干，有业可就。然而，当今课堂教学的常态依然是教师讲，学生听，所以"少教多学"提出了"交流展示"的环节。

学生展示的时间根可据具体情况而定，可短可长。教师要去除"学生展示就是浪费课堂时间"这一偏见。在课堂上教师坚持学生的问题先由学生自己来解决，然后才是老师的引导与点拨。课堂展示既可以依次从头到尾展示，也可以小组代表展示，还可以小组集体展示，期间其他成员可以质疑、反驳、提问、解决等，只要是能够促进"多学"的展示方式都是可取的。学习过程既是求得收获的一个过程，也是产生问题的一个过程，所以，在展示环节，学生既可以展示自己的收获，也可以展示有价值的问题，学生面对各组的问题，可以讨论与交流，教师也可以趁此引出学生没有过滤的新问题。

还有，为了及时弥补交流环节中的问题，强化对知识的理解，适当地进行基础知识检测是"少教多学"不可或缺的重要环节之一。

教师可根据不同学生的认知水平，布置适合不同学习层次的作业。必做题面向全体学生，选做题面向部分学生。不同层次的作业，让不同学习层次的学生都能得到不同程度的发展和进步。课堂训练作业一定要求学生自主独立地完成，在时间上以 10 到 15 分钟为宜，特殊的需要讨论完成的不做硬性规定。在训练的过程中，教师应该巡视学生的操作情况，对于学困生应给予适当的点拨和鼓励，以帮助其跟上学习进度。在检测作业情况时既可现场批改，也可学生作答，以便及时了解学生作业的完成及掌握知识情况。此外，一节阅读课是需要总结的，好的总结，能够帮助学生完善整个知识框架结构，强化记忆与理解。而"少教多学"的教育理念则是要求教师们把总结提升的环节交给学生完成，教师的任务则是在重要的节点给予点拨和补充，一般安排在临近阅读结束的 3—5 分钟为宜。

总而言之，把课堂交给学生，教师的作用不是弱化了而是强化了，而强化的背后则是教师对教材、教法的深层次地理解、熟悉与掌握。在实际的教学中，有的环节也可以根据具体情况交叉进行，时间也根据情况而定，所以，"少教多学"策略，注重的是学生的可持续发展能力的培养，而不是要给出一种固定的阅读教学模式供大家去应用，它意味着更多地关注经验式的发展、自主学习、差异化教学和技能的培养。

长期以来,"多教"的教学方法依然显现于学校课堂上,而要落实"少教多学",首先教师要摒弃传统的"以教为主"的教学方法。教师总是将设计好的现成的知识教给学生,而学生无条件地接受教师一味的"给予",这显然不是新课改的学习要求。所以教师只有放开手来,指导学生"先学后教",把教学的重点落在学生的"学"上:只要学生自行可以学会的,就放开手让学生去学;只要学生可以动手的,就让学生动手去做;只要学生经过思考能解决的知识点,就让学生去完成等。作为教师应该放手让学生自主学习,自主领悟,教师根据课堂反馈"学"的情况,有的放矢地给予点拨总结,让语文阅读教学成为师生共同享受的过程,让语文课堂实现"少教多学"的共赢。

例如,有位老师在教《蜀道难》一课时,刚开始这样布置任务:思考诗歌中作者是如何描写蜀道之难的?诗人通过哪些手法来表现蜀道的雄奇险峻的特点的?这样写有什么好处?教师在一开始就为学生抛出一系列的问题,这些问题犹如给学生的思维设定了一个框,那么学生在欣赏阅读课文时就容易被问题所左右,而不能表达出对文中语言的直观感受。同样是《蜀道难》一课,另一位老师让学生在阅读预习时,要求学生在自由朗读后仔细想想:在朗读全诗的过程中你的眼前浮现了哪些画面?这个提法就给了学生无限的想象的空间,引导学生去联想去想象去欣赏诗歌,从而在愉悦的阅读中感受诗歌的意境美。

"少教多学"注重的是学生可持续发展学习能力的培养,更多地关注学生自主学习和学习技能的培养,即在教学的过程中教师与其"多教"知识点,不如"授人以渔",重视培养学生的思维、学习态度、性格和人生价值观，通过"少教多学"的教学方法和策略来提高学生的语文素养。

教师要让学生主宰课堂，成为"少教多学"的发力点。自主是人的天性，自主性的发展需要一个开放的环境，许多学生之所以不敢大胆质疑，不敢探索和试探，主要是长期受传统思想束缚和过分的课堂纪律造成的。课堂中，教师把空间让给学生，成就学生展示自己能力的平台，这才是真正的培养学生。苏霍姆林斯基说过："在每一个年轻的心灵里，存放着求知好学、渴望知识的'火药'。就看你能不能点燃这'火药'。"教师适时地"点燃"学生对于阅读的兴趣就如同点燃学生渴望知识的"导火线"一样。

例如：一位教师在讲马致远的《秋思》一诗，课前就简单介绍学习古诗词的目标要点，然后就把课堂的主动权交给学生。教师让学生先了解作者、背景，接下来的问答是这样的：

师（问）：你们对作者了解多少？能说说吗？

学生1：……

学生2：……

接下来教师播放录音范读，思考：你从诗句中看到了哪些画面？

学生3：我从"枯藤老树昏鸦"中看到了一幅深秋晚景图，从"枯""老""昏"看到将要归巢的乌鸦在枯藤上停留的萧条景象……（接着大家纷纷举手发言）

这首诗的诗意就在学生们的自信展现中渐渐明朗了，整首诗的诗意、意境、情感就这样在学生自主轻松的氛围中掌握了。

总之，只要教师们从神圣的讲台上走下来，以学生为友，由"课堂权威"转变成为"课堂民主"，创造适合于学生的教学，真正落实学生阅读教学的自主权利，达到"少教多学"的目的。

孙婧老师还指出要将"少教多学"延伸到课外。书籍是学生认识世界的一扇窗户，学生仅把目光留在课本上，那是远远不够的。同样，阅读教学如果仅靠课本上的内容来培养和提高学生的语文阅读能力也是远远不够的，实现学生阅读能力的提升，教师就必须引导学生们走出课堂，将学生阅读的范围延伸开来，积淀学生的文化，充实学生的语文底蕴，全面丰富学生的语文素养。例如，我们可以组织读书角、读书会、读书讨论，开展书评等系列的读书活动，以扩充学生的阅读空间和阅读思维。

作为教师，除过学校规定的语文教学外，还要向学生推荐优秀的作品，布置给他们在课外时间阅读，让学生"多学"。引导学生阅读报刊杂志，欣赏经典佳作，观看优秀的科学文化电视栏目等，增加学生课外阅览经验，让学生感受时代的气息，了解世界。

总而言之，只要是学生对之感兴趣的作品及栏目都可以进入学生的阅读世界，但是同样，学生在阅读时要适时提出要求，给予正确指导，引导学生积累阅读素材，以求达到"多学"，实现"少教"。

第三节　系列活动延伸广阔课堂

常恩元认为，学生的课堂不应该只局限在教室里，也不应该只是限定在课堂四十五分钟。课堂应该延伸到广阔的社会和生活中，不断开拓学生的视野，因此，常恩元经常告诫老师们要把课堂与社会实践相结合，也经常带领学生到中国科技馆、国家博物馆、首都博物馆、周口店、颐和园等处参观学习。

在一次颐和园参观活动中，常恩元和班主任按照学生个人志趣所在，分为楹联、书法、历史、地理等小组，并提前制定任务单，查阅相关知识，给学生布置作业，让学生带着问题去参观、去学习，并从各自的角度去学习体验，把多学科的知识和参观活动有效地整合起来。

让我们先来看一下历史小组的参观情形吧！看他们正在仁寿殿聚精会神地倾听英法联军火烧圆明园时颐和园同遭严重破坏的历史。后来他们在玉澜堂又听老师讲戊戌变法的故事：甲午中日战争爆发后，慈禧施行不抵抗政策，导致了当时亚洲最大的北洋水军全军覆灭。甲午战争失败后，中国面临被列强瓜分的局面，这使得国内的一些有识之士非常激愤，以康有为、梁启超等人为代表的改良派上书光绪皇帝，提出变法，得到光绪支持。但是以慈禧太后为首的保守派却大力反对，致使戊戌变法失败，光绪因此失去自由，被囚禁在玉澜堂……

孩子们听得聚精会神，以前在历史书上也见过这段历史，但是当真正来到事件发生地、触摸着历经白云苍狗、世事沧桑后依然巍峨挺立的大树、房屋，心中的那份震撼是仅仅通过文字所不能体会到的。

在历史组的问题设置卡上，有着关于火烧圆明园、戊戌变法时间的问题，还有关于百日维新、戊戌变法的主要内容和影响，以及对于康有为、梁启超、慈禧太后、光绪皇帝的评价，甚至还有如果戊戌变法成功了，那么中国会是什么样子等发散性问题。同学们一边参观颐和园，踏着古人的足迹寻找历史的痕迹，一边争先恐后地回答着任务卡里的问题。同学们不仅学习到了历史知识，还提高了历史学习的兴趣和信心。

而另一组的语文组，则更是热火朝天，大家一起吟诗作对，用《论语》里的句子解读宫殿的名字，从对仗角度分析宫殿门旁的楹联，讨论写景状物的叙述顺序以及抓住特点描写景物的表达方法，用优美生动的语言现场描写颐和园的美丽景色……

把语文课堂通过参观活动得到有效延伸所得到的裨益从学生们参观归来写作的作文中可见一斑。随便抽出初一（4）班学生尚宁写的一篇关于参观颐和园的作文中，我们可以窥见课堂延伸对于提高他们作文和写作能力的良好效果。

今天，我们马驹桥的同学来到了举世闻名的皇家园林——颐和园。

进入宫门，就可以看到卧在岸边的铜牛。从牛背上的"金牛铭"中，还可看到乾隆帝的记述。而且古代但凡有津渡之处，必有牛为镇物，但铜牛可预知水患的用途确是不假。解说员为同学们介绍说："通过昆明湖而进入城中的水大都在北京城的西北方，而北京的地形就是西北高，东南低。所以昆明湖的水，一旦达到铜牛的高度，北京的防汛工作就要进入警戒状态。"

铜牛以北，是目前保存最大的观景亭——廓如亭，也叫八方亭，看上去体积很大，上方的四周还有八块匾额，上面刻有汉代刘勰的《文心雕龙》段落。十七孔桥是连接廓如亭和南湖岛的一条玉带，是仿照芦沟桥而建造的，但又与之不完全相同。

玉澜堂到了，据解说员讲，戊戌变法失败后，除了中南海的瀛台，就是这里软禁过光绪皇帝了。院内除了能够看到正房之外，两侧的厢房里都用砖墙砌着，到后院的墙也是自清代灭亡后才被拆掉的。

宜芸馆是皇后居住的地方，隆裕太后和珍妃、谨妃都在此居住过。一进门，两边的墙上均有石刻，都是乾隆帝的御笔亲题。穿过宜芸馆，往左边拐个弯，就直接到达乐寿堂了，院中有一块石头，乾隆帝亲自为它起名"青芝岫"，并题写了几首御制诗。

乐寿堂前，两边各排列着铜制的梅花鹿，仙鹤和玉壶春瓶。听解说员讲，这叫六合太平，鹿的谐音是六，鹤的谐音是合，瓶子自然是太平了。出了乐寿堂是一间过院，正对着的是邀月门，进了邀月门就到了著名的长廊。后来我们去了清晏舫、排云殿、佛香阁、智慧海……最后，我们带着满满的收获从北如意门出了颐和园，结束了游览。

颐和园已经成为历史上一段抹不去的记忆。1992年被评为"世界上造景最丰富，建筑最集中，保存最完整的皇家园林"。1998年又被列入世界文化遗产。通过今天的游览，我想告诉大家的是——颐和园无愧于世界的遗产、人类的遗产！

常恩元在全体教师会议上对课堂的延伸，提出了自己的观点："要培养和提高学生的成绩尤其是语文素养，不能仅靠教几堂课，还需要通过积极开展形式多样的语文活动，来激发学生学习的兴趣，培养学生多种语文能力。综合性实践活动是联系课内外的纽带，是语文服务于生活的体现，是提高学生综合能力的捷径。所以，我们要尽量利用各种机会，尽可能地开发课程资源，想尽千方百计引导学生关注自然、关注社会、关注人生，从而增强学生学语文用语文的意识。"

常恩元以语文学习为例展开分析，指出语文活动的目的重在从朗读、听说和写作方面来培养学生的能力和素养。知识就是积累，学习语文尤其需要知识的积累。新课标指出："语文教学要注重语言的积累、感悟和运用，注重基本能力的训练，给学生打下扎实的语文基础。同时要注重开发学生的创造潜能，促进学生的持续发展。"荀子曾说"不积跬步，无以至千里；不积小流，无以成江河。"语文学习尤其需要知识的积累。在日积月累的过程中，完成知识的积淀，对学生语文素养的提高有着不可忽视的作用。

在常恩元的指导下，语文老师李晓华在教学中就开展了以下几类积累活动：首先是"每日一句格言，每日一诗词，每日一个好段落"的积累活动；另外是读古今名著，写读书笔记的活动；还有对某一作家的作品、语言特色、生平、轶事的积累。这些积累活动不仅为学生以后的写作积累丰富的语言素材，也使学生养成了语文积累的习惯，学生的文学文化素养同时也丰厚了。朗读可以培养学生的语感和理解能力，李晓华老师通过"每日一读"和"朗读比赛"等朗读形式来强化学生的朗读能力。

为了引导学生进行观察生活、感受生活的写作训练，培养学生的观察能力和写作能力，李晓华老师带领学生开展了"记录每周身边一事一人"的周记活动，也通过开展"当一名小记者"、语文知识竞赛、诗歌朗读比赛、讲故事、书法比赛、辩论赛和排演童话剧等一系列活动，来作为课堂的补充，从而丰富了学生的课余生活，激发了学生的学习兴趣，提高了学生学习语文的能力。此外,她还组织学生成立了一些社团,如班刊编辑部、春蕾文学社、书法小组、美术小组、朗诵小组等,这些社团的成立不仅给学生提供了自我展示的舞台,同时也提高了学生的语文综合能力。

兴趣是最好的教师,兴趣可激发学生的学习动机,激发学生的求知欲,激发学生对课堂教学的参与热情。为此,常恩元结合马驹桥学校的课堂教学改革,确立了"激发兴趣,提供机会,交给方法,培养能力"的十六字教改方针,并以教研组或备课组为单位,研究、探讨如何找好切入点,激发学生的兴趣,提高学生的主体参与意识,共同摸索符合学生特点、符合学生实际的课堂教学模式。

例如,语文组在大语文观的指导下,实施"开放性教学",以课堂为中心,向学生生活的多个领域拓延,把学生的语文学习同他们的学校生活、家庭生活、社会生活有机地结合起来。生活是教学丰富的土壤,生活中蕴含了丰富的教育因素,因此教育如果基于学生校内外的生活则会起到事半功倍的效果。在语文课堂中引导学生结合课文的理解大胆地说出自己的生活经验,有利于激发学生学习语文的兴趣。比如马驹桥学校的孔祥蕊老师在引导学习《韩老师教我敢说话》这篇文章时,就有效地利用提问的方式,让同学们回忆自己和老师之间的故事,体会老师对学生的关爱和帮助。这样使文本贴近学生的生活,和自己切身联系起来,学生才会有兴趣投入到学习当中。

李晓华老师在带领学生学习新课文时,就很重视学生独立的思考和自己独特的感受、情感体验,所以在学习一些文质兼美的文章时,她往往会布置一些特殊的预习任务给学生。如在讲《散步》《背影》时她给学生布置了以下预习任务:1.自己读课文，写下你读完这篇文章的感受体验。2. 请你仔细观察一下你的长辈的一个身体部位，如手、脸、头发等，和你自己的作比较，写出你的比较结果。3. 写出一件你和亲人之间感人的小事。这样的预习任务是为了使学生能够对周围的人和事有深入的思考，使学生能够细心观察生活，体会到别人对自己的关爱和付出。在讲《北京城的中轴线》《中华世纪坛》《雄伟的人民大会堂》时，李晓华老师给学生布置了读书并根据课文中的说明介绍画出示意图的预习任务，这样的任务不仅能够使学生认真地去读书去读懂书，而且大大激发了学生学习的主动性和创造性。在讲授一些古代诗歌时她布置了这样的任务：1. 把要学习的诗歌改编成一篇优美的现代文；2. 学生去搜集一些关于描写花、草、雨、月、云、雪等的诗句；3. 找一首你喜欢的古代诗歌，介绍给大家。这样的学习任务不仅使学生真正做到了自主、探究、深读、深思，而且扩大了学生的诗词积累。

另外组织学生开展他们感兴趣的语文表演活动，引导学生设计和参与形式多样的语文实践活动，在丰富多彩的语文活动中形成语文的综合能力。依据教材内容，可以让学生自愿结合小组并分角色朗读课文、合作编排课本剧等，给学生上台表演的机会。如讲《白雪公主》《皇帝的新装》时，李晓华老师就布置了学生课外去编排课本剧，几个学习小组的表演惟妙惟肖，他们的表演才艺得到了淋漓尽致的发挥。学生为了本组有出色的表现，课外都能自觉进行练习，而且这样的作业大大激发了学生学习语文的兴趣。

留作业也是探究开放性课堂的一种方式。传统课堂的作业也都是一些重复性的读写作业，但是开放性的课堂留下的作业也可以形态万千。例如李晓华老师在讲《春》《周庄水韵》

这样的优美散文时,就给学生布置了这样的绘画作业:作者笔下的文字如此地具有诗情画意,请你仔细读文章,并选择一幅美景画出来。这样的作业无论画的效果如何,都让学生对文本内容有了一个内化和理解的过程,培养了学生的感受力和想象力。在讲小说《变色龙》时可以发挥学生的想象力,让学生进行续写练习;在讲诗歌时,可以让学生把诗歌改编成一篇优美的现代文;对于篇幅较长的小说,可进行缩写的训练,从而培养学生抓住主要情节的能力和概括能力。还有一类作业强调的是学生自己独特的感受和情感体验。如在学习完一篇课文后,可让学生对这篇文章的人物、事件、现象发表自己的看法或写出自己的感受感想。这类作业也可以延伸到课外,如看《新闻联播》,写一周新闻述评;看《焦点访谈》《东方时空》等抒发感想。在这类作业中培养了学生的思考能力、感悟能力、正确看待事物的能力,从而更好地形成了学生的语文综合能力。

再如,外语组积极推行"情景教学",通过角色模拟、辩论、课本剧表演、词类比赛等多种形式提高学生的听、说、演、学的能力,同时也给学生带来了丰富的道德体验,使主体参与、自我体验的育人思想在课堂教学中得到充分的体现。

因为乡镇的孩子接触英文晚,而且很少有在校外参加各种英语培训班的,相对而言基础比较差,但是由于常恩元倡导开放式教学,强调高效课堂,提高学生对于英语学习的兴趣,所以学生们的英语成绩提高迅速,甚至有学生在全市的英语比赛中获得二等奖。英语老师李玲璐让学生改编课文,成为话剧,然后让同学们分组表演,在表演中提高他们的英文听说和运用的能力。她给学生留的作业也尽量做到新颖,提高同学们的兴趣,例如她会让同学们办英语手抄报并亲自给他们评奖奖励，很多英文学习落后的同学如今因为对英文越来越感兴趣，会主动问老师问题，分享自己当天的进步，学习成绩自然也就上来了。

化学老师李凌燕是教化学的年轻老师，她的课堂受到同学们的喜爱，也是因为李老师通过让学生自己动手做实验，并得出结论的开放式课堂，把课堂还给学生，让同学们在动手动脑中爱上化学，跟课堂要效率。

同时，李凌燕老师让化学走进学生的生活，让他们把课堂内容与自己的生活结合来进行思考。例如，学习燃烧和燃料的时候，李老师从学生们生活中常见的燃烧和灭火现象入手，然后用化学知识解释生活中的这些现象，让学生体会到化学就在他们身边，并通过进一步的学习，让学生认识到要节约能源、减少环境污染，从而又引导学生从化学走向社会、走向自然，用化学的视角去关注社会和自然，也让同学们对化学更加感兴趣。

美术教师在课题《探索美术学科中的人文科学》的引领下，充分利用《崔永平皮影艺术博物馆》这一可持续发展教育，构建可持续发展教育资源整合模式，在课堂教学中，把美术知识与皮影艺术有机结合，引导学生运用构图、色彩搭配等诸多方面的美术知识来学习皮影的设计、绘画、制作。既丰富了学生的文化生活，提高了学生的审美能力，又让学生认识到我国传统文化的博大精深和源远流长。通过实践，学生深刻体会到崔永平馆长夫妇弘扬传统文化的执着的守候，不息的拼搏正是中华民族精神的写照！

历史教师结合《探索当地历史资源和学科资源整合模式的研究》课题，通过校本教材《京南明珠马驹桥》中马驹桥的解放史一章，结合对平津战役的讲解，在引导学生了解国家与家乡历史的同时，自然地渗透了可持续发展教育。

还有，数学组的"问题解决"，让学生在学习过程中发现问题，找出问题，并探索解决问题的思路，让学生主动获取知识，并在发展数学能力和运用能力的同时，培养了学生辩证唯物主义思想。

另外，常恩元针对高效课堂提出了开放性课堂教学模式，并对之进行探讨。在探索过程中，常恩元适时举办校际、组际间的课改汇报课，通过观摩、交流、研讨，使好的经验、好的做法得到普及、推广，促进了德育与学科教学的有效整合。

对于开放性课堂教学模式，常恩元经常给教师们打这样一个比喻：爬山时，我们常走别人早已开辟出的路，在不经意间就爬到了山顶，虽也欣赏到了山顶的美景，但并未真正体味到爬山的意义，更不用说领略山的巍峨。在学习中，学生若一味地接受教师传授的知识，而非自己主动参与课堂，虽也学到了知识，但并未理解知识真正的内涵。而开放性课堂教学模式就是借给学生一把斧头，给他们自我探究展现的机会。爬到山顶时，学生虽然很累，但他们理解了爬山的真谛；知识学会后，学生虽付出了努力，但他们真正掌握了知识，正所谓"经历了才会印象深刻，失败了才会得到成功"。

开放性课堂教学模式的每一步都给学生提供了充分的参与机会，参与就意味着尝试，尝试就意味着创造，创造就意味着成功。开放性课堂教学模式彻头彻尾地避免了"小猫喂食"的教学模式，给了小猫自己进食的机会，把营养留给了小猫，而非喂猫的主人，细想我们的教学难道不是为了把知识的营养留给学生吗？从这个角度上讲，开放性课堂教学模式是成功的，是符合教学规律的，是富有前瞻意义的。

在开放性课堂教学模式实践研究的过程中，马驹桥学校

马驹桥学校举办教师示范课

涌现出一批优秀教师，他们积极参与，勇于实践，思维活跃，视角独特，方法灵活，成绩显著，在课堂教学中灵活地把教育资源融进课堂，用自己独特的课堂模式和全新的课堂设计把学生带入可持续发展的殿堂。除了上面列举的教师们，马驹桥学校高玉泉老师"第一槐下讲现场课"也是一个典型案例。刘雪强老师"皮影博物馆中说皮影"等实践方式给了孩子们全新的知识认构体系……学校让典型开路，让初学者学有所范、仿有所型，学校通过"示范课""观摩课""研究课"等不同形式给老师们的成长搭建平台。

开放性课堂教学模式的提出的确符合校情，规范了学校的课堂教学组织程序，意义深远。它强调教师授课，遵循教学规律，也同样可以创新教法，拥有自己的教学风格，正所谓"教学有法，但无定法"，所以教师在教学中切不可机械僵化，失去自己的思想。这种教学模式给教师提出了很高的要求，要尊重学生的主体参与性，关注学生的主观能动性，区分个体学生的差异性，提高课堂的愉悦性，增强课堂的艺术性，养成"学习即生活"的习惯性。要达到这些要求，我们教师必须做到"艺术要精髓，练功需思索"，做一个思想深邃的人，做一个运用教学艺术的人，做一个勤于练功的人，做一个善于思索的人。

第七章

共同护梦

有你是我们最大的骄傲

第一节 妻子眼中的丈夫

讲述者：田新艳（常恩元妻子，通州区陆辛庄学校总务主任）

他对待工作兢兢业业，一丝不苟，追求完美。他做每一件事都力争尽善尽美。在我看来，他工作很是辛苦，但他自己却总乐在其中。比如：学校做展板，一次也许会做几十块，甚至上百块，虽然有专人负责，但他总要亲自审核：内容与主题是否相符，图文是否相符，甚至标点符号都要审核。他一遍一遍地仔细斟酌，坐在电脑前一看经常就是几个小时，有时还拉上我帮他再审。他说学校是育人的地方，文化是学校的标志，不能有任何错误。

他对待他的同事亲如家人，总是站在人家的立场上看待问题。同事家中有喜事他都会送上祝福，有困难他会尽力帮助，遇到想不开的疙瘩他会耐心解释、疏导。在六中、南刘、马驹桥三所学校工作中，和老师们结下了深厚的友谊。他们之间不是领

常恩元的妻子田新艳

导与群众关系，而是兄弟姐妹情谊。2015年暑假期间，六中的几位同事结伴到内蒙古自驾游，中途发生交通事故，一位同事不幸去世。一同前往的同事立刻给他打电话，让他联系家属。当时他也不在北京，他通过多种渠道才找到了去世同事的姐夫，委婉地告诉了他的亲人，并帮助联系车辆，第一时间把家属送到内蒙古的事发地。但这还没完，他又通过旅行社定机票，从青岛返京第二天一早就奔赴内蒙古协助处理后续的事情。处理好逝者之事，又连夜赶赴医院看望几位受伤的同事，那两天几乎未合眼休息。虽然他2008年已调离六中，但当同事有困难第一个想到的是他，足见他们的情谊。

他对待父母极其孝顺，言听计从。父母的每个需求他都一一满足，不管合理不合理。总和我说"孝顺孝顺，就是顺从他们。"有时我认为那是愚孝，他却一如既往。他虽然是个男士，但比女儿还要细心。一次母亲不小心把小腿烫伤了，穿衣服总是碰到伤口，他便把裤腿剪开，让伤口露出再把周围缝上。我要帮他缝他却不放心，怕我碰到母亲伤口。还有母亲身体不好，几次住院，他总是白天上班，夜间陪护，如果实在没有时间就雇护工照看。

他对待弟弟、弟媳也很关爱。虽然嘴不会说什么，总是落实在行动上。弟弟家盖房他马上送上钱去，弟弟家孩子上学、找工作他都忙前忙后。对侄子的一切都非常上心，有时甚至超过对待女儿。

他对待我，在工作方面，虽然不是一个单位，但也是高标准严要求。他要求我做事要有计划，并要做到认真仔细，踏实肯干。每天回家总是问我："今天干什么了？怎么样？"真是比我们领导还要严。他在管理中坚持以人为本，也指导我做到以人为本。我是一名财务工作者，他让我每月主动将工资条送到教师的手中，有什么变动及时告诉老师，同事有问题要耐心解释。在生活中他虽然不会甜言蜜语，但对我很包容，他用他的爱包容我的任性，包容我的坏脾气。在我心平气和时和我讲道理，使我们家的生活总是在和谐之中。

和他生活了二十多年，我很幸福。工作中他不断指导我积极向上，使我在工作上也小有成绩。生活中我也学会了包容与感恩。他是我的老师，是我的楷模，更是我的朋友。

第二节　女儿眼中的父亲

讲述者：常竞思（常恩元的女儿，现首都师范大学学生）

13岁之前我和母亲一直跟随父亲住在学校里，许多老师都陆续搬离了学校，最后只剩下我们一家。父亲每日的生活轨迹，就是宿舍到办公室之间两点一线，每天他一定是最早进教学楼的人，晚上大家都下班后，他会回来吃口饭然后继续回去工作，直到睡觉的时间才会回来。有的时候到了晚上，我也会去他办公室对面的教室写作业，他工作的样子总是很认真很投入，有的时候跟他说话他完全听不见。到了后来，我摸索出了规律，只要父亲工作时眉头是紧锁的，就一定是最认真的时候，这个时候我就不会去打扰他，因为知道跟他说话他也听不见，要是眉头微锁或者是舒展

常恩元的女儿常竞思

的时候，跟他说话他偶尔能听见或应一声。

父亲很注重对我的教育，记得很小的时候他就锻炼我的自理能力。5岁的时候，有一天父亲给了我一些零钱让我去校门口的超市买鸡蛋，他不跟着我也不让别人陪着我，一定要让我自己去，我的确是自己去了，但是买鸡蛋回来的路上，一不小心把鸡蛋给摔了，回来后父亲没有责骂我，而是又给了我一些钱让我再去买一次，只是嘱咐我这次要小心点。

还有一次，也是5、6岁的时候，父亲让我自己提着两个热水壶去几百米外的热水房打水，去水房的路上我因为淘气非要跨过草坪边的围栏走过去，结果被围栏绊倒狠狠地摔了出去，两个水壶也都碎了，周围的阿姨看到都赶紧跑过来，还好水壶里没有水，我也没有被扎到，只是膝盖擦破了点皮儿，事后大家都责怪父亲怎么能让这么小的孩子打热水，但父亲却觉得这是他教育我的方式。后来证明，父亲的方式并没有错，上小学后我比同龄的孩子都更独立些，也会去照顾周围的同学。自理能力不单单是在生活上，也体现在学习上，父亲一直反复和我强调的一句话就是"学习是自己的事情"，记得小学二年级的时候我因为骨折在家休息了三个多月的时间，在这期间没有老师的讲课，没有同学的帮助，父母也不辅导我功课，一切都是靠自己自学，最后在期末考试中我凭借自己的努力比周围其他每天上课的同学的成绩都要高，这也震惊了很多当时教我的老师。

常恩元与妻子、女儿在一起

父亲是一个很能吃苦,做起事来持之以恒的人,他也一直教育我要做一个有毅力的人。幼儿园中班,我就跟随父亲学校的初中生一起走着去中国民兵武器装备陈列馆,一个来回十多公里,许多老师和学生都坚持不下来,我却在最前面走得很起劲儿。

初一新生军训跑步,我也跟着跑,一个小学生照样可以跑得比初中生快。小时候父亲对我的锻炼,对我今后做事做人都产生了很大影响。从小到大,我当过学习委员、当过班长、团支书,到大学后在学生会当部长,什么苦活累活都干过,我都能坚持下来,还能比周围的人做得更好。初中的时候作为班长我可以带领我的班级获得"优秀班集体"称号,大学的时候作为学院的心理部部长,我带领自己的部门获得学校的"优秀心理部"称号,而我们部门的作品也作为全校唯一的代表,代表学校参加北京市的比赛并取得了优异的成绩。

父亲是一个勤劳朴实的人。无论是在家里还是在单位,他总是闲不住,他看不惯房间里有一丝凌乱。每次处理事情,他总是会替别人考虑,很少会考虑自身的利益。看着他每天那么努力工作和劳动,有的时候我和母亲总是会担心他身体会吃不消,也因此我总是希望他可以变得懒一些,别那么辛劳。

父亲还是一个追求完美的人,别人看来已经很好的工作,他却总能再发现问题,提出改进的意见。有的时候在家里看到他写论文,一篇论文写完后总是能反复修改好几遍,偶尔他也会让我读读他的论文,给他提提修改意见,但通常我觉得他的文章已经写得很好很好了,他却总觉得还能再改改。他的这种做事风格也渐渐影响了我,无论是在生活、学生工作、还是学习中,我始终抱着"一件事要做,就把它做好,要不就不做"的态度对待每一件事情。

如果抛开旁的不谈,就只谈谈父亲这个角色,谈谈我们父女俩,更多的时候我并没有把他当作那种高高在上的长辈,而是朋友,就是平辈间那种无话不说、可以互相开玩笑的朋友,就像女孩子间"闺蜜"的那种关系一样。父亲只有在教给我道理和指正我错误的时候,才会稍微严肃些,但更多时候他是和蔼的是温柔的,他教育我的方式一般都是靠以身作则,用实际行动来影响我。

第三节 父母眼中的儿子

讲述者:董淑兰(常恩元母亲)

我和老伴都是1943年出生,今年73了,结婚五年才有恩元,儿子1968年出生转眼间48岁了,时间过得好快,回想起他成长过程中的事情还历历在目,在我们心中他还是个孩子。从小就教育他要听大人的话,要懂事,自己的事情自己做,上学要遵守纪律,好好学习,工作时要努力将自己的工作干好。他从小到现在确实让我们省心,做得也比较好,没上学时知道照顾弟弟,上学学习成绩一直排在班里的前面,曾当过生活委员、体育委员、班长、团支部

常恩元的母亲董淑兰、父亲常振江

书记，高中时是班长、团支部书记，而且是学校唯一的一名市级优秀学生干部，大学期间任班长四年，然后就是参加工作。

儿子很小就知道自己的事情自己做，记得还是上小学三四年级的时候就开始自己洗衣服；每学期开学发下来的新书总是自己包书皮，并工整地写上班级、姓名；每天上学自己去，无论本村还是外村；每天的家庭作业不用我们大人催促，寒暑假作业总是先写完然后再玩，大人从不操心。

儿子的学习成绩一直很好，这离不开他的勤奋，儿子上学时是一个乖孩子，听老师的话，每天的作业不写完不休息，时常还躺在被子里背一些知识或看看书。记得那时候有电视剧《排球女将》《姿三四郎》《霍元甲》《大西洋底来的人》《敌营十八年》等，儿子十分喜欢看，但他能克制自己，只有写完作业才看。还有遇到不会的题总是想办法解决，那时候有学习小组，他首先向组内的其他同学请教，我和他父亲文化水平不高，简单的我们能提供帮助，难一点我们也解决不了，他就向村内的其他人请教，实在解决不了第二天到校问老师，直到明白为止。

儿子从小除了听父母、老师的话外还孝顺，主动帮助家里做一些力所能及的事。如父母外出干活没有回来，帮助大人蒸饭、将菜洗好。记得20世纪80年代初期，孩子上初中了，时常帮助家里扫猪圈、淘厕所、下地播种、拔苗、施肥、打草。我婆婆身体不好，后背上原来有一个瘩子，后来出现了病变，溃烂且不封口，到许多大医院就医，没有好的办法，只有天天换药消炎，只要儿子在家，换药的活儿就由他来完成，从不嫌脏，毫无怨言，直到我婆婆1992年去世，儿子从小到大学毕业参加工作，多半时间和我婆婆住在一起。

我身体不好近些年多次住院，曾有过摔伤骨折、心衰、煤气中毒，每次住院两个儿子总是跑前跑后，主动出钱、主动看护。恩元是我的大儿子，我还有一个比他小三岁的二儿子，由于恩元近些年工作比较忙，尤其是在学校当了干部后，工作和照顾我可能在时间上有冲突，就主动出钱请护工看护，每天晚上或双休日过来陪陪我，然后再回家休息。另外，自他1996年当干部至今，大年三十只在家过过一次，那仅有的一次就是我摔伤骨折那年的春节。他工作刚开始回家看我们的次数比较勤，后来成了家有了孩子，再加上工作比较忙，次数比原来少了些，如果他忙，回不来总是打电话问候，我们不怨他、理解他，只要他好就行。儿子比较懂事，每次回家主动买一些东西，而且给我们一些钱，叮嘱我们一定要吃好。儿子每次开车走时我们也总是提醒："路上注意安全，到了给我打个电话，""我都不是小孩了，您们就放心吧，我没事的。"他笑着说。

儿子从小就很注重礼节，每次家里来人总是主动问好，给客人让座、沏茶，大人聊天从不插话。亲戚来家时主动帮着做饭，准备餐具，适时给亲戚夹菜，饭后帮助收拾碗筷，亲戚或客人走时起身相送。

儿子小时家里并不富裕，吃的还以粗粮为主，偶尔有细粮，平时没有什么肉，只有过节过年时才能改善生活，孩子没有怨言。穿的衣服往往洗了又洗，有的衣服还打了补丁，直到现在儿子在穿着上也很普通，从不攀比。他现在的房子装修也是如此，再普通不过了。

每一个孩子都是父母的无价之宝，所以我们提到自己孩子的时候，总会感觉骄傲和自豪。儿子的每一次进步，每一点成长，都在我们眼中！

第四节　教师眼中的校长

讲述者：李娟（原南刘中学的英语教师，目前和老公——原南刘中学体育教师刘栋在美国加州生活）

在南刘中学工作的三年里，我们认为常恩元校长是个认真负责、平易近人、值得大家尊敬的好校长。以下我们将从三方面回忆与常恩元一起工作的点点滴滴。

首先，常校长热爱教育事业，对待工作严谨认真、以身作则。在常校长调到南刘中学之前，学校的日常管理相对松懈并存在漏洞，老师们的工作积极性也因此受影响。常校长上任后，开展了一系列的学习和活动，规范校规校纪，逐步改善校风，在大家的共同努力下，全校师生的精神面貌都有了很大改变，学生们遵规守纪，尊敬老师，老师们也感受到校长在各项工作上的支持和帮助，对工作充满信心和希望。每当有外校老师来听课时，我们都会听到这样的赞叹"南刘中学的学生有规矩，有礼貌，老师们上课也舒心！"

在南刘中学工作的日子里，常校长每天都是最早到达学校的。由于南刘中学地处农村，公共交通不方便，大多数老师上

南刘中学教师李娟

班都会搭乘学校的班车，而每天班车到达学校的时候，老师们都会看到常校长已经在校园里巡视各班扫除和早自习情况，有时常校长还会亲自指导这些平时不做家务的"95后"如何扫地、擦玻璃。常校长的这一小小举动，让我们感到敬佩的同时，也让学生们提高了扫除效率和对早自习的重视，为培养良好的学习习惯奠定了基础。

在教学方面，常校长很注重老师们的课堂教学质量，常校长的教学理念先进，他不鼓励老师们牺牲额外的时间去给学生们进行"题海战术"，而是帮助老师们在有限的教学时间内，调动学生的学习兴趣，提高学习效率。除了每学期组织教学评优活动之外，他还会亲自进班听课，并安排老师们互相学习和交流，让老师和学生能够高效利用课堂45分钟的时间达到教学目标。功夫不负有心人，老师们通过学习，逐步改进教学方法，在每学期的期中期末考试中，南刘中学的大部分学科成绩都排在全区前列，有些学科的排名甚至超过了全区重点学校，这也大大鼓舞了老师和学生们的工作、学习热情。

除了重注文化课，常校长还非常注重体育教学。南刘中学在校生不足200人，但是常校长鼓励老师带领学生们积极参加市级和区级各类比赛，在有些项目上取得优异成绩，如武术、跳绳和绑腿跑。

其次，常校长关注教师发展、关心教师生活。虽然南刘中学在通州区是所规模很小的学校，可是常校长非常重视每位教师的专业发展和提升。在南刘中学这几年，常校长坚持"请进来、走出去"的方针，每年都会请市区级专家和教研员来为老师们培训，培训内容涉及提高课堂教学质量、改善班级管理、撰写优秀论文、运用电子白板等，使老师们能够不断学习新知识、新方法，与时俱进、增强自信。

常校长还会组织老师们外出学习和听课，开拓视野、不局限于校内的学习和交流。对于有想法、有特长的老师，常校长都会大力支持，努力为老师们搭建发展的平台，提高知名度和影响力。在常校长的努力和帮助下，很多老师都取得了巨大进步，并在通州区、北京市乃至全国的比赛和活动中取得不俗的成绩，南刘中学也在短短两三年内从"不为人知"变成"小有名气"。

常校长鼓励老师们多读书，在他的带动下，老师们还养成了读书和写读书笔记的习惯，常校长会定期翻阅老师们的读书笔记，用铅笔给每位老师的笔记做批注和交流观点。除了关注教师个人发展，常校长还会关心教师的生活。得知老师家属生病住院，常校长会带头去慰问，得知老师子女面临入托入学困难，常校长也会尽力帮助解决。学校的班车有时会出故障，每当这时，常校长都会提前规划路线，由他和其他有车的老师负责接送坐车不方便的老师，保证每位老师都按时上班和回家。学校当时没有暖气，常校长给每个办公室都安装了空调。冬天为了让教师们第一时间就能感受到办公室的温暖，经常提前一个小时为老师们打开空调……常校长的细心和热心，让老师们感动，也为老师们解决了后顾之忧，从而能有精力和热情投入到工作中。

最后，常校长关爱学生，深受学生敬爱。在学生们眼里，常校长严谨却又亲近。常校长到南刘中学时已是冬天，由于学校的饮水机不能供应所有师生足够的开水，他看到很多学生每天只喝饮料或凉水，于是他做的第一件事便是购买新的饮水机，保证学生们能在冬天喝上热水。记得有一年圣诞节前夕，学生们都买了包装精美的"平安果"送给老师和同学，有不少学生都会主动去给常校长送"平安果"。我想，学生们之所以这么做，是因为他们眼中的常校长不是整天坐在办公室里或者站在主席台上高高在上的校长，而是每天在一排排教室间穿梭、关心他们冷暖的"家长"。

近年来，新闻中常报道校外人员伤害学生的事件，为了确保学生安全，每天上学和放学时间，常校长会和政教处以及体育组的老师们一起守护在校门口，从没有一天缺席。有了这样的守护，学生、家长和老师们都感受到学校是最安全的地方。常校长每年都会向班主任了解各班是否有家庭困难的学生，如果有的话，常校长会想尽办法努力为学生申请补助。例如，杨海军同学就是其中一个。

在南刘中学工作的时光是我们最快乐最有收获的时光，虽然只有短短三年，却给我们留下了深刻的印象，也为我们的发展积累了资本。在我们眼里，常校长永远是精力充沛的，永远在为学校、老师和学生忙碌着，他不但是一名优秀正直的领导，尽职尽责的教育工作者，更是南刘中学所有老师的良师益友。

第五节　同学眼中的同学

讲述者：王庆东（常恩元大学同学，现北京市通州区第六中学体育教师）

我和常恩元是大学同学，上学期间，头两年我们俩并不太熟，虽是来自同一区县通州区，但开始我们来往并不太多。到了第三年，我们分班开始专修，我们两个组训练经常在一起，在体育馆里一起做准备活动，有时一起打篮球，时间一长，彼此也就越来越熟，后来知道他也来自通县（通州区），而且我们两家还不太远，所以我们的交往也越来越多，也是无话不谈。

自打我们认识后，我们就经常在一起打篮球，或在食堂一起吃饭，或在一起聊天。在一起的时间也越来越长。那时他还是我们班的班长，负责班里的具体事务。虽然没有什么惊天动地的大事，都是一些家长里短的琐事，所以有些人就没有当回事，这项工作也就没有人爱做。大家都很忙，都是各忙各的，有出去逛街的，有交朋友走的。总之，那时大家都没闲着，有时都跟他请个假或打个招呼就走了，课也就不上了，遇到老师查考勤就托他帮忙请个假，打个埋伏。有的干脆连假都懒得请，想去就听会儿，不想去就在宿舍里呼呼睡大觉。那时大学管的松，大家的追求也不高（我个人认为这是当时教育管理体制、机制问题，也有管理教育不到位问题，再有就是家庭教育和个人素质问题）所以逃课的现象非常普遍，很多同学有了上了大学要休息休息的思想。

那时他是班长，他没有那么做，也许他认为考出来不容易，不能辜负家里的期望，在大家都在忙着各自的私事，他一直在坚持。据我所知

大学同学王庆东

他没有旷过一节课，每年都是奖学金的获得者，他专业课成绩突出，毕业论文参加院级答辩，并且一次通过，专家评委给予了高度认可。

我们每天都要出早操，他要负责点名，都很尽职尽责。尽管有很多不出早操的，但从没见过他缺过一次早操。出完早操后，就是吃早饭，每次早饭后他顺便把宿舍里的热水打了，每天如此，虽然是一些小事，但能坚持这样做的又有几个，我想屈指可数。他的做法赢得大家的认可，大部分同学们对他都很佩服，知道他干活任劳任怨，也有个别说他傻的人，但他一笑了之，很坦然的面对，更没有辩解。

那时我对他也不是太了解，后来我去过他家里，同他的父母聊过天。这才明白他为什么是那样的一个人。他的父母都是普通的农民，家里种地供养两个孩子上学，家里并不富裕。对孩子也没有特殊教育，只是通过言传身教，用的是最朴实的教育。父母虽没有高深的理论去教育引导自己的孩子，但从小就告诉孩子要诚实，吃亏是福。即使他当了校长，父母也是这么嘱咐的，而且特别强调，当了官以后，是自己的拿，不是自己的不能拿。正是基于这样的朴素教育，在这种朴素的熏陶中，潜移默化地影响着一个人的价值观的形成，使他能够快速的成长起来，成长为一名有责任有担当人。

回到通州后，我们有几个人在潞河中学实习，其他的人都在通州四中实习。那时我们十几个人都很忙，一方面忙着实习，积累经验，另一方面都忙着找工作。其实那时的工作还是执行的统一分配制度，还没有真正的市场化的双选和自主择业。所谓的找工作就是托关系找人，那时的风气就是如此。要想留在城里就得托到人，要想不当老师，出教育口很难，因为很多东西都和户口挂钩，而且那时的各种证明很多，设置了很多的关卡，人家按制度就是不给你开证明，你也没办法，否则你就义无反顾的什么都不要，拍屁股走人，就像进了围城一样。那时的社会还不是很开放，人的观念还很落伍。处在那种环境，人的自主选择权利还是很小的。所以很多人还是很悲观的，态度也就很消极。尤其是在当时的社会，教师的地位低下，待遇很低，养家的确很困难。各种因素左右着人的想法，尤其害怕被分到农村去，找对象都很困难。那时的农村待遇更低，没人爱去。所以那时大家都发动各种关系，托人留在城里。至于个人的业务都是次要的，并不起决定作用。所以那时的社会，客观地说是缺少活力的，管得比较死，限制了人的发挥。即使这样，他在我们实习过程中，他是最认真、最踏实的一个，而并没有被社会大环境左右，也没有盲从，而是很认真的干好本职工作。随后我们都很圆满地完成了实习任务，顺利地毕了业。

毕业后他被分配到了六中，其实他有很多机会，据我所知他的大学指导教师推荐他到通州的一所大学物资学院工作，物资学院已同意录取，但由于当时毕业去高校、体育局、中专、技校等单位属于出口，当时的出口率不超过5%，学院不放。同时通州有几所中学让他去试讲，结果都答应要他，最后他去了六中工作。其实他完全可以有更好的平台，去大学发展肯定要比中学好，毕业的第二年物资学院还想让他去，但是答应六中了，他认为不能反悔，即使有再好的机会他也放弃了。他信守承诺，在六中工作了十六年多，直至调走。其实那时也没有合同，只有口头承诺，放着大学不去，别人都认为他傻。即使去了大学，别人也不会说什么。但他还是坚持了原来的决定。我想他的这个决定，完全是受家庭的影响，做人要诚实守信。

一年后我也调入了六中，我们俩又由同学变为了同事。我去的当年，他由于工作认真、积极、踏实、肯干被提拔当了体育组长，是当时通州区最年轻的体育组长，应该说在通州区体育这个圈子里，他创造了很多个第一，工作第四年27岁当德育主任、第五年29岁当副校长、副校长干了十一年当正校长。

我刚到六中工作那时，才真正体会到六中的累和辛苦。每年开学第一件事，就是教广播操，站在烈日下一面讲，一面做示范，而且还要不断纠正错误动作。在烈日下不动都要出汗，何况还要剧烈运动，而且一干就是一天，连着几天都是如此。一天也不知道要流多少汗。开学之前几天就要把广播操学完，这是六中的传统。作为体育老师首先要把广播操学会，这是基本功，体育老师要想熟练掌握一套操。没有几天的工夫是拿不下来的，何况至少要掌握三套操。并且也没有什么经验，而且要面对成百上千的学生，心里不紧张才怪呢。所以底下你必须把广播操做得滚瓜烂熟，即使这样，你都无法保证不出错。可想而知我们的心里压力有多大，生怕做错，怕学生笑话，有损老师的形象。这就需要我们不断反复练习才行。我们每次教广播操保证他是第一个上台去教，他总是冲在最前面，年年是这样，再苦再累其他人也只能跟着走，无话可说，他的行动直接影响着其他人。

六中的活很多又很杂，除了日常的正常教学外，我们还要参加各种活动，如进修、到校外听课、听讲座。回来后还要抓紧工夫写教案，学校还要经常隔三差五地开会，我们每个人还要天天坚持训练，准备各种体育比赛。各种体育比赛又很多，对于我们体育教师来讲，很少有长工夫休息，经常是刚干完一样活，新的任务又来了。一天下来紧忙活，觉得挺累还感觉没有什么收获。这就是我们每一个体育教师平常生活。

在这种单调、平凡的生活中，他干得有声有色，每天充满着激情，就像上满弦的钟摆一样，不知道累，他很少主动休息，经常是加班加点，有干不完的活。当然有人不理解他为什么这么拼命地干，也有说闲话的，认为他是有目的。现实生活中有些人就是这样，自己不干还对别人指手画脚，甚至讽刺嘲讽，打击别人。对这样的人，他都很坦然地面对，依然按着自己的想法、自己的信念，一如既往地做下去。对一些别有用心的人对他的中伤和诋毁，他从来没有打击报复，更没有给别人小鞋穿。即使他当了校长也是如此，像他这样当领导的，在现实生活中真的不太多。他之所以能够做到这一点，是和他的家教有直接的关系。从小父母灌输的就是，为人要诚实守信，待人要憨厚、要真诚。他确实做到了。工作中他以诚待人，有任务了，处处冲在前面，不管是不是自己分内的事，他都抢着干，他用自己的实际行动，不断改变着别人的看法，真正做到了言行一致，而不是做做样子、走走形式给别人看。在六中的不足十七年中，他一直是这样做的。我想能坚持这么长时间，不是任何人随随便便就能够做到的。只有当一个人具有坚强的信念、豁达的胸怀、执着的精神时才能做到这种境界。正如鲁迅所说的"走自己的路，让别人去说吧。"

在六中工作几年后，他结了婚，成了家，家就安在了六中。当时学校里有十排平房，大概有三十间平房。其中体育组用了一排，食堂用了两排，老师的宿舍用了三排，几位老教师的家属院用了三排，本来学校的房子就很紧张，不是谁都能给的。那时老师们对房子都是非常在意的，即使很破旧的平房也是如此，老师们肯定会有意见的，尤其是老教师。

但由于他工作积极、成绩突出，学校硬是挤出一间分给了他。要是换做别的老师，肯定不行。

拿到房子的钥匙后，他简单把房子收拾了一下，墙壁刮了一遍腻子，晾了几天就和爱人住了进去。一住就是十几年，即使有了女儿也住在一间屋里。当时孩子小需要老人看护，一间屋子实在没法住，他就搬到我的宿舍。当时我的宿舍里就我一个人住，有一张空床，于是，他就搬了过来。

说实话那时的平房四处透风，冬天得用塑料布把窗户和门都封上才行。我们俩在宿舍里住了一段时间。每天他很早就起床，洗漱完后，吃完早饭，就去体育组，他把热水打完，就到学校大门口等学生，学生一到他就带学生开始训练，一直训练到学生该上早自习为止，每天如此。还有就是他从1992年工作到1996年担任干部期间每天所教班的学生也要出早操，一坚持就是四年。后来孩子大点，为了方便他就把孩子送回姥姥家，坐车大概需要一个小时车程。每天他爱人都要坐车回去照看孩子。他就全身心地投入到工作当中去，一直坚持到女儿该上幼儿园为止，他才把孩子接回来，一家三口还是住在那间平房里。

随着女儿逐渐长大，他的工作也是越来越忙，同时也获得了很多的荣誉，学校也因此越来越器重他，把他作为后备干部培养。他出色的工作也赢得了老师们的认可。不久后他就被任命为通州六中的德育主任，从而走上了领导岗位。

在六中干了德育主任时间不太长，大约也就两三年的时间，就又被提拔为副校长。2002年通州区教委机构改革，教委找到学校，准备让他到教委工作，先是征求他的意见，他说舍不得离开学生、老师和学校，最后他又找校长，让校长去教委做工作让他留在学校。因为他也清楚，从个人仕途发展的角度看，到教委可能要比留在六中强，到教委个人发展的空间会更大。机会对于每个人来讲，都不会太多，错过了就没有了。在许多人眼里认为他傻，放弃了难得的升迁机会。去不去教委这件事好像对他没有什么影响，他还是一如既往的拼搏工作。六中当时的校长是一位女校长，身体不太好，三天两头去医院，一天要吃很多的药，并且要经常住院，最长的一次住了半年院。后来刚退休不久，就进行了肝、肾移植手术。

在这种情况下，他把六中的管理工作承担了下来，原来的女校长对他很放心。于是他就把学校的全部管理工作承担了下来，负担是非常得重。学校无论大小事情都去找他，他要处理方方面面的工作，而且是身体力行，亲力亲为。对学校的正常教育教学工作起到了不可或缺的作用。在处理学校问题时，他敢于担当，从不推诿。所以老师们对他的为人都很佩服，对他的工作能力都非常认可。

后来由于工作的需要，他被调到农村的一所中学，南刘中学当正校长。当六中的老师听到这个消息，都非常激动，大家都不愿意他走。宣布那天，有很多老师当场哭了起来，那场面非常感人，是发自内心的，绝非是演戏。这种场景足以说明他在老师心中的分量和地位。有这么多人的牵挂，有这么好的口碑，也是人生值得炫耀的一件事。

到南刘中学工作，由城区到农村，他坦然面对，服从教委的安排，他克服了学校条件简陋、艰苦，办学质量不尽人意的困难，他认为自己在哪工作都一样，无论在哪里，都会跟原来一样去冲锋，那是他的阵地，也是他的又一个新的起点。短短的一两年时间，学校的办学就有声有色。据我了解他当时是通州区最为年轻的校长之一。

到了南刘中学之后,我和他虽然不在一起共事了,但是还是经常听到他的消息。得知他通过努力让南刘中学从一个籍籍无名的学校变成了扬名通州区的学校,也得知南刘中学被合并后,他又被调任到马驹桥学校任校长。不管走到哪里,他都把学校搞得风生水起,让接触他的教师和学生都交口称赞。这就是他的人格魅力和领导艺术。

讲述者:苗秋艳(常恩元高中同学)

我是常恩元校长的高中同学。在三年的高中学习期间,他一直担任我们班的班长,后来又接了团支部书记。他给我的印象是朴实憨厚,从不与人斤斤计较,他团结、关心同学,工作尽职尽责,组织班上的各项活动都得到了同学、老师和学校的认可。在平时他自律、严格要求自己、刻苦学习,各科成绩名列前茅,而且他还十分热爱体育运动,是我们同学学习的楷模!我就简单地谈谈我们的常班长。

在工作方面,他积极主动。记得上高中时,由于外语与城区学生学的不一样,我们基本是零起点,所以农村来的与城区学生分班上课,一届四个班前两个班是城市班,后两个班是农村班。当时男女生虽然在一个班,但也不像现在的学生男女生无话不谈,高中时男女同学交流得很少,一个班的同学来自通

常恩元同学苗秋艳高中时代照片

州区各个乡镇，全部住宿，彼此的生活环境，学习习惯，脾气秉性各有差异。彼此都是陌生的面孔，互不了解。我们的常班长，利用班会时间，组织全班同学自我介绍，让我们之间有了彼此的初步了解。放学后组织班上同学打篮球，利用周日的休息时间带我们去香山、西海子公园游玩，促进了我们同学之间的相互了解，增进同学之间的感情。

还记得在高一有些学科的课堂上，个别同学有不注意听讲，随便讲话的现象，他带头维持课堂纪律，讲正义，对不遵守纪律的现象敢于批评指正，而其课下还做那些不遵守课堂纪律同学的思想工作。为了加强课堂纪律、生活纪律，他还特意和班主任一起，带我们去通州区小街部队参观，让我们真正地感受到了部队的纪律严明和良好的军风。那次参观回来后，我们班的课堂纪律有了明显好转，再没有由于纪律问题被老师逐出课堂事件的发生。

还有，就是定期轮换座位，为了保护同学的视力，他每月组织全班同学轮换一次座位，每次轮换都是放在晚自习下课，哪行先动，哪行后动他有条不紊地组织。总之，常班长有强烈的责任心，班里出现问题及时与老师沟通；有非常强的领导能力，会开展工作，有一定的影响力。

在学习方面。我的座位离常班长很近。他认真听讲，从不交头接耳，总是积极举手回答老师提出的问题。课堂上经常看见他认真做笔记，课下还经常热情地帮助我们同学答疑解惑，从不保留。每次考试，成绩都非常优秀，尤其他的数理化。高三毕业那年师范院校提前招生考试，他体育加试、文化课考试成绩优异，而且还是我们这届唯一的市级优秀学生干部，很顺利地被北京体育师范学院录取，但他还和我们一样按时上课，认真学习，在学习上，依然给我们起表率作用。

在体育方面。常班长又是我们班的体育班长。他每天都积极主动的带领我们晨练，每次都排好队伍上早操。上体育课时，主动给我们做示范。积极参加学校组织的运动会，并且在跑跳的项目上都能取得好成绩，而且还代表学校参加校外的竞赛，为我们班争夺了荣誉，当时的体育教师十分喜欢他。

总之，我们的常班长，有高度的集体荣誉感。威信高，亲和力强，每年同学聚会还是他牵头，他通知召集，在同学之间从不摆架子，乐于助人，热心解决他人之间的矛盾，和同学之间关系融洽，有组织能力，办事能力，按职责协助我们班班主任管理班级，各科成绩优异。在我们同学中，他是一个德、智、体、美、劳全面发展的好榜样，现在还是我们的好班长！

第六节　老师眼中的学生

讲述者：李东（常恩元的中学老师，现运河中学退休教师）

过去，他曾经是我的学生，在校期间，他中等个，不胖不瘦，文质彬彬，脸上总是洋溢着笑意。他给我的印象，就是一个爱学习、爱运动、爱钻研、守规矩、埋头苦学、不爱出风头的人。如今，他成了中学校长，从求学到工作，学问不断长进，性格和面貌会有些变化。而今只有四十多岁，头发已有微霜，但他不图私利，说话铮铮响亮。他没有不良嗜好，精力格外充沛，彰显出他的大度与大气。他做事扎实，性格稳健，这一切都提升了一个档次，也更平添了他的开创精神。

他是从理科生考入体育院校，却乐此不疲地接连撰写教育文章。从体育健儿到手握笔杆，这个转型就是"破门而出"，作为校长往往事物繁杂，工作千头万绪，能挤出时间来写文章，尤其可贵而难能，这里包含了多少心血汗水啊。"欲栽大木倚晴天"这是他初当校长的宏愿，经过几年的磨砺和钻研，如今已经成为出类拔萃的中学校长，这是他不断进取的结果。为此，我也为感到有这样的好学生而自豪。他就是我曾经的学生，如今的马驹桥学校校长——常恩元。

在我结识的诸多校长中，他不仅有独立思维的个性，也不是一般地会管理，懂教学，能称职就满足于现状的人。他有思想，肯钻研，善于总结经验，上升为理论。一旦有所发现，有了新的思路，就能写出文章，不少文章在报刊上发表，已经引起有关专家的重视。在学校管理实践之后，在中外教育理念的对比之后，他的理论文章"百尺竿头，更进一步"，理论结合实际，通过实施落实，学校的一切活动都搞得有声有色。我用一句话评价他，那就是当今校长群体里的佼佼者。

鲁迅先生说过："教育根植于爱"，这自然是至理名言，如今的口号是"一切为了学生，为了学生一切"，他也在校园里努力践行。多谋善断，说干就干，首先要定下规矩，工作不能含糊。为此，他在今年之初，就提出来符合现代教育理念的一系列新举措，推进现代学校建设。他坚持依法治校，不断完善学校规章制度，推进学校内涵发展，培

常恩元的中学老师李东

育办学特色。在他的洞察和判断下，马驹桥学校也形成了新时期、新形势下的学校发展规划，争创区域内的示范学校。这个规划文字不多，几乎涉及了当前教育改革的方方面面，精要，好懂，符合实际，便于实施。定计划，慎思之，近一年的落实，笃行之。在全校师生的共同努力和家长、社会的支持下，马驹桥学校的新计划已经见成效，已经赢得了当地百姓的良好口碑，也得到了有关上级首肯。

作为体育院校毕业的校长，自然在体育方面是内行。他的眼界开阔，了解当今的莘莘学子体质下降的情况，强身健体是培育人才的重要方面。谁都知道"少年强则国强"的道理，但很少有人正儿八经地关注实施。于是，他发动全校师生，解决应试教育中误区，在学校全面开展体育活动，每年的体育节都是一次师生的体育盛会。体育节的动人场面，刊登在报纸上，更加激发了师生全面发展的信心。

近年来，学校开展校园体育活动，正在形成新的常态。在常恩元的引领下，马驹桥学校的领导班子认识到，体育活动不仅有助于德育、智育的发展，而且有助于陶冶学生的情操，培养他们的守规、团结、勇敢、果断、坚毅、自信心、自制力、进取心和坚强的意志品质。目前，马驹桥学校在体育活动的开展方面，有三个创新。那就是优先培育体育教师，培养学生对体育运动的兴趣，以及体育工作的全方位开展。学校明确了学校体育是推进素质教育的重要载体，不断总结经验，探索出了一条行之有效的开展学校体育活动的新途径。

开展校园体育活动的核心是激发学生对体育锻炼的兴趣，要达到这个目的，首先是培育高水平的体育教师队伍。学校针对年轻教师多的特点，主动采取"请进来"的举措，即聘请区级体育骨干教师和教研员到学校示范教学，并对体育教师进行指导,帮助教师发现问题与不足。引导教师细化教学过程,重视课前、课中、课后的一体化,努力做到使每一名学生都能体验到体育课的乐趣。"他山之石,可以攻玉","请进来"的做法和教师的努力相结合,已经初见成果。

为了让体育活动普及到每个学生,必须加强课外体育活动,让学生每天都有锻炼的时间。做到时间合理调配,活动上形式多样。依据学生实际和季节特点科学有序地安排,例如:跳绳、踢毽、拔河、球类比赛、拔河比赛、长跑比赛、田径运动会等;在个体锻炼的基础上,学校还结合学生的爱好,组织各种团体和竞赛活动,如篮球、足球、田径、空竹、武术、舞蹈等运动团体,让每一名学生都能够掌握两项以上的运动技能;做到班班有特色,人人有特长,学校还结合自身实际,确定几个重点项目,在体育教师指导下,进行科学系统地训练,长年坚持,已见成效。尤其常恩元把传统的田径运动会,变成了体育节,设有田径、非田径两大类。如今体育节,已经成为学生们最欢乐的节日。

开展体育活动终极目标是培育健全的人才。通过体育活动,不少同学在思想和文化学习上都有了长足的的发展。在他的坚持和努力下,学校体育工作取得了骄人的成绩。去年,荣获通州区体育工作优秀校;贯彻《体育工作条例》优秀校;阳光体育竞赛优秀组织奖等若干奖项;在课堂教学、体质健康标准测试在通州区名列前茅……学校坚持以体育为载体,弘扬体育精神,实现了全面育人成才的目标。如今,学校的师生正不断创新,让校园体育之花开得更加绚丽!

我眼中的常恩元,不是完人,但他有热情开放的气度,不断求索的执着,锐意进取的气魄,使他逐渐进入全区年轻有为的校长之列。从理论到实践,他对教育本质理解就是育人成材，他走的是人生正轨，赢得的是社会赞誉。想到他，我的内心感到慰藉。我祝愿他：戒骄戒躁，再显身手，前途是无量的。我坚信："长风破浪会有时，直挂云帆济沧海！"

第七节　上级领导眼中的校长

讲述者：乔瑞敬（北京教育学院通州分院地理教研员）

常恩元校长跟我的接触是从 2009 年开始的。那时候他在通州区南刘中学担任校长。南刘中学是一个城乡结合部的学校，学校规模不大。常校长给我留下最深刻印象的事情是，他对别人口中所谓的"小科"，即历史、地理、政治和生物这些非中考学科的重视。当时的中考学科是语文、数学、英语、物理、化学以及体育，因此很多学校都把非中考学科边缘化，相当不重视非中考学科的发展。但是常恩元校长却有着很好的办学理念，他了解每个学科对学生的作用，注重学生综合素质的发展，真正为了学生长远利益着想。他经常说，学生的一生很长，我们要为他们铺好未来发展的道路。

常恩元校长在南刘中学与教师、学生的关系非常融洽。他不像很多校长那样，把自己定位成领导者，

乔瑞敬（右一）在指导马驹桥学校青年教师

高高在上，而是一开始就把自己定位成一个服务者。他常说教育的本质是服务，校长服务老师，老师服务学生。在常校长用心办好教育的感染下，南刘中学的老师们积极肯干，主动工作，经常周末还去学校加班。常校长就把早餐、午餐准备好了，送到老师的办公桌上。正是由于常校长对于每一位教师的关怀关心和关注，使得南刘中学的干群关系非常融洽，教师们团结一致搞好教学，学生们的学习积极性也极大地被调动起来。南刘中学的教学质量、教学成绩不断提升。

常恩元校长非常注重教师的专业性发展，善于发掘发挥教师的优势，其中一个很典型的例子就是南刘中学的李冬梅老师。她在大学学的专业是地理，来到南刘中学之后，由于学校缺少英语老师，而她的英语有四级证书，因此就让她任英语老师。七年时间里，李冬梅老师都在自己不擅长的领域支撑着，成绩平平。常恩元校长来到南刘中学后，所做的第一件事情就是把李冬梅老师的岗位从英语老师调到地理老师。李冬梅老师终于可以在自己的本专业上精工细作，发挥特长。2009年，南刘中学在通州区初二年级史地生三科会考中成绩名列前茅。这是与常校长长期重视学生的综合素质发展所分不开的。由于南刘中学成绩突出，通州区教委将那一年的会考表彰现场会定在了南刘中学。在现场会的示范教学中，李冬梅老师抓住了机会，展现了自己的才华，脱颖而出。她所授的《北京市的气候》这一节，教学效果特别突出，后来在北京市各区县教学设计评比中，我将李冬梅的课程作为重点课例推向市里。常校长在暑假期间联系到我，邀请我一起帮助李冬梅老师重新设计课程，重新备课，在原有的基础上进一步提升。当这门课在市里进行展示之后，获得广泛好评，一举获得北京市的一等奖。这在当时的通州区还是鲜见的。

李冬梅老师以一次课为基础，一发而不可收拾。先后在区里、市里承担研究课，发表多篇学术论文。就这样，李冬梅老师从一个新的年轻的地理学科老师，在常校长的慧眼识才下，不断地成长，成为学科骨干。

　　常校长在南刘工作的几年期间，学校各方面的成绩进步显著，所以当南刘中学被合并之后，常校长被调到通州区马驹桥学校继续担任校长。这所学校与南刘中学有着很大区别。首先在地理位置上毗邻大兴区的亦庄开发区，是通州区最西南的学校，而且是九年一贯制的年级结构，不仅有初中，还有小学，学生的构成上也有变化。因为临近亦庄开发区，大量外地打工者的子女涌入学校，使得办学难度加大。但是常校长面对这些变化和挑战，以不变应万变，继续以他的负责、爱心应对每一次挑战，在马驹桥学校再一次收获到累累硕果和教师学生发自内心的赞誉。

　　常校长在马驹桥学校继续发挥干群优势，与教师搞好关系，在学校对青年教师的培养上特别注重。常校长一方面采取"外智入校"策略，将外面的优秀教师请进学校，为这片平静的湖面投进一颗颗石子，让一切先进的教育教学理念和典型案例都成为本校教师借鉴的对象，让教师们在与专家的对话中激发潜能，同时常校长又对教师们强调在学习的过程中不要悉数拿来，要结合本校学生的实际，创造出属于自己的教学模式。除了"引进来"，常校长还让教师们抓住一切机会"走出去"，只要是有利于教师发展的机会，学校在人力物力上大力投入，因为学校位置比较偏僻，学校的车辆又有限，但是常校长还是尽全力从后勤出发保障老师的学业进修和专业成长，鼓励教师们去区里、市里参加学习。

　　常校长在马驹桥学校仍然对教师非常平易近人。有一次，常校长亲自开车接我参加他们的学科活动。我看到他进校门先跟门卫打招呼，跟老师也是放下架子，主动打招呼。可以说人文关怀是促进学校健康发展的重要动力，从学科角度来讲，常校长到了马驹桥学校仍然把非中考学科作为重要的支撑点，在师资上引入新的教师，并催促他们成才。

常校长的为人直率豪爽是区里出名的，我们研修员希望给他们学校发展提供服务。他也经常邀请我们研修员去他们学校辅导、视导、开展合作，因此即使在我们跟马驹桥学校距离很远的情况下，还是得到了密切的联系。在常校长的带动下，马驹桥学校的教学质量得到极大地提升，这几年的中考经常受到表彰，史地生学科在区会考中也一直处于领先地位。所以说常校长的办学理念决定学校的健康发展，而好的干群关系决定学校的和谐发展，两相结合让学校的可持续发展得到保障。

讲述者：李俊玲（北京教育学院通州分院体育教研员）

我与常恩元毕业于同一所体育院校，都是从事初中体育教学工作，在平时的教研活动中经常接触，特别是从他主抓学校德育及体育教学工作、再到校长以来接触更多，对他有些了解，下面将从几方面谈谈：

一、一身正气，有较强的敬业精神

他从副校长到正校长，在与他接触中总觉得在他身上带有一身正气，用现在的话来说就是正能量，作为学校的"一把手"从没听说或见到过他接受任何人的贿赂，无论是本校老师还是外校老师、领导等有事找他都是有求必应，无偿地为老师们服务。而且它有一个少有的习惯，学校无论有什么活动总是身先士卒，带头去干。有一次看到他的手包扎上了，问到他时说是学校教学楼巡视时，看到教室门口消防栓外的玻璃松动，怕掉下来扎伤学生，就用手去修复，结果玻璃掉下来将自己的手扎伤，到医院缝了五六针。我说这事你还亲自动手做呀？找个人弄好就行了。他淡淡地回答干点活算什么。每到寒暑假我们约他外出旅游，十次有九次他都是回答一句话，学校有事出不去，索性后来就不约他了，因为对他来说就没有假期。

　　学校体育活动比较多，比赛都在周六、周日进行，按理说有主管体育工作的校长或主任带队参加，但是常校长则不然，每次比赛都能看到他的身影，他要亲自到比赛场地为教练员、运动员们鼓劲加油，为他们做后勤保障工作，同时也是更好地了解其他学校优势，查找自己本校的不足，回来召集教练员开会总结分析，给出建议并提出要求。这在一个"一把手"身上是很难看到的，可是在他看来再平凡不过了。总之这个人你只要接触，就感觉在他身上你看到的就是敬业和正能量。

李俊玲

二、全力支持老师参加研修活动

我是一个体育研修员,我们组织所有的研修活动从未见过马驹桥学校老师缺席,包括他以前在六中、南刘中学也一样。而且他经常说:"你们研修中心所有学科搞什么活动需要在学校搞就到我们学校搞,保证全力支持"。他是这么说的,也是这么做的。记得有一次他刚到马驹桥学校不久,准备12月在他们学校搞一次全区初高中骨干教师观摩展示课活动,由于平时上课无法准备,只能在周六、日准备场地器材,我带领教师周日下午去马驹桥学校,让我没想到的是常恩元亲自在学校等候,见到我们后说需要什么就说,我们全力支持,并跟着我们一起画场地、搬运器材。这话与行动确实使人感动,在活动当天他跑前跑后,又是指挥本校老师为参加活动的教师们准备热水、桌椅、话筒、器材等;又亲自去食堂为全区所有听课教师准备午饭,得到了同行老师们的高度赞扬与认可。那次活动的成功可以说常恩元功不可没。

其他学科的教研活动他也是如此支持,由于学校路途既遥远地形又复杂,多数活动都是早晨常恩元亲自来研修中心接送研修员去他们学校搞活动。生物学科在他们学校连着搞了三天的教研活动,他没有厌烦,都是一如既往地做好服务与保障性的工作。再如:2013年北京市初中教师基本功大赛,马驹桥学校的马健老师被选中参加比赛,赛前要经过2个月的培训,特别是最后一个月的集中培训要求教师脱产培训,同样得到常恩元的鼎力支持,他既把这位老师的课安排妥当,又帮助解决了老师孩子幼儿园的入园及接送问题,使这位老师没有了后顾之忧,能够全身心地投入到训练中,最终获得了北京市初中教师基本功大赛一等奖,为我区、马驹桥学校争得了荣誉。中学的教研活动之所以开展得非常好，每次活动都能圆满成功与马驹桥学校的支持是分不开的。

三、学校的体育工作发生巨大变化

我曾在青少年活动中心工作过几年，负责组织全区中小学生体育竞赛活动。不论是以前的南刘中学还是现在的马驹桥学校，学生体育竞赛成绩较差，没有取得过区团体成绩奖项。但从常恩元调到该校后，他高度重视学校的体育工作，从基础抓起，聘请知名教练来给教师们培训，多次带老师们走出学校，到优秀的学校去观摩学习先进的训练经验和手段，在他的支持带领下，学校的体育工作发生了巨大的变化。体育竞赛近三年取得了区中小学田径运动会初中组团体一次第一名、两次第二名，体育舞蹈、健身操连续在市区获奖，初中男子乒乓球队代表通州区参加市级比赛。课间操评比活动中，为了整体效果更整齐好看，他利用休息时间亲自带领体育老师们给学生逐个点评，与教师们一起研究设计跑操队形和自编操的创编等。有付出就有回报，最终在课间操评比活动中获得了区级标兵校、教师参加区级技能大赛多人次获得一等奖……无论是什么级别的比赛常恩元都积极参加，成绩骄人，让同行们佩服。这些变化与常恩元的先进的教学管理理念是分不开的，更与他个人付出的心血分不开。

四、关心群众生活、解决教师后顾之忧

平时我们和常恩元接触较多，就我们所见所闻中了解到他无论是在哪个学校，对教师的教学、身体、生活等都给予

了无微不至的关心。在六中当副校长时，每年寒假刚刚开学，什么哪个老师的孩子该上幼儿园了、哪个老师的孩子该上初中了、分什么班了、哪个老师的孩子该中考或高考了、谁的孩子没人接了等他都装在他的脑子里，逐个地找当事老师谈话，了解需求并逐一解决。对于教师子女下午放学后没人看管，建议到学校的图书馆，由图书馆的教师辅导孩子做作业，等老师下班后再把孩子带回家。

教师或教师家属生病、家中有事时，无论事情的大与小，他都时常自掏腰包买营养品不止一次的去慰问、帮忙。2015年暑期，六中几个教师外出到内蒙古旅游发生一起重大交通事故，一名教师当场身亡，同车的还有几个重伤，常恩元当时在青岛，当他第一时间知道这个消息后，尽管他已不在六中任教，可出于一种责任和对同事的关心，及时通知家属，并帮助家属联系车辆去事发地，第二天他坐飞机赶回通州，然后又飞往内蒙古赶往出事地点，据了解为此事他还搭了不少钱。但他为了老师无怨无悔，可以说是我们学习的榜样。另外他调任新的学校后，假期几乎没休息一天，整天和施工队一起吃饭，改造教师宿舍、教室、浴室、办公室和操场、厕所等，为师生们提供了宽敞明亮的学习环境和办公环境。到了马驹桥学校后，又身先士卒地带领干部们努力改造校园环境，增添各种办公设施，得到了老师们的高度赞扬与拥戴。

总之，常校长无论走到哪，都把关心老师的生活和身心健康放在第一位，用他的话说"你只有解决了老师生活问题，你才能要求老师好好工作"。十几年来，他就是这样默默无闻执着地工作着、无私奉献着，无怨无悔。用现在马驹桥学校一位副校长的话作为结束语：常恩元是一位好校长，有想法、理念新，跟着他干开心并痛快着，有干劲。

讲述者：付岩（通州区青少年活动中心副主任）

我和常恩元已认识多年，开始接触常恩元是他在通州区六中当副校长的时候。多年来的工作和工作之外的接触，我对他的认识也逐渐深刻。他是一个善于思考的人，因此无论是他当副校长还是校长，工作总是有创意而稳步发展；他是一个讲诚信的人，因而能得到本校教职工及上级领导和有关部门的信任。和常恩元的接触中，时常感觉到常恩元为人谦和低调，又有一股儒雅之风，做事情从不觉得他急躁，而是稳扎稳打，从实际出发，做事总是讲求实效，很多时候他会亲力亲为，为的是能深入了解掌握情况，把握事情的可行性，而循序渐进推进，因此我所能了解到的马驹桥学校的各项工作扎实而稳步发展。

从我们活动中心开展活动这方面看，感觉常恩元非常重视学生的素质教育，学校的课外校外活动与教育教学工作同步发展。马驹桥学校的校外活动成绩逐年提高，虽然马驹桥学校地处较远地区，生源构成复杂，但是他们各项活动都积极参与，且成绩也很不错。每年的艺术节活

付岩

动，马驹桥学校注重常年化，普及率也很高，而不是比赛时搞突击训练，这样非常有益于学生们艺术素养的提高，这是非常符合现在的教育理念的。体育活动马驹桥学校成绩突出，每年全区 20 余项体育活动，马驹桥学校几乎全部参加，且多项体育活动取得好成绩，这和学校领导的高度重视和有效管理有着直接的关系。学校科技活动发展，教师是关键，因为科技活动教师均是兼职，在学生科技活动中，马驹桥学校注重科技教师的培养，支持教师参加各类科技培训，以提高学校科技活动水平，学校参与科技活动水平处于良好态势。总之我觉得马驹桥学校是一所充满生机、秩序井然、蓬勃发展的学校，老师们工作热情高，敬业；学生们活动丰富多彩，快乐学习，综合素养好。在这里我也向常恩元致敬！

第八节　领导班子眼中的校长

讲述者：侯玉巍（原马驹桥学校党支部副书记）

在我眼中他是一个心中时刻装着老师的校长。他 2012 年 4 月 16 日因为工作需要调到马驹桥学校工作。他首先从关心群众生活做起。派人修好太阳能洗浴设备，老师们两年来随时都能使用太阳能洗澡。2012 年学校引进十几名外地进京教师，为了解决他们周六、日吃饭问题，学校改建了一个小厨房，准备好做饭灶台、煤气、厨具等。此举得到老师们的一致好评。老师结婚他随分子，前去祝贺喝喜酒；老师家有白事，他带着干部前去吊唁。我感到校长心中装着老师，老师心中一定会装着学生。他不光关心教师们的生活，还关心教师们的专业成长。

在常恩元的领导下，学校关注教师的发展与成长，在人财物上全力支持。2012年中考结束后，组织初三教师赴山东杜郎口中学学习考察。当年暑假还派高美玲参加上级组织的语文教师研讨班学习。此举在我校以前是没有过的。常恩元重视培养青年教师，抓了新教师入职培训班、骨干教师研修班、研究生发展协会、师徒结对子等工作。教师的专业水平提高很快。

在我眼中他是一个务实肯干的好校长。他今年47岁，年富力强，政策水平高，理论功底扎实，既重干又重写。近几年他先后3次参加市里组织的校长高研班学习。学期学校的工作计划都是他亲自写。学校章程他亲自完成。"三好一做"校本教材他是执笔人之一，现已印出1000本。他的写作水平班子成员都很服气。

常恩元家住通州区云景里，每天他一般在6:30左右就到学校了，晚上一般等到6点以后才回家。两年来始终如此。常恩元是个非常勤快的人，早上、中午、晚上一天三次巡视校园，做到腿勤、眼勤、嘴勤。发现问题及时解决。校长的身

侯玉巍

体力行给其他干部做出了榜样，校长的行为激励着大家。

他对自己能严格要求，凡是要求干部教师做到的，他一定做到。我校有干部值班制度，轮到常恩元值班的日子，大家在早、中、晚一定能看到他的身影。再如：扫雪劳动，2013年春节前后共下了7次雪，我校有扫雪预案，每次扫雪总能看到常恩元带头劳动的情景。我校每年组织几次党员义务劳动，他也能挤时间参加。在体育锻炼方面：健身长走、跳绳、打乒乓球、拔河、接力等学校工会组织的比赛活动他都能带头参加。2012年参加镇全民运动会他获男子甲组跳远第四名。2013年参加第三届教职工运动会他获校长组托球跑第一名。几年来我们看到了一个严于律己、勤快实干、身先士卒的校长。我感觉他干工作的精气神就是大。我想在当今人们都比较浮躁的现实中，常恩元似清风，吹醒了我们，他是一个值得我们学习的好书记！好校长！他值得我们学习的还不只在勤政上，在廉政上更值得我们学习。

在我校常恩元非常重视支部班子建设，自1992年至今我先后和5位校长工作过，他与其他书记不同的是，他经常召开支委会，较为重大的事情都要支委事先讨论，拿出初步意见再到行政会通过。

2013年、2014年暑假学校装修，两个暑假他基本天天到校处理装修中的问题。中午他时常到学校边上的田老师红烧肉快餐店，花15元钱吃一份盒饭。在开学报加班天数时，他没报几天。事后我和他谈起此事，埋怨他为什么不如数报加班天数呢？他说："假期中我领着全数的课时津贴，理应少领加班补助。"这话说得多实在呀！

2013年教师节前夕，镇里让报各类先进名单，其中有优秀校长，在班子成员一再要求下，他才同意报他自己。可是领回奖金后,他请大家吃了一顿。我觉得常恩元是一个仗义疏财的人,他把个人利益看得很轻,把工作看得很重。一轻一重高风亮节。

学校有的老师有什么红白喜事,常恩元校长都会自己掏钱去祝贺或者看望,别的老师也会随份子。但是2015年常恩元校长的老丈人去世,却只是请了半天假去处理,没有跟学校的任何人说起此事,没有让老师们随份子,也没有领取学校的福利费。他就是这样一个人,生怕给学校和老师们增加麻烦和负担。

我要号召全体党员在群众路线教育中,以常恩元为镜,查找不足,努力改进工作,让为民、务实、清廉之清风伴我行动……

第九节 家长眼中的校长

讲述者:张连宝(通州六中学生张晓明(化名)家长,原六三九九三部队副主任,现任中仓办事处武装部长)

1996年我从辽宁新城调到北京六三九九三部队。因为我们部队是军民共建单位,承接了常校长所在的通州六中的军训任务。当时常校长是六中的德育副校长,非常年轻,对学校的军民共建事宜也是很负责,很有思想。一来二去,我也与常校长建立了良好的共建关系,经常在节假日互相走访。学校也为我们解决了孩子的入学问题。常校长在六中的时候学生的军训都是我们部队出兵,给予免费培训,对于学生的教育效果明显,我们和学校的双方关系良好。只是常校长调走之后，我们跟六中的军民共建关系也就终止了。

2002年的时候，我的孩子张晓明（化名）来到通州六中上学，我和常校长由以前的共建关系，变成了家长和校长的关系。那时候我家孩子正值十四五岁，处于叛逆期，我和我的爱人又忙于单位的事情，没有很多的精力教育孩子。这时候常校长非常负责地帮我承担了很大的责任，在我孩子的关键时期，给了相当重要的积极引导工作。

2002年上学期的期中考试时期，上午考的是物理，10点就能考完，但是张晓明中午12点还没回来吃饭。那时候学校距离家不到一公里，这么晚还没回家就很不正常，我赶紧联系到常校长一起去寻找。很快就在学校附近的网吧找到了张晓明，同时，还有其他三四个穿着校服的学生。他们沉浸在网络世界里低头疯狂。常校长看到之后，让学生都排好队，对他们进行了严厉地说服教育，并派了一辆大轿车把学生们拉到学校继续教育。对于这次教育，很多老师包括我的爱人都不是很理解，有的人认为常校长谁找你你就管谁的孩子就行，别的不用管。但是常校长却不这么认为，他说孩子还小不懂事，如果我们没把孩子教育好，就是对不起父母。

前几天我在朋友圈读了一篇文章，叫做《你的努力配不起父母的艰辛》，上面就是写了一些青春期的孩子在学校不学无术、混天撩日，而他们的父母却艰辛地为她们赚着血汗钱。这时候如果在学校没人管理和引导，这样的学生就可能误入歧途，有的甚至危害社会。但是如果学校的领导都像常校长那样为每一个孩子负责，为每一个家长负责，让孩子在初中三年的关键期得到正确方向的引导，那么孩子的将来就会是另外一片天地。

举个例子来说，就是我的儿子张晓明，那时候我们夫妻俩很忙，而且面对青春期叛逆的儿子也不知道如何更好地去教育。孩子那时候对网络充满好奇，经常想着去网吧，加上那时候政策规定学校附近200米内不准有网吧，但是哪个孩子住在200米之内呢，所以社会原因也导致孩子沉迷于网络。常校长那时候就特别注重家校合作，与家长联手共同引导学生远离网吧，培养正确的兴趣爱好，树立高远的理想。在常校长的悉心教育和影响下，我的儿子才没有出什么大事，而且也成功远离网吧，回归到学习中，当时中考顺利考上了潞河中学，高考考上了军校。

当时叛逆期的儿子感觉不到常校长和父母对他的良苦用心，跟我们都是敌对的关系。现在走向军营、走向社会、当了干部，体会到了我们对他当时的严格教育多么重要。那次我和儿子逛街碰到了常校长，儿子很有礼貌地跟常校长打招呼，还上前庄重地给常校长敬了一个军礼。

当时在六中的时候，常校长搬到了学校一个只有十多平方米的小屋子里去住，一天24小时住在学校，把所有的精力都投入到学生的教育和学校的发展上。本来晚上学校值班是轮流安排的，但是常校长一个人担当起所有的值班任务。另外，很多别的学校的家长反映他们去学校很少能跟校长见上面，但是常校长却主动与我们家长沟通、走访家长。这种敬业和负责的精神，这种对于教育的赤诚之心在当今社会非常难得。

我们家长和教师都盼望常校长能在六中当"一把手"，但是由于之前的校长没有退休，组织上又急于提拔他，所以把他调到南刘中学担任校长。他走的时候，不管是家长、老师还是学生都相当留恋，很多人真的都流下眼泪。到了南刘中学，我也经常关注他，欣喜地看到他又在新的学校做出了巨大的成绩，得到了社会各界的认可，如今又调任到马驹桥学校当校长，依然是奉行他的奉献精神，用他先进的办学理念把学校管理得风生水起。我时常关注马驹桥学校的微信公众号，看到学校不断被评上先进，各方面工作都很出色，我也看到常校长对待老师还是那么平易近人，比如对于援疆援藏的老师，他都亲自去送去接。我刚认识常校长的时候，他还风华正茂，而最近两年我再见他，已经两鬓斑白，这都是源于他对教育事业的操心和思虑。

同时，常校长非常廉洁自律。我亲戚家一个没有学籍的孩子要去他学校上学，我找到常校长的时候，他果断地说不行，这是涉及廉洁的事情。还有很多校长注重考试分数，有的注重多赚钱，但是常校长却是一身正气，两袖清风，用心浇灌教育事业。如果当今社会的校长都能像常校长那样，这个社会就会更美好。

第十节 学生眼中的老师和校长

讲述者：韩超（通州六中毕业生）

时光如白驹过隙，距我初中毕业已经将近二十年了。很多老师已经在脑海中渐渐淡忘，但是常恩元老师却很特别，一直鲜明地存在于我记忆深处。

为什么说是特别呢？因为当时常老师是我们的体育老师，一周接触不过两次；因为他帅气阳光，一言一行都有种不凡的气质；因为他以身作则，不仅仅是体育本身，更是带给我们人生受益的教诲；因为他奖惩分明，毫不姑息错误行为。

时隔十几年，常老师那种气场依然深刻存在于我的脑海中，这也许就是一个人的精髓所在。每次体育课，常老师都给予我们满满的能量，让我们感受到什么是健康、向上、干练的青年气息。他的语气同样清晰呈现在耳边，干净利落，无论思维逻辑还是吐字绝不拖泥带水。至今回想起来，依然充满了正能量。当时的我们稚气未脱，男孩子在一起不免搞搞恶作剧，评论评论老师。但是在常老师的体育课上，仿佛大家都被一种魔力所控制，捣蛋调皮的行为几乎灭绝，而且私下毫无负面评论，都充满了一种敬佩之情。当时的我们觉得奇怪，常老师用什么手法才能把大家教导的如此言听计从，打心底里佩服。后来想想，除了他以身作则，逻辑清晰，气场强大以外，还具有敏锐的观察能力。好多具体的事例已然模糊，但我清晰地记得，当常老师给我们上课时，能够清晰准确的定位思想开小差或者即将捣蛋的同学，那犀利的眼神一看，同学们立刻意识到自己的错误行为，因此渐渐收敛坏行为，加上他生动准确的课程内容描绘，吸引同学专心听讲。

常老师教学生动、活泼、准确，动作示范上干净、利落，给同学们一种权威的感觉，使人肃然起敬，令人信赖。那时的体育课成为了大家的享受，每周都像期盼周末一样期盼着体育课的到来。一方面是体育课确实给枯燥

韩超

的学习生活带来的调剂，同学们可以释放压抑的能量；另一方面就是老师带给我们耳目一新的教学感受，虽严厉但不冷峻，虽约束但不苛刻。当时的我们喜欢树立榜样，常老师就是我们不少同学的榜样，尤其对于男同学，都定位常老师为自己学习或模仿的对象，觉得这才是男生应有的气质和作风，阳刚、阳光、健康、干练、亲切。现在想想，在这种耳濡目染中，真是也使自己受益匪浅，曾经在遇到困难和原则性问题的时候，有一种榜样的力量约束着自己。

当时比较遗憾的事情是常老师没有跟我们体育课到最后，中途换了体育老师，可能是常老师有更重要的工作要去完成吧，大家都怀念当初的体育课。后来，见到常老师就是重大活动上，包括运动会、早操、全体大会等，都是常老师主持。每次活动都井井有条，圆满完成，依然带给我们的是伟岸的形象。

时隔太久，很多细节都已经模糊。但最重要的，是常老师给我们树立了一种形象，教给了我们体育知识、行为准则、

在南刘中学就读时的杨海军（右一）

处世之道。他称得上是一位出色的老师！

讲述者：杨海军（南刘中学毕业生）

我离开南刘中学已经六年了。还记得刚到学校时我的彷徨与无助，学校的老师与同学也是让我记忆深刻，印象最深的就是我们的校长了。

每次和别人说起我们的常校长，别人都很惊讶你居然和校长还这么熟？在小学的时候就听说中学的校长特别厉害，我能想到的就是一身西服外加一身肥肉的地中海中年大叔，可是，在开学典礼上，我见到了他——常恩元常校长。常校长给我的感觉就是儒雅，没错，就是儒雅。一件灰色T恤衫、一副金属框眼镜和微白的头发，他站在那里就好像有一股莫名的气场镇住了我，那时我就想，中学的校长果然厉害。

刚开始的时候我与常校长的接触并不多，我也仅仅是从老师们的口中知道他们对于常校长的佩服与尊敬，直到有一次我的作文获得了一等奖并在学校的宣传栏展示时常校长对我说：作文写得不错，但是还是有一些问题需要注意。当时我就想，一个校长能为我亲自指导作文，那是多么令我荣幸的事情。

常校长是一个非常注重学风的人。当时学校有些早晨来得特别早的同学专门来抄写作业，常校长知道后每天都来得特别早，甚至晚上都不回家，还专门让班主任注意作业留的难易程度。每天上学见到的第一个人是常校长，离校见到的最后一个人也是常校长。

2010年的最后一个月，我的父亲突然去世，常校长知道我的家庭状况，立刻联系了社会上的爱心人士对我进行救助，我记得是那一笔笔的善款助我走过最迷茫的日子。那年的冬天，常校来家中看望我，带给我一个包裹，里面是他女儿的衣服，有些还没有拆标签，那件红色衬衫我至今都留着。也是从那时开始我与常校长的接触逐渐多了起来。

记得有一次，早上常校长像往常一样在校门口迎接同学，我在学校马路的对面吃早餐，包装袋随手扔在了路边。常校长看到后示意我把垃圾捡起来扔到学校的垃圾桶里，然后对我说：团员就要有团员的样子，就要起到积极的带头作用。当时我是班里第一批入团的学生，胸前的团徽灼热了我的心。那时的常校长是个追寻细节的人。

2011年学校搬迁，常校长被调走了。所有的师生都觉得遗憾，这样的好领导好老师不能跟我们共进退。当时的常校长给了我电话号码，告诉我以后有什么困难都可以找他，能帮的绝不推辞，不能帮的也绝不会让我迷茫。我感觉那一刻的常校长散发着光芒与气场使我深深信服与崇拜。

如今我已有6年没有见过常校长了，但是逢年过节我都会发个短信问候一下常校长，说一说我现在的状况。在我的学生生涯中遇到了许多的好老师，而常校长是最不像"校长"的校长。

第十一节　合作者眼中的常恩元

讲述者：蒋桂霞（马驹桥学校合作单位华师教育研究院成员）

2016年是"十三五"规划的开局之年，也是国家全面建成小康社会决胜阶段的开局之年。作为北京城市副中心的通州区在 2016 年也发生了巨大变化，基础教育进入了改革和发展的关键期，引进了多所名校办分校，成立了运河、潞河教育联盟等教育合作组织，办学格局有了新的变化。

在国家、市、区及教育界全面深化改革发展的大背景下，处于通州区西南重镇的马驹桥学校，紧紧围绕党的十八大精神，努力践行"一切为了学生发展"的办学宗旨，在 2016 年取得了长足的发展，各方面工作都有了非常明显的进步。下面从课堂创新、学生活动、教师发展、承办活动、获奖荣誉等方面进行总结。

一、秉承新课改理念，以生为本，积极探索课堂以及课程创新

目前教育改革进入新的转型期，我们要树立以提高质量为核心的教育发展观，注重教育内涵发展，把学校办出特色、办出水平，出名师，育英才。在课堂上要关注学生不同特点和个性差异，发展每一个学生的优势潜能。

近两年来，马驹桥学校秉承新课改理念，首先从课堂着手，探索课堂创新，推行小组合作学习的课堂模式，实行学案导学，并不断探索翻转课堂、双师在线等新课堂形式。通过新课改培训，老师们的理念有所更新，实践了高效课堂的多种方法和抓手，马驹桥学校年轻教师展示出了较高的水平和素质。

2016 年 2 月，新学期尚未开学，马驹桥学校就邀请课改专家进行"课堂改革的有效性要素"的报告讲座。4 月和 6 月，多次邀请课改专家进校听评课，就小组合作学习的形式与内

蒋桂霞

容、小组评价、导学案的使用等进行细化指导，打造环节清晰、以生为本的课堂体系，初步进行了"学校、学科、个人"三级建模，促进课改理念的进一步落地。

马驹桥学校参与了市区两级教育学会的"课程建设人才"，邀请教育部基教课程中心、基础质量检测中心课题组的专家莅临马驹桥学校指导三级课程整体建设一体化的方案。此外，还派出青年干部外出学习沪杭等地课程建设的经验。

12月，马驹桥学校邀请北京师范大学未来教育高精尖创新中心专家来马驹桥学校进行"互联网+"及"双师在线"项目培训，让教师、家长、学生更加了解和掌握"互联网+"项目中的操作和应用。通过培训，学生们真正熟练掌握了"智慧学伴"及"双师在线"具体操作，教师通过分析项目数据，了解学生的薄弱环节，从而进行有效教育引导和帮助，对学生中考学科的选择进行更好的指导，从而达到中国学生核心素养"全面发展的人"的目标。

12月底，民盟北京市委"网络教育与新课改实验项目"之翻转课堂研究课《图形变换中的全等三角形》在马驹桥学校举行，谢宁老师进行了课堂教学展示，参与活动的专家教师通过深入研讨，一致认为翻转课堂实现了网络资源的有效利用，促进了教与学方式的改变，提高了课堂教学实效，马驹桥学校在这方面进行了新的探索。

二、重视学生的品德教育，引进科技创新课程，拓宽综合实践课程

在学校的德育工作方面，我们根据中学生的身心特点，以创新为引导，以活动为依托，开展了一系列德育活动。此外，马驹桥学校重视科技创新课程的建设与引进，拓宽并持续进行综合实践课程，开阔了孩子们的视野，激发了他们探索科学的热情。

3月，开展"老师您好——我的好老师"演讲比赛，表达对老师的尊重与感激之情，在学校掀起了尊师重教的浓厚氛围。开展汉字听写大赛，初一初二年级中挑选出100名学生参加，巩固了学生的汉语知识，激发了学生对汉字进行研究的热情与兴趣。

4月，开展清明祭扫活动，缅怀革命先烈，珍惜现在的美好生活。开展法制教育讲座，邀请马驹桥派出所所长闫雪松为全校学生上了一堂"践行社会主义核心价值观法制知识讲座"。

5月，开展"感恩母亲——中华母亲节主题教育活动"，号召大家把感恩、孝行落到行动上。

6月，开展"社会主义核心价值观"主题班会、队会课评优活动，从制定活动主题、收集资料、制作课件到主持展示，让学生成为了课堂的主人，也结合自己的实际行动，更

加深刻地理解了社会主义核心价值观内容。

经过和校外组织的合作以及前期的精心准备，马驹桥学校初一年级在6月开展了英语舞台剧评比活动。初一年级十个班的参赛剧目都立意新颖，小演员们使出浑身解数，精彩的话剧得到了同学们的好评，集中体现了学生的艺术表演能力。

7月，马驹桥学校举行"我和花儿共成长"学科主题实践展示活动。马驹桥学校小学部与学校文化特色发展、落实新课程计划、养成教育、家庭教育相结合，整合各学科，整体设计了"我和花儿共成长"学科主题实践活动。在老师们的设计和组织下开展了种植、养护、观赏、品鉴等多种形式的实践活动，涉及语、数、英、科学、劳技、信息、美术等学科，并将资料整理成册。

9月初，经过一年的精心筹备，马驹桥学校师生美术作品展顺利开展。活动以"美在我身边"为主题，分立体、平面两部分进行展示，作品表现主题及形式多样，让学生在参与中体验美、感悟美、鉴赏美，落实了《学校艺术教育工作规程》，推进了学校艺术教育活动深入开展。

9月底，马驹桥学校举办"传递感恩，点燃梦想，构建和谐"为主题的感恩教育活动，全体初二学生和家长一起参加了活动，请全国感恩专家进行讲座，家长和学生互动，在学校的大礼堂里，学生们发出心底的心声，家长们也为之动容，感恩之情在偌大的大礼堂里流淌。

9月，小学部举行"品中华之经典，与祖国共成长"图书漂流活动，营造了浓厚的读书氛围，培养了学生的阅读习惯。每个学生都收获了友谊，收获了好书，收获了快乐。今后马驹桥学校还会围绕"爱读书，多读书，读好书"继续开展形式多样的活动，让书走进学生的生活，让书香充满校园。

下半年，组织学生走进抗日战争纪念馆，抒发爱国情怀；参观中国科技馆，增长科普知识，体验科技的神奇力量；走进故宫，感受历史，弘扬传统文化；走进陶艺世界，进行社会实践活动，感受传统文化的魅力和精髓。开设3D打印课外科技活动，给孩子们送上了科技大餐。

三、搭建平台，促进教师专业成长

马驹桥学校30岁以下的青年教师超过70%，青年教师的发展是学校领导班子重视的一件大事，只要是有利于学生和教师的工作和活动，我们领导班子都全力支持。每年的开学之初，我们都会和课程专家座谈，总结学校的培训工作，规划青年教师的专业成长。学校因规划而长远，工作因计划而扎实，马驹桥学校的青年教师培训工作进行得越来越细致、深入。

2016年，多次开展教师课前说课基本功培训展示活动。在各学科教师进行说课的基础上，专家进行了有针对性地指导，对"师友互助、合作学习"课堂模式的理解更加透彻。此外，开展整合课标与教材的培训。请专家进行深化课标与教材研究的教研指导活动，在观摩骨干教师的"课标教材整合"的展示后，指导老师们进一步高占位把握课标，立体式整合教材，实行精准教学，使教学有了目标，教研有了方向。马驹桥学校的整体教研活动正一步步走向深入。

组织班主任系列培训活动，政教干部、老班主任，手把手带新班主任，座谈交流，分析探讨。这既是教师成长的工作之一，也是马驹桥学校德育工作的常态活动，两周一次，既有集中布置，也有分级讨论，形式多样，内容丰富，对于新班主任更好地开展工作，推动学校德育工作发展有着十分积极的意义。

开展课题研究，促进教师专业发展。11月，马驹桥学校召开"校本课题研讨会"，全校目前的课题申报中有80位教师参与，参与面广，参与度达60%。课题研究涵盖语数英理化生美术体育信息技术等多个学科领域；选题具体真实，贴近课堂，贴近学生；过程扎实，每一环节、步骤都扎实推进。校本课题研究，将会把马驹桥学校的科研发展推向新的高潮，对全校教师立足教研，以研促教，加快自身专业发展，起到推动作用。

马驹桥学校多位青年教师参加中国特色品牌学校共同体举办的"暑期导学案编写与使用的集体研修"活动，与特级教师一起备课，获得了成长，增加了学案资料储备。

聘请专家做教育专题报告，"无模式束缚，有抓手可循——合学教育把脉并医治教育教学之痛"，启发了教师的教学灵感。

组织青年教师外出学访，和天津普育学校达成联手校，互帮互学，共促京津教育的创新与发展。

四、开放办学，承办多类活动，助推学校发展

9月，马驹桥学校圆满举办庆祝建校60周年暨教师节庆祝大会，表彰镇区优秀教师及课外活动师生作品展活动。新老校友、各级领导、友好单位及家长代表齐聚一堂，庆祝马驹桥学校建校60华诞。

11月14日，马驹桥学校承办了"丝绸之路2016青少年节水设计大赛半决赛"，来自通州、顺义、怀柔的多名参赛

小选手,向评委和观众阐述了他们的设计理念,马驹桥学校学生参与活动,提高了大家的节水和对水资源充分利用的效率意识。

12月8日,马驹桥学校承办"北京城市副中心美术教学高端论坛——暨教育名家引路践行核心素养,打造精品课堂"活动。本次活动由通州区教委和教师研修中心主办,来自全市美术界的教育名家、各区县领导教师400多人,齐聚马驹桥,研讨当下美术教育的发展与美术学科核心素养的践行。此次活动促进了马驹桥学校乃至全区的美术教学水平提高,为不断提高学生的美术学科素养进行了积极的深入探索。

五、加强社区融合,发挥积极作用,带动片区发展

马驹桥学校地处通州西南片区马驹桥镇,这里自古以来就是京南重镇,作为有着60年建校史的马驹桥学校,注重加强社区融合,和片内多家单位互动良好,发挥了学校的积极作用,在一定程度上带动了西南片区发展。

马驹桥学校学生和青年教师志愿者组织"爱心相伴,梦想起航"关爱空巢老人公益活动。学生为附近社区的空巢老人打扫卫生、理发,和空巢老人一起聊天、下棋,为老人们送去了爱心。

重视中小学衔接教育,与马驹桥镇中心小学合作,开展"走进中学,触及梦想——马驹桥镇中小学衔接教育"主题活动,让小学生了解中学的课堂教学、学习状态,亲近中学环境,为小升初做好思想和认识上的准备。

"创文明城区,做文明市民",马驹桥学校在引导全校师生文明出行的同时,组建了由300多名学生和100多名青年

教师组成的志愿服务小分队，每周日走上街头，引导市民文明出行。虽然冬季天气寒冷，但是师生热情高涨，服务认真，为文明和谐的交通环境、通州文明城区的创建贡献了自己的一份力量。

联片教研，多次组织大杜社中学、次渠中学、台湖学校的老师，来马驹桥学校参与教研和讲座活动，带动区域教育共同发展。

六、辛勤工作结硕果，努力开拓创美好未来

过去的2016年，马驹桥学校师生勤勤恳恳，在各自的岗位上尽职尽责，兢兢业业。学校领导班子积极向上，团结奋进，事事有人干，人人抢着干，形成了良好积极的工作氛围，取得了一系列荣誉。

6月，在2016年通州区中小学航模比赛中，获得一等奖5个、二等奖4个，马驹桥学校成为代表通州区参加北京市比赛名额最多的学校。

11月，马驹桥学校在区体育舞蹈比赛中，取得了多个单项一等奖、二等奖，团体舞一等奖，最终荣获团体总分第一名。

12月，在北京市中小学生大众健美操比赛中，马驹桥学校又获得"技巧啦啦操"初中组一等奖、"全民健身操"二等奖。

11月，马驹桥学校荣获"丝绸之路2016青少年节水设计大赛"优秀组织奖。

12月，经过北京市教委、首都文明办审核验收，通州区21所中小学被认定为首批"北京市中小学文明校园"，马驹桥学校光荣上榜。

荣获北京晨报主办的"2016京城百所特色校——京城校

园文化领军中学"荣誉称号。

在通州区"创建学习型教研团队"活动中，马驹桥学校英语教研组获得"优秀教研团队"称号。

荣获"北京市第三批中小学学校文化建设示范校"荣誉称号。

马驹桥学校田松林同学荣获"丝绸之路2016青少年节水设计大赛"决赛全国第五名的好成绩。

在通州区教师研修中心举行的通州区颁奖典礼上，马驹桥学校刘鸿浩老师，荣获"北京市师德先锋"荣誉称号。孔祥蕊、郑海涛老师被评为通州区"我最喜爱的老师"。此外，在通州教委的评选中，刘鸿浩老师被评为"十佳班主任"。

积极入疆、入藏，支持边疆教育发展。今年8月底，张雪梅抵达和田，开始了为期一年的支教工作。李颖老师在圆满完成了一年的援藏教学任务后，2016年继续了第二年的援藏征程。她们都是好样的！

2016年是学校建校史上校外获集体奖项最多的一年。

辛勤工作结硕果，努力奋进梦航程。过去的工作中马驹桥学校取得了很多成绩，但也存在一些问题，如在多项工作中做得不够扎实，不够深入，不够系统。在以后的工作中，我们将继续持续努力，在市、区两级的教育方针指引下，深入推进教育教学改革，培养优秀的学子，办人民满意的教育。

马驹桥学校的工作，将续写新篇！

第八章

因梦执着

做为生命"煲汤"的人

第一节　常恩元的 2016 年 11 月 22 日

2016 年 11 月 22 日，周二。早上 5 点半左右，常恩元自然醒来。五点半起床的习惯保持多年了，不管是酷夏还是严冬，都是如此。所以根本不需要闹钟，自己的生物钟俨然是最好的闹钟。很迅速地穿衣、洗漱，5 点 55 分准时出门。冬天的这个时候天还很黑，路上的人很少。

常恩元家住通州区云景里，距离学校约 24 公里，如果不堵车的话路上大约需要四十分钟。

6 点 35 分，常恩元来到校园，跟门卫大爷点头致意。虽然是一校之长，但是他尊敬每一个在校的职工和老师，总是跟职工和教师主动打招呼。热情亲切又穿着朴素的他，被教师和学生暗地里称为"最不像校长的校长"。

6 点 40 分，常恩元来到校门口，迎接陆陆续续到校的老师和学生们。他面带微笑向着到校的每一位教师和学生点头致意。常恩元突然看到一个学生在校门外的树木旁边乱扔垃圾，就把那个学生喊到面前进行批评教育，直到学生心悦诚服，常恩元便让他去把垃圾捡起来扔到学校垃圾桶。一会儿又看到有学生踩过草坪，常恩元又是一阵苦口婆心地说服教育……看到学校门口有个没穿校服的学生走了进来，常恩元赶紧过去，问他为什么没穿校服，学生低着头说："我忘记了，明天再穿吧！""不行，是我开车送你回家穿校服还是让家长送？今天必须遵守的规则就不要拖到明天！""那家长送吧！"

事后那个学生服气地说："这比打我都管用啊，以后我再也不敢不穿校服了！"

6点50分，常恩元就开始巡视校园，从小学部到中学部，从教室到操场，从楼上到楼下……大到学生到校后的状态，小到卫生死角的清洁情况，常恩元都用心观察、记录。巡查的过程中，常恩元看到一个纸团躺在地上，就弯腰捡了起来，走到路对面的垃圾桶扔了进去。这已经成为他的习惯，即使不在学校，走在大街上，他也会顺手把路上的垃圾捡起来放到垃圾桶。这种以身作则，教师和学生们看在眼里，记在心里，也在默默地践行着。

7点10分，基本到了学生自习而教师们吃早餐的时间，常恩元便去吃早餐，并且一边吃早点还和身边的干部、教师谈工作。

7点35分，学生上早操的时间，常恩元只要在学校就和学生一起出操，这一习惯他坚持多年了，学体育出身的他更加懂得锻炼身体的重要性，也知道作为一个校长，只有自己拥有一个好的体魄，才能拥有更充沛的精力去为教育梦奋斗。

8点10分，常恩元与体育教师李凯沟通田径队课余训练问题，力争12月2日区中小学生长跑比赛中取得好成绩。常恩元对李凯说："需要校方做的工作尽管说，学校一定全力配合！"常恩元一向重视学生的身体素质，他认为与成绩相比，拥有一个健康的身体对于学生来说，具有更加重要的意义。对于体育上的一切活动，常恩元也总是从财力物力上鼎力支持。

8点50分，常恩元与副校长姚天义沟通初三工作问题及12月8日马驹桥学校承办"首届北京城市副中心美术教学高端论坛"筹备事宜。

而对于"首届北京城市副中心美术教学高端论坛"筹备事宜，需要协调论坛讲话的名单、讲课的老师，参加论坛的人数、名单，以及场地的准备、食堂的安排……细致到每一个步骤，方能成功主办这样的盛会。而此类高端论坛之所以选择在马驹桥学校举行是学校平日在美术方面精工细作的成果。9月在学校举办的师生美术展获得了社会各界的好评，为此次能够承办高端论坛打下了良好基础。

9点50分，常恩元与财务人员就学校经费年底使用情况进行沟通。再一次嘱咐会计人员要把工资送到老师手里，为教师们服务好。

10点20分，常恩元处理上级下发文件，对于文件中传达的精神，他反复研究学习，并根据马驹桥学校的实际情况来安排教师们学习和落实。

10点40分，常恩元审查学校党风廉政建设档案材料。对于廉政，常恩元一向很重视，并通过探索寻找到了实施廉洁教育的结合点，做到将廉洁教育融入到党风廉政、师德建设、办学特色、教育教学、校园文化当中。

11点30分，常恩元到食堂跟教师和学生们一起吃午饭，吃饭过程中询问几位老师最近班级管理和教学遇到困难没有，看到刚来轮岗的刘老师就过去关切地问他住进去了宿舍没有，还有什么需要的一定提出来。对于老师提出的问题和意见，常恩元认真记在心里。老师所反映的问题很快就会解决，并及时反馈给提出的老师们。

正吃饭，看到不远处一个学生的饭菜掉到地上很多，学生却若无其事地继续吃饭。常恩元放下自己的碗筷走过去，让学生把掉的饭菜收拾起来，并与他进行了思想交流，十多分钟后那个学生诚恳地承认了错误，他才继续回到饭桌前吃饭。

12点,常恩元午休,这也是多年来养成的习惯,为了养精蓄锐,以饱满的热情开展下午的工作。

下午1点10分,常恩元来到今年下半年刚来的英语老师杜诗的课堂上听课。对于新老师,除了学校通过师徒结对给予他们讲课能力上的提升外,常恩元还会亲自去课堂听课,有什么意见和建议都记录在本子上,课后一条条地跟任课老师进行沟通,促进他们的教学技能得到较快的进步。

下午2点30分,常恩元与领导班子的姚天义、喜崇迁、徐新民研究学校"创城"工作。以"创城"活动为载体,结合实际,将"创城"宣传教育活动与学校的日常管理有机结合起来,开展丰富多彩的"创城"宣传教育活动,形成"人人了解、人人支持、人人参与"的浓厚氛围。

下午3点10分,常恩元与总务副主任王维君商讨后勤日常管理工作。常恩元认为后勤管理及教育教学工作都是学校工作的重要组成部分,就如同车的两轮、鸟的双翼,相辅相成、协同作用。学校的后勤员工往往认为自己是二线,低人一等,形成自卑的心理。学校要积极面对,日常管理中应该更加地尊重、信任、理解和关怀他们。通过多种形式来激发他们的工作热情,鼓励他们自主发展,发挥他们的潜能,促进他们专业的不断成长,提高工作效率。

下午4点,常恩元召开通州区第七届中学"秋实杯"课堂教学评优参赛教师动员会。常恩元鼓励了这些参赛教师,对他们在平日的课堂教学的表现给予充分肯定,并对于参赛中应该注意的问题与参赛老师们进行了讨论。

下午4点20分,常恩元梳理了"马＆桥"教育科研课题。马驹桥学校作为通州区最大的农村初中校,常恩元在广泛深入调研、分析特色教育背景的基础上,实施"马＆桥"教育,全面深化特色建设。确立了以"马＆桥"教育——培养自主发展的马桥人为核心,通过五大途径落实"马＆桥"教育内容,实现办学特色的思路。

下午5点25分,初一、初二年级放学,常恩元巡视一圈教学楼,发现学生打闹以及抄作业等不良的行为及时制止,对于打扫卫生的学生也会过去叮嘱要注意把卫生死角也认真打扫一遍,做任何事情都要负责和用心。

下午6点15分,初三离校,常恩元又去巡视一圈教学楼,观察断电断水等情况,确定没问题后回家。

如果手头有事情没完成,常恩元有时候在学校完成后再回家,有时候把笔记本电脑带回家,继续工作到深夜。晚上也经常用电话跟各位领导、教师沟通工作,没事的时候也一定要捧着教育类的书籍认真品读,经常深夜才睡觉。

偶尔也有不平静的夜晚,通州六中教职工宿舍楼下水道又堵了,整楼的人手足无措,第一时间又想起了离开六中若干年的常恩元校长,之前宿舍楼出了问题,常校长都会第一时间赶过来帮忙解决,

生命不息,工作不止的常恩元

六中的老师生病了他还是会看望关心。这么多年过去了，常恩元完全可以对之前的教师们不管不问，宿舍有问题他也完全没有责任和义务去解决。但是常校长，却总是二话不说，就赶过去找来工人帮大家尽快解除问题。这一次，依旧如此，他说，他永远是他们的大家长，他们的好朋友。

……

以上是常校长从日常工作中随便抽出来的一天，从早上五点半到晚上十点半，经常工作十多个小时，是普通工作者工作时间的两倍甚至更多。也就是说，常恩元从1992年工作至今的24年里，已经达到了48年的工作量。尽管每天的工作都处于"日日新，苟日新"的变动过程中，每天的工作都有所同有所不同，但是相同的是常恩元的那份勤奋与执着，以及对教育矢志不渝的情怀和梦想。

常恩元一天的工作如此充实和忙碌，一周的工作又是怎样的呢？还是从常恩元每周工作计划中随便抽出来的一周，见微知著，来走进一个中学校长的日常生活。

一周工作日程安排

（2016年11月21日至25日）

周一上午：

6：35——到校，巡视校园

7：10——吃早餐

7：35——升旗

8：30至11：00——全体干部会，理论学习、研究工作

11：20——巡视校园，深入教师办公室

11：35——吃午餐

11：55——巡视学生午休情况

12：10——午休

下午：

1：00——巡视学生纪律情况

1：30——找贺小桁老师了解班级学生情况

2：30——找总务主任了解近期工作落实情况

3：10——与办公室石立耕主任研究2017年报刊、杂志订阅情况

3：45——巡视学生课间纪律情况并深入年级组

4：10——准备党风廉政建设责任制落实情况汇报材料

5：25——初一、初二年级放学巡视教学楼

6：15——初三离校后回家

周二上午：

6：35——到校，巡视校园

7：10——吃早餐

7：35——与学生一起出操

8：10——与体育教师李凯沟通田径队课余训练问题，力争12月2日区中小学生长跑比赛中取得好成绩

8：50——与副校长姚天义沟通初三工作问题及12月8日我校承办"首届北京城市副中心美术教学高端论坛"筹备事宜

9：50——与财务人员就学校经费年底使用情况进行沟通

10：20——处理上级下发文件

10：40——审查学校党风廉政建设档案材料

11：30——吃午饭

12：00——午休

下午：

1∶10 到今年下半年刚来的英语老师杜诗的课堂上听课，做好笔记

2∶30 与领导班子的姚天义、喜崇迁、徐新民研究学校"创城"工作。

3∶10 与总务副主任王维君商讨后勤日常管理工作

4∶00 召开通州区第七届中学"秋实杯"课堂教学评优参赛教师动员会

4∶20 梳理"马&桥"教育科研课题

5∶25 初一、初二年级放学，巡视一圈教学楼

6∶15 初三离校，巡视一圈教学楼

周三上午：

6∶35——到校，巡视校园

7∶10——吃早餐

7∶35——与学生一起出操

8∶10——中小学教学干部、电教组长沟通学校电脑、网络故障问题，研究整改方案

9∶00——与工会主席陈长林副校长研究区教育工会验收职工之家事宜

9∶25——巡视学校工会活动场所

9∶50——接待英语口语100通州区区域负责人，就英语网络教学事宜进行沟通

10∶45——巡视学生课间纪律情况并深入年级组

11∶30——吃午饭

11∶55——巡视学生午休情况

12∶10——午休

下午

1：00——出发，与陈长林副书记带着学校2016年党风廉政建设档案材料，到大杜社中学参加区教工委组织的"通州区教育系统党风廉政建设责任制落实情况现场检查"，常恩元汇报，陈长林副书记陪同区教工委干部检查档案材料

周四上午：

6：35——到校，巡视校园

7：10——吃早餐

7：35——与学生一起出操

8：20——召开干部会学习通州区教委、教育督导室《关于集中开展中小学校和中小学教师校外有偿补课专项检查的通知》，并结合学校实际拟定落实方案

9：10——与初中英语备课组长商讨英语口语100和翼课网使用事宜

9：20——接待马驹桥派出所毛所长、祁建军警官，与姚天义副校长一起就校内学生安全问题进行沟通

9：40——接待《北京晨报》记者丰伟宏，就学校宣传报道事宜进行沟通

10：55——巡视学生课间纪律情况并深入年级组

11：30——吃午饭

11：55——巡视学生午休情况

12：10——午休

下午：

1：20——处理上级下发文件，理论学习

2：50——接待小学部信息教师李静，了解小学机房电脑、网络故障问题

3∶30——深入年级组了解学校网络故障整改工作

4∶40——与小学部体育教师袁继伟沟通工作

5∶25——初一、初二年级放学巡视教学楼

6∶15——初三离校后回家

周五上午：

8∶00——到通州区教师研修中心接初二数学教研员孟庆贵老师来校指导我校谢宁老师课堂教学，第三节课陪同听课，北京四中网校教师同时参与

11∶30——陪同来宾吃工作餐

下午

1∶00——送通州区教师研修中心初二数学教研员孟庆贵老师返回单位。然后与我校胡应超、王维君主任到通州区会议中心参加"互联网+"助力通州区教育全面深化教育综合改革暨北京市中学教师开放型在线辅导计划试点启动仪式

第二节 常恩元的管理语录

学校精神和管理战略

◎深入开展学校办学思想和管理思想的探究活动，确立"以人文本、和谐发展"的学校管理思想，引导干部形成正确的学校管理价值观，重塑和改进学校管理文化。当前要实现五个转变：从强调物本管理转向关注人本管理；从强调常规管理转向关注创新管理；从强调有形管理转向关注无形管理；从部门优化管理转向整体优化管理；从强调刚性管理转向关

注柔性管理。

◎科学发展观第一要义是发展，核心是以人为本，基本要求是全面协调可持续，根本方法是统筹兼顾。结合科学发展观的学习，我们对学校的办学理念、办学目标进行了认真的梳理。将"以法治为保证，以情感为依托；对内聚人心，凝聚团队精神；对外取民信，以质量求发展，全面提高教师素质，全面提高办学质量"的办学理念，修订为"为学生终身发展奠基"。将学生的发展作为学校工作的出发点和落脚点。提出"建立机制、强化管理、提高质量、开拓创新，努力把南刘中学建设成设备先进、环境优美、队伍过硬、校风优良、质量上乘，让学生、家长、社会满意的优质学校"的办学目标，指明了学校今后的发展方向。

◎马驹桥学校突出的问题是如何科学发展的问题，学校在日常的管理中不科学、不协调的现象时有发生，离一所优质校、示范校有差距。办学理念不清，目标不明，管理低效，忽视教师内驱动力的激发，忽视学生充分而和谐的发展等，偏离了学校的教育功能。学校管理目的就是要"实现人的不断的全面发展和完善"。管理的最高目的应是为了实现人的发展。功利的、不科学的发展观指导下的教育教学实践活动，往往会培养出"畸形"发展的学生。作为学校的干部、教师要自觉树立发展的意识，从学生一生的成长考虑我们的教育问题。古人讲"不涸泽而渔，焚林而猎"，就是不要只顾眼前利益，而要看长远利益，为学生的终身发展负责，拟定学校章程是统筹学校科学发展的迫切需要。

◎创建特色学校，必须认真分析本校的主客观条件，一切从实际出发，要在现有办学的基础上提炼和发展学校的特色。要看条件、师资、设备、资源等是否具备，要克服盲目性，少走弯路。另外，在特色创建的实践中，必须坚持以教育理论为先导，以教科研为龙头，脚踏实地，开拓创新，持之以恒，只有这样，才能培育出特色来。

◎先进的办学理念是优质学校形成的思想基础，它是一所学校的奋斗目标与发展方向。每一所学校的存在，都要有体现时代律动的办学理念。学校办学理念的形成需要教育者始终保持一份美好的教育情怀，在长期的教育实践中动态生成，这有如经历艰辛磨炼，破茧而出、化蛹为蝶。围绕学生的发展，对学校的办学理念我们进行了认真的梳理，在全面总结学校办学历程，广泛征求师生意见的基础上确立了我们的办学理念：办优质教育——让每一名师生得到充分而和谐的发展。

◎克服功利思想的影响。学校管理由片面追求升学率转移到关注师生发展上来，逐步建立与其相配套的全面科学的管理体系。突出抓好三个统筹：统筹学校教育、教学、体育、卫生等各项工作的开展；统筹学科发展；统筹学生身心和谐发展。开足开齐课程，建立公平竞争的机制，在考核、评优、职评等工作上规范程序，公开、透明，发扬民主，公正客观地对待每一位教师，为教师发展提供均等的机会，充分调动教职工工作的积极性，凝聚全校教师的智慧，全力抓好学校的各项工作。

◎建立人性化制度体系。坚持"激励为主、惩罚为辅、尊重差异、体现民主，促进发展"的原则。从促进师生发展着眼，紧密结合学校与师生的实际，完善和修订学校规章。使学校的规章能够更好的体现民声、民意，具有"规范人文性"，更能调动教师的积极性。另外，在实施中突出"以人为本、和谐发展"的管理理念，做到"制度无情，管理有情"，使管理有条框，但不冰冷，有弹性，但不盲从，引导教职工从文化层面上去解读制度的内涵，让全体教职工在制度文化的熏陶下，明确自己的职责，自觉地干好本职工作。

◎推行人文化管理。加强群众监督，转变管理方式，切实转变工作作风和方法，变"管理"为"服务"，变"控制"为"解放"，变"命令"为"民主"，变"权威"为"平等"，变"肤浅"为"深入"。坚持制度管理与人本管理相结合，刚性管理与弹性管理相结合。做到"职位不同，人格平等；能力不同，机会均等"，对关系教职工切身利益的事项，坚持公正、公平和公开的原则，实行透明化管理，尊重教职工需求，倾听教职工的心声，努力构建一个平等、民主、和谐的校园。

◎通过学习型学校的创建活动，帮助干部树立了正确的学校管理价值观，重塑和改进了学校管理文化。工作中自觉克服功利思想的影响，关注师生的价值追求与发展。强调以人为本，从关注人生命的整体发展出发，尊重师生的个性，培养学生的人文精神，充分调动教职工的积极性和主动性，不断挖掘师生的潜能。以先进的思想浸润于校园，作用于师生，创造一种纯朴自然、民主和谐、共同发展的学校组织氛围，使学校的每一名成员在文化的熏陶下，产生归属感、使命感和责任感，形成主动发展，追求人生价值的内驱力。坚持创新，紧密结合学校实际，立足现实问题，更新管理理念，改进管理方式，以学校管理文化的变革促进课程改革，以课程改革创新学校管理，充分挖掘和开发学校存在的潜力，释放学校生命活力，并从封闭、保守的管理向民主开放的管理转变，形成学校的管理特色。

◎真正的学校文化应远离作秀，追求纯朴；远离浮躁，追求沉静；远离功利，追求本真。在文化的润泽下，让学校更加朝气，让校园更加和谐，让师生更加奋发。在这里让师生感受到情感交流、思维碰撞、心灵交融所带来的快乐；在这里体验学习与工作的幸福；在这里分享阳光与鲜花，在这里释放生命的异彩、实现人生的价值。

◎教育是一项系统工程，需要全社会的关心与支持，当前以学校为主体的社区德育模式，随着时代的发展，必将向社区为主体的德育模式转化，双向参与、互动，从而实现教育社会化和社会教育化的最终目标。

◎在学校文化的变革中，管理文化的改进又尤为重要，没有学校管理文化的变革，课改就不可能深入，课改的目标就不可能实现。回顾当前的学校管理，充满功利色彩，分数至上，管理者以控制人、约束人来实现管理目标，这种缺少人本思想，僵化的管理方式，不仅在很大程度上限制了学生的全面发展，而且影响了教师专业水平及能力的提升，也直接妨碍了学校的持续、健康发展和特色发展，致使学校发展缺少后劲与活力，甚至出现干群矛盾，教师职业倦怠，学校人心涣散等现象。因此，随着新课程改革的不断深入，必须探索与其相适应的学校管理方式，改进学校的管理思想、管理行为及管理模式，形成具有校本特色的管理文化。

教师发展和师生关系

◎教师和学生是构成教学系统的重要因素，师生间不仅存在课内外的正式交往，也存在课后的多种非正式交往。前者，师生都以一定的角色身份出现，是组织活动中的交往；后者是师生间的自由交往，师生的情感易自然流露，教师应深入到学生中，了解学生，做学生的朋友。良好的师生关系可使学生提高学习兴趣，增强教学效果。所以，新教师上岗前要注意良好师生关系的作用，并做好相应的准备。

◎建立科学的工作评价和激励机制。突出发展性、层次性、公平性和可操作性，为教师发展搭建平台，提供机会，让每一名教职工获得成功，让每一名教职工的人生价值在这里得到充分的体现。如我们修订后的教师考核制度，依据教师职称分层考核，区别对待，中高级教师的工作标准要高于初级教师的标准，这样做既调动了年轻教师的积极性，也对中高级教师具有激励作用，促使不同层次、不同水平的教师都要不断地进步，不断的发展。

◎按照马斯洛人本主义心理学理论，人的需要有五个层次，即个人生理需要、安全需要、归属需要、被尊重需要和自我实现需要。"人的需要是从最底层的生理需要开始的，由低到高，依次向上，只有低层次的需要得到满足以后，较高层次的需要才能被激发并起到激励作用。"教师职业的特点决定了日常的工作中在能保证前四个层次需要得到满足的基础上，才能形成自我实现的需要。作为学校有责任创设条件，搭建平台，营造氛围，助推教师实现专业发展，满足教师的自我实现的需要。而这种自我实现的需要恰是教师专业发展内驱力之一，有了这种内驱力教师的主动发展，就会成为自觉自愿的行为，利用好这种动力最终必将促进教师个体的可持续发展。

◎教师主体意识的觉醒，是创新教师培训机制、促进教师专业发展的核心因素。在新课改的背景下，通过探索整合教研与培训工作，创新工作机制，改变培训模式，提高培训质量，有效"唤醒"教师自主发展的意识，才能更好地发挥校本培训的职能作用。

◎学校内最活跃、最积极的因素是师生群体，广大师生内驱力的激发，是学校发展的不竭动力。目前，在教师方面还存在着诸多问题。如：办公条件差；教师考核评价"一刀切"；工作负担重没时间学习，教师发展的需求得不到满足；教职工代表大会不规范；教师主动参与学校管理的积极性不高等。在学生方面存在流失现象；教师不公正的待遇；重视中考学科学习，忽视学生全面发展；以牺牲学生的身心健康换取中考成绩等问题。师生的合法权益得不到有效的保障，影响师生工作、学习的投入，拟定学校章程是维护师生合法权益的迫切需要。

◎营造一个相互尊重、充满人文关怀的氛围。管理工作中尊重教师的主体地位，尊重教师的人格，尊重教师的工作，尊重教师的合理需要，维护教师的职业尊严。通过共同参与各种活动增进干群间的情感，密切干群关系，提高相互信任度，做到关心每一个人、关注每一个人的价值与奉献，激活教师的自我意识和自主精神。以人文关怀提高教职工的职业幸福感，着力解决教职工思想、情感、工作和生活中面临的困惑与问题，全力构建充满人文情怀、健康向上、和谐愉快的工作生活环境，从而培育教师的团队精神和合作意识，建立起和谐的人际关系。

◎稳步实施教师专业拓展工程。鼓励教师进修第二学历，选派教师接受非专业课程的短期培训，使教师一专多能。如我们的政治教师，可以为同学们开设心理课，预防毒品教育课；地理教师可以为同学们开设环境与可持续发展教育课；生物教师可以为学生开设预防艾滋病教育课；体育教师可以为学生开设人防课、安全教育课等。教师专业拓展工程的实施，为课外小组活动、综合实践课、校本课程的开展提供了师资保证。

◎学生的成长、学校办学成果的体现，是教师集体劳动的结果。过去学校管理过分依赖经济奖惩，影响了教师的工作士气。学校依据教师的业绩实施经济奖惩出发点是奖勤罚懒，奖优罚劣，激励员工投入工作，提高工作质量。从结果上看，收到了一定的成效，但也发现了一些问题，教师工作上斤斤计较，关注个人的得失，削弱了教师的合作，不利于一个团结向上集体的形成。亚当斯的公平理论认为，员工通常关心回报是否公平，当员工发现自己处于不公平地位时就会想办法恢复公平，而恢复公平的办法多数是破坏性的，最典型的办法就是减少工作的投入。为此，在考核制度、奖励制度的修订中，我们加大了年级组、教研组的集体考核，强化团队精神，强化合作意识，打团体仗，目前看，收到了成效。

◎努力创设和谐的氛围，让教师充分行使民主权利，让学校的每一项工作，每一条规章，每一名师生都在一种和谐、融洽的环境中进步、发展。充分相信教师、依靠教师，搭建民主管理的平台，让广大教师真正参与到学校的管理中来，让广大教师成为学校的主人，充分享有知情权、参与权、表决权以及自主发展的权利。

学生发展和习惯培养

◎良好的习惯是青少年健康成长的基石。如何培养学生良好行为习惯？除了建立健全各项管理规章，规范约束学生的行为，以及"晓之以理，动之以情"的思想教育外，更重要的就是要通过活动育人，尤其是自我教育活动，来引导学生养成良好的行为习惯。

◎意大利著名教育家蒙台梭利认为："儿童对活动的需要几乎比对食物的需要更为强烈，对一个可能使出他全部精力的活动，他将感到一种本能的冲动，因为这正是自然使他的能力得以完善的道路。"坚持从学生身心发展需要出发，凸显学生的主体地位，让学生成为活动的主体，积极开展丰富多彩、形式多样的校园文化活动，让学生在活动的参与体验中陶冶情操，提升素质，是落实"以人为本"教育观的具体体现。

◎行为主体的自主、自觉是道德存在和发展的先决条件，没有主体自觉、自愿的参与就不可能有真正的道德发展。教育实际是由自我教育和他人教育组成，而真正的教育是通过自我教育来实现的。随着社会的发展，教育目的也发生了相应的变化，自我教育将逐渐成为教育的重心。当前推行素质教育的根本目的是要使学生都得到主动发展、全面发展，而如果没有学生的自我教育，这些目的肯定是不能真正达到的。正如苏联教育家苏霍姆林斯基所说："只有能够激发学生进行自我教育的教育，才是真正的教育。""主体参与——自我体验型"德育模式的构建，就是要实现两个转变：一是社会思想、社会道德内化为受教育者的思想观点和道德信念；二是受教育者的思想观点和信念外化为行为实践。

◎人只有体味百味人生，才能不断超越自我，从而扩展和丰富自身的精神世界。德育的过程同样也是一个实践的过程，道德认知只有在实践中才能内化为基本信念，如果没有这种属于人的经历和由经历所构成的切身体验，那么个体就不可能对道德产生深刻的认同，并进一步深入人的内心。为此，我们坚持以活动为载体，坚持活动育人，让更多的学生参与到学校的科技、体育、文艺、社会实践及德育系列活动中来，丰富学生的课余生活，满足学生的心理需求。另外，在活动开展过程中重视学生的参与性、探索性，强调学生的观察、判断、分析、研究、理解、内化的能力，让学生在获得愉快、成功体验的同时，也学会做人，使学生从接受道德走向发现道德，在活动体验中发现自己的不足，并在发现中提高自己的道德素质，陶冶自己的情操。

后勤发展

◎最大限度地满足教育教学和师生员工的工作、学习和生活需要，这对后勤工作人员提出了更高的要求，后勤服务必须做到主动、热情、周到、细致。要善于抓小事、抓细节，这实质是一种认真的工作态度和科学的精神。在学校的后勤工作中没有一件事情小到不值得去做，也没有一个细节应该被忽略或忽视。一件件都是不起眼的琐碎小事，而这些繁杂小事如不认真对待或不及时处理，小到影响教学环境或某一方面、某些人，大到影响正常的教育教学秩序，甚至还会造成大的事故或隐患。后勤部门要根据学校工作的规律，主动地想在教育教学需要之前，干在教育教学需要之前，假期之中想开学，开学之后想放假；夏天想冬天，冬天想夏天，这样才能掌握全部工作的主动权。所以必须认真细致对待每个细节，在"细"字上下功夫。

廉洁自律

◎腐败无处不在，反腐倡廉已成为各个国家政府巩固自己政权的重要职责，从大处讲腐败可以丧江山、丢政权，可以毁掉一个国家；从小处讲可以使人家破人亡，妻离子散，可以毁掉一个人的美好前程，这已经经过了大量事实证明。腐败就像一颗恶性肿瘤，如果染上就会成为不治之症，最终走向灭亡，预防腐败的关键就是防微杜渐，提高自身修养，管住自己。生活上少横向比，多纵向比，生活就有了满足感，钱多多用，钱少少花，不是自己的不伸手，坚持党性，坚持原则，要有正确的权力观、人生观、价值观，人活着切实要干点儿事，要活得踏实，要活得有意义。"其身正不令而行，其身不正虽令不从。"作为一校之长，要深知自己的一言一行一举一动在教师和学生中的影响，无论在学习上、工作上、生活上，还是与人交往中都力求以自己的人格和言行感染教师、感染学生，凡是要求师生做到的自己首先做好，要严以律己。

家庭教育

◎目前，家教中依然存在比较严重的应试教育的倾向，功利思想严重，只抓学习忽视了孩子的全面发展。家庭教育普遍存在着片面性，凡是与升学关系密切的就督促孩子去做，否则，便弃之不顾，只顾眼前利益和近期效果，而不顾孩子的长远利益和长远教育效果。这种片面的教育，从眼前看会受益，但从长远看对孩子的发展与成长是不利的。要想使素质教育落到实处，也必须要关注家长的育子水平。首先，要从转变家长的观念入手，通过办好家长学校，积极宣传普及家教知识，帮助家长树立正确的家教观。其次，帮助家长能够掌握科学的教子方法，既重视文化知识的学习，也重视学生日常生活知识的学习和能力的培养，思想道德素质的提高；既重视智力因素的培养，也重视非智力因素的培养；既重视特长的培养，也重视学生的全面发展；既重视身体健康，也重视心理健康。改变过去不良教育方式，创造良好的家庭教育氛围。只有学校教育、家庭教育目标和要求一致时，才能事半功倍。

第三节　常恩元的教育梦想

关于教育：让每名学生快乐幸福地成长

记者：初次接触的时候，您就说您有一个"教育梦"。这个"教育梦"在您心中的具体模样，您能给我们描述一下吗？

常恩元：学校要克服功利思想的侵蚀，不能只抓升学率，更不能以牺牲学生的身心健康来换取成绩。我想我的"教育梦"应该是：学校要办适合每一名学生的教育，让学生得到充分、和谐的发展，让每名学生快乐幸福地成长，人人成才；让学校的办学得到学生、家长、社会的认可，切实把学校办成百姓身边的好学校。

记者：您认为作为一名校长，最重要的品质是什么？

常恩元：校长应有什么样的品质？我认为首先应该是能够深入思考，深入思考影响校长对一个学校发展的方向的把握，关系到学校的发展。其次，要有勤奋学习的品质，无论是素质教育，还是核心素养的落实，中高考的改革，对学校的办学都提出了更高的要求，作为校长要不断汲取先进的理念、好的经验，用于学校的管理实践。再次，要具有不断反思的品质，校长在学校的办学实践中，要善于反思、梳理学校工作，在反思中发现问题，改进工作，自我完善。复次，还应具有创新的品质，创新就是要主动发展，学校没有发展就没有尊严。最后，要具有包容的品质，包容也就是我们常讲的海纳百川、有容乃大，因为在整个学校发展的过程当中你会接触各种各样的人群，当然老师和孩子这一群体是作为校长来讲，接触的最为主要的人群，所以在这一过程中少不了"包容"这两个字，因此校长要学会理解，要善于换位思考。作为校长我认为最重要的品质是反思与创新。

记者： 您从事教育事业已经24年了，肯定对我国的教育，特别是中学教育有自己独特的视角和感怀，请您谈谈，并请您对中国的中学教育建言或寄语。

常恩元： 从事教育工作已经二十多年了，特别是在中学从事管理工作感到压力比较大，既要关注学生的全面发展，还要面对升学考试的压力，尤其是推行素质教育，必须要妥善处理好学生素质的提升与考试的关系，涉及学校办学思想、办学理念、学校管理、课程设置、社团活动、教育教学改革等多方面的跟进，不能打着素质教育的旗帜，还在轰轰烈烈地抓应试教育。另外，现在中考中招改革已经全面启动，我们必须要适应这一变化，以教育者的情怀积极应对。

关于对中学教育的建言，我想还是要积极地面对，要自觉做到由应试教育到素质教育，再到学生发展核心素养落实的转轨。走出"高耗低效"的"体力型教育"泥潭，告别高消耗、低产出、粗放式、欠科学的教育，要消除各种不讲科学、违背规律的反教育行为，要加强学校的竞争力，立足学校自有优势，整合已有经验和做法，让学校有人性、有故事、有温度、有美感，我们要具体研究学生，探究他们的成长规律，最大限度地挖掘学生成长的潜质和可能性。

记者： 对于当前的教育改革，您有什么看法？学校如何践行教育改革？

常恩元： 2016年9月20日，教育部印发《关于进一步推进高中阶段学校考试招生制度改革的指导意见》，提出到2020年左右，初步形成基于初中学业水平考试成绩、结合综合素质评价的高中阶段学校考试招生录取模式。教育部这一中考改革方案，重点希望改变当前高中招生将部分学科成绩简单相加的录取做法，克服"唯分数论"。直观看来，包括现行的会考中考"两考合一"、部分考试科目可选、综合素质评价纳入招生依据、大幅减少严格加分项目等，都会给中考带来看得见的影响和变化。而同时，在这些"显性"变化的基础上，一些随之而来的"隐性"调整也将成为未来教育改革的关键方向。其中一个重要的问题，就是要培养和提高学生选择的意识和能力。

教育部中考改革的一大亮点是增加可选择的中考科目。这一改革思路在今年4月发布的北京新中考改革方案已得到体现。按照北京中考方案，新中考考试科目为3科必考+3科选考+体育，即中考生除必考语数外三门主科外，可从历史、地理、思想品德、物理、生物（化学）等学科中选考3科，兼顾文理，三科选考科目成绩由高到低按照100%、80%、60%系数折算为实际分数。不过，也有教育相关人士表示，由于中考科目的选择将直接影响高中报考和录取，进而影响高考科目的选择，乃至大学专业走向，这项改革的背后，要求学校和老师要帮助初中生发现个人的兴趣特长，培养选择意识和能力。但这对于当前初中和小学教育，仍是非常值得加强和关注的部分，学校和老师还有大量工作要做。

从学校层面我们重点做了如下六项工作：一是加强教师、家长、学生的培训，学习教育部和北京市有关中考、中招改革的相关文件，深刻领悟文件精神与内涵。二是完善学校考核、评价方案，坚持同工同酬，绩效优先，鼓励过去的非中考学科教师主动发展。三是在学生中探索选科走班教学和分层教学，提高课堂教学的针对性。四是加强教学研究，尤其是历史、地理、思想品德、生物学科备课组，在教研、考研上下功夫。五是加强师资的引进，提升选考学科教师的专业对口率，为教学活动的顺利开展提供师资保证。六是落实学生综合素质评价方案，关注学生全面而有个性的发展，以应对中考、中招改革的变化。

记者：您曾经说过："教育的本质是服务。"能给我们阐释一下这句话吗？

常恩元：学校办学的终极目标是促进学生发展，学生发展既有全面发展，又有个性发展。从我们办学来看在兼顾整体发展的同时，必须满足学生个性化发展的需要，在课程、社团等的设置与建立上要满足不同学生的多样化需求，切实创设适合学生的教育，用更好的服务去满足学生个性化的发展需要，确保学生全面而有个性的发展。

记者：对于"一个好校长就是一所好学校"这种说法，您有什么见解？

常恩元："一个好校长就是一所好学校"这种说法，说明了校长工作的重要性。但是说，一位好校长就是一所好学校，这种说法未免绝对化。实事求是讲学校的好坏和校长的关系最为密切，校长可以说是一个学校的灵魂。从我的管理实践看：作为校长首先要明确自己的身份和职责，校长是学校的领导者、决策者和管理者，对学校全局起指导、组织、协调和统揽作用。其次，要有先进的办学理念。办学理念是一个学校办学、治校、育人的指导思想或育人观念，是来源于办学实践又作用于办学实践的理性认识和办学追求。第三，要善于规划。好校长不仅为学校发展搭建良好的蓝图，**更重要的是奠定学校发展的精神起点**。好校长为教师的成长提供良好的平台，引领相互探究、敏于学习思考的学校氛围，为他们的发展尽可能提供有益的和谐空间。第四，要具有执行力。我想校长有再多的想法，如果没有落实，学校也不会发展，校长要善于建立学校完善的执行力系统，推进工作的落实，这样学校才能发展。第五，要有服务的意识和行为。要求校长应把更多的精力放到提升教师的生命质量上，要通过服务，让教师感受幸福，从而使教师对教育教学理念的领悟和实施从被动接受转为主动发展。

关于管理：唤醒教师主动发展的意识

记者：在二十多年的教育管理工作中，您认为您积累的最大的经验是什么？有没有遗憾或者教训？

常恩元：在二十多年的教育管理工作中，我认为积累的最大经验是在坚持学校规范化、科学化、精细化管理的同时，要放手让干部、教师、学生去做。俗话说实践出真知，课堂教学中要求教师杜绝满堂灌，要给学生思考、实践的空间，学校德育活动要创造体验性的情景，让学生在参与中形成体验与感悟。还有鼓励干部、教师勇于创新，要敢于在区域内与同行比一比，争做排头

常恩元对教育未来充满信心

兵，通过实践、创新推动学校发展。

关于管理的遗憾，主要是在理论与实践的结合上，实践多，但不是每一次管理实践后面都有理论支撑，自己并不一定清楚，往往凭经验实施管理。

记者：您分别在通州六中、南刘中学、马驹桥学校工作，并长期担任领导职务，您认为有一套放之四海而皆准的管理模式吗？

常恩元：学校的管理模式有许多，如制度管理、经验管理、科学管理、文化管理等，究竟使用哪种模式还要结合学校自身的实际来确定。我认为比较好的模式是文化管理，在学校管理中坚持以人为本，从满足教师生活需要、学习需要、工作需要、发展需要、成就需要入手激发教师的内驱力，唤醒教师主动发展的意识，形成自主发展的行为，这样学校发展才会更有活力、更有后劲。

记者：您担任校长期间，努力做到"以人为本"，改善教职工生活，善于发现人才、培养人才。请问，您做这些事情，仅仅是尽校长之责吗？在您的心底有没有一种什么情怀促使您这样做？

常恩元：为什么努力做到"以人为本"，改善教职工生活，善于发现人才、培养人才？原因有三：首先是让每一名学生得到充分、和谐发展的需要，必须有一流的教师；其次是激发教师内驱力，引导教师自主发展，实现职业价值与尊严的需要；最后是办学者的情怀，尽校长之责。如果说其他情怀的话，就是一位好教师影响学生的一生。给我留下深刻印象的是初中数学老师汪希辜，当时我在1班，他是2班的班主任，他不光课教得好，最重要的是带领1班、2班的学生每天到校外集体跑步大约40分钟，一坚持就是三年。从我工作至今还没有见到第二位这样的老师，是他培养了我的毅力与吃苦精神。

记者：无论是在南刘中学还是在马驹桥学校，您的公平评价让老师心服口服，是什么事情促使您注重教师公平？

常恩元：给我印象最深的是职评。2008年11月调到南刘中学就听说，有的教师因职评不公而调离学校。因为职评直接涉及教师的切身利益，处理不好不光影响学校的形象，更重要的是影响教师工作的积极性。所以到南刘中学一段时间后，在深入调研的基础上，于2009年职评前，我亲自修订学校职评方案，在考核项目的设置、评价标准等内容的确定上反复征求教师意见，由上到下、由下到上反复修改，最终学校全体教师会全票通过，使学校职评方案更加公平、公正、客观。在职评中，申报教师先自己打分，然后学校核审，教师证书互检，申报教师确认签字，学校职评小组讨论通过，最后公示，公示期满后上报拟推人选，使整个职评过程公开透明，让大家心服、口服。另外，职评没有上的，学校支委成员要及时做通他们的思想工作，既要肯定成绩，还要指明今后工作的发展方向。在马驹桥学校也是如此，担任校长这些年还没有因为职评不公引发的矛盾冲突与上访，使职评成为激励教师自主发展的重要手段。

记者：学高为师，身正为范。请问您是如何看待师德建设的，除了您自己的率先垂范、制度约束、对老师的教育外，您认为还有没有其他办法促进师德的持续提升？

常恩元：从某种意义上讲，教师的职业道德已不是个人意义上的品德问题，而赋有深刻的社会意义，即关系到青少年一代的健康成长，往往有什么样的教师就会带出什么样的学生，教师的一言一行都对学生有着潜移默化的影响，教师对学生的不良影响，往往会带到家庭和社会，也关系到家风和社会风气的建设，所以学校必须要加强师德建设，用教师高尚的师德教育去影响每一名学生。在学校师德建设中除了自己的率先垂范、制度约束、对老师的教育外，更重的是树立典型，评选师德之星、月度人物，通过示范引路，形成良好的师德氛围，引导教师关爱学生，同事之间相互尊重、相互帮助，同时也要求每一位教师要建立和谐、温馨的家庭。

记者：在一个学校里，您认为是"教师第一"还是"学生第一"？如果教师和学生之间发生了矛盾，你更会偏向于哪一方？

常恩元：我认为"教师第一"。如果没有教师的发展，就不会有学生的发展和学校的发展，教师是学校最为重要、最为活跃的人力资源，所以，学校必须树立教师优先发展的观点，并将教师的发展作为第一要务来抓，只有教师发展了，学生和学校才能得到更好的发展。如果教师和学生之间发生了矛盾，我更会偏向于学生一方，因为教师承担着教书育人的使命，另外教师与学生是成年人与未成年人的关系，教师在价值观、知识、能力等方面都要优于学生。

关于个人：别人的东西不能拿

记者：根据了解，您每天早出晚归，工作十多个小时，连节假日都很少休息。您不累吗？是什么支撑您保持充沛的精力，长期超负荷工作？

常恩元：不累，支撑我的是对教育梦的追求，乐观的心态和良好的身体。

记者：您大部分时间都在学校度过，在通州六中的时候，春节都是在学校加班工作。这样是不是很难很好地兼顾家庭？您是如何做到事业和家庭双平衡的？

常恩元：我想作为干部首先要有责任感，尤其是校长更应该做好，作为校长春节大年三十不值班从情感上说不过去。家庭和工作尽量兼顾，但对我来说确实要在工作上投入得多一些，这更多的要感谢家人的理解和支持。

记者：熟悉您的人，都知道您是一位廉洁自律的校长，在社会某一些不良风气下，作为一个一校之长，您是如何做到廉洁自律的？

常恩元：从小至今我都记得父母的话——"别人的东西不能拿"。工作中严格约束自己，学会自控，远离社会上的不良风气，还有就是作为校长要发挥示范作用，自己首先做好。

后 记

我 1992 年大学毕业，先后在通州区第六中学、南刘中学、马驹桥学校工作，从事过教学、教研组长、教导副主任、副校长、工会主席、校长兼党支部书记工作。教育的良知、责任和使命告诉我，教书要坚持立德树人，为学生的一生发展负责。从事教育教学管理工作，要成为以师生发展为使命的教育守望者。在工作的 25 年中有 21 年从事管理工作。特别是在马驹桥学校工作期间，积极践行"办优质教育——让每一名师生得到充分和谐发展"的办学理念，弘扬"自主发展、不断超越、做最好自己"的核心价值追求；以改善办学条件、提升服务水平、管理创新、队伍建设、质量提升、文化建设、信息化建设、科研推进、特色发展、党组织建设"十大工程"为抓手，全面提升学校办学水平和质量；充分挖掘马驹桥地域文化形成的历史与人文精神，结合自身办学实际，探索"马＆桥"教育，并通过"马＆桥"教育，培养"自主发展的马桥人"，目前正逐步形成特色；实现了地域文化与课程、课堂、环境、机制、行为的有机结合，成为提升学校办学内涵与品质，将学校办成百姓身边好学校的重要推动力。

今天，通过《追梦人》一书简要梳理了自己 25 年的工作实践及所思所想。在此，要衷心感谢接受采访的各位领导、教研员，通州区第六中学、南刘中学、马驹桥学校的干部、教师，以及工作时期所教的学生和家长；还要感谢教育专家胡新懿教授、《北京晨报》丰伟宏记者所作的序；感谢辰麦通太王总、伍总的信任和支持；感谢李朴老师自始至终不遗余力地提供帮助及在书稿修改过程中提出建设性的意见；感谢作家潘霞老师的采访及文稿写作。

《追梦人》只是"巨人之路"系列丛书中的一本，作为普普通通的一名教育工作者，说不上是巨人，但要有梦想，要真正成为以师生发展为使命的教育守望者，要为实现学生梦、家长梦、教师梦努力工作，为通州城市副中心教育的发展作出贡献！

由于时间仓促，此书在撰写过程中，可能会有一些不足或问题，还请各位读者批评指正。

常恩元于北京市通州区
二〇一七年三月二十八日